हरियाणा पुलिस के वीर

हरियाणा पुलिस के वीर

डॉ. हनीफ कुरैशी, भा.पु.से.

प्रकाशक
प्रभात पेपरबैक्स
प्रभात प्रकाशन प्रा. लि. का उपक्रम
4/19 आसफ अली रोड, नई दिल्ली–110002
फोन : 23289777 • हेल्पलाइन नं. : 7827007777
इ–मेल : prabhatbooks@gmail.com ❖ वेब ठिकाना : www.prabhatbooks.com

संस्करण
प्रथम, 2022

मूल्य
चार सौ रुपए

मुद्रक
आर–टेक ऑफसेट प्रिंटर्स, दिल्ली

———————— ★ ————————

HARYANA POLICE KE VEER
by Dr. Hanif Qureshi, IPS

Published by **PRABHAT PAPERBACKS**
An imprint of Prabhat Prakashan Pvt. Ltd.
4/19 Asaf Ali Road, New Delhi-110002

ISBN 978-93-5521-191-0

₹ 400.00

दिनेश रघुवंशी,
कवि

श्रद्धा सुमन

बुराई से लड़ूँगा साथ मैं सच का निभाऊँगा
कोई कीमत चुकानी हो तो भी हँसकर चुकाऊँगा,
है मेरे जिस्म पर खाकी, यकीं रखना मेरे साथी
लहू देकर भी मैं सच्चाई का दीपक जलाऊँगा।

वतन महबूब है अपना वतन के गीत गाते हैं
तिरंगा ओढ़कर सौभाग्य पर हम मुसकराते हैं,
वतन वालो शहादत को हमारी भूल मत जाना
तुम्हारे कल की खातिर हम गँवाकर जान जाते हैं।

सदा कुर्बानियों से ही बढ़ा सम्मान वर्दी का
किसी दिल में तो रब से भी बड़ा सम्मान वर्दी का,
कलम जयकार सौ-सौ बार लिखेगी उसी की जो
लगाकर जान की बाजी बढ़ाए मान वर्दी का।

हुनर अपना दिखाने का सदा अवसर नहीं आता
लहू अपना बहाने का सदा अवसर नहीं आता,
बहुत आते हैं यूँ अवसर जवाँमर्दी दिखाने के
वतन पर जाँ लुटाने का सदा अवसर नहीं आता।

वतन की राह में हँसकर जो अपनी जाँ लुटाते हैं
सितारे बनके अंबर में हमेशा जगमगाते हैं,
अमर होकर वही सबके दिलों पे राज करते हैं
वो जीवन धन्य होते हैं वतन के काम आते हैं।

शहीदों ने बनाया जो उसी परिवेश की खातिर
अमर होकर हमें जो दे गए संदेश की खातिर,
ये दिल कुछ भी अगर सोचे वतन के वास्ते सोचे
कलम कुछ भी अगर लिखे तो लिखे देश की खातिर।

हमारी आन है खाकी हमारी शान है खाकी
समर्पण, सत्यनिष्ठा की अमिट पहचान है खाकी,
हम अपनी जान भी हँसकर लुटा दें वर्दी की खातिर
हमारा फर्ज है खाकी हर इक अरमान है खाकी।

जमीं से आसमाँ तक सारे ही मंजर निगाहों में
नहीं बच पाएँ वो मुझसे जो हैं शामिल गुनाहों में,
कोई तकलीफ हो उसको छुपाकर अपने सीने में
रहें महफूज सब, मैं सिपाही इसलिए मुस्तैद राहों में।

श्री मनोहर लाल
मुख्यमंत्री, हरियाणा सरकार

संदेश

यह बहुत खुशी की बात है कि हरियाणा पुलिस ने 1 नवंबर, 1966 को राज्य की स्थापना के बाद से कर्तव्य के प्रति अपने प्राणों की आहुति देनेवाले अपने बहादुर अधिकारियों को श्रद्धांजलि के रूप में एक स्मारक पुस्तक लाने का निर्णय लिया है।

मैं इस निर्णय की सराहना करता हूँ। वीर अधिकारियों के संस्मरणों को उनके जीवन और कार्यों के रूप में संकलित करके ऐसी पुस्तक को सामने लाना युवाओं को हरियाणा पुलिस में शामिल होने और हरियाणा के लोगों के जीवन और संपत्ति की रक्षा करने की परंपरा को जारी रखने के लिए प्रेरित करेगा।

राज्य सरकार ने पुलिसकर्मियों की वीरता को देखते हुए उनके और उनके परिवारों के कल्याण के लिए कई प्रोत्साहन आधारित योजनाएँ लागू की हैं।

मुझे विश्वास है कि यह पुस्तक युवाओं को न केवल पुलिस बल में शामिल होने के लिए प्रोत्साहित करने, बल्कि उनमें देशभक्ति और अनुशासन की भावना का संचार करने के लिए प्रेरित करने में एक बड़ा कदम साबित होगी।

राजीव अरोड़ा, आई.ए.एस.
अतिरिक्त मुख्य सचिव, गृह, जेल, आपराधिक जाँच
और न्याय विभाग, स्वास्थ्य एवं परिवार कल्याण विभाग,
हरियाणा सरकार

संदेश

हरियाणा पुलिस का गठन तब हुआ जब 1 नवंबर, 1966 को पंजाब राज्य से विभाजन के बाद हरियाणा राज्य की स्थापना हुई। यह विभाग 'पंजाब पुलिस नियमों' द्वारा शासित है, जिसे 1934 में तैयार किया गया था। राज्य सरकार ने 2008 में अपना स्वयं का पुलिस अधिनियम पारित किया।

हरियाणा पुलिस 01-11-1966 को राज्य के निर्माण के समय से ही समर्पण के साथ हरियाणा के लोगों की सेवा कर रही है। हरियाणा पुलिस के अधिकारियों और कर्मियों ने अपराध और अपराधियों पर प्रभावी नियंत्रण बनाए रखने के लिए कठिन चुनौतियों का सामना करते हुए अथक परिश्रम किया है। महिला पुलिस स्टेशन, आपातकालीन प्रतिक्रिया सहायता प्रणाली (ERSS), आधुनिकीकरण, सूचना प्रौद्योगिकी को शामिल करने और बेहतर यातायात प्रबंधन जैसी विभिन्न प्रमुख पहल अब सर्वविदित हैं। हरियाणा में सभी धर्मों, समुदायों और जातियों के लोग शांति से रहते हैं।

शहीदों का सम्मान करना हरियाणा में एक गौरवपूर्ण विषय रहा है। 1 नवंबर 1966 से अब तक हरियाणा पुलिस के 81 पुलिस अधिकारियों व कर्मचारियों ने देश की सेवा में अपने प्राणों की आहुति दी है। राजधानी दिल्ली से निकटता व विभिन्न राष्ट्र-विरोधी तत्त्वों द्वारा खतरों से निपटने के लिए और ऐसी चुनौतियों का सामना

करने के लिए हरियाणा पुलिस लगातार कार्य कर रही है। इसका श्रेय हरियाणा पुलिस के अधिकारियों व कर्मचारियों को जाता है, जिन्होंने संविधान द्वारा निर्धारित सीमाओं के भीतर रहकर कार्य करने की पूरी कोशिश की है। इस प्रक्रिया में कई लोग सर्वोच्च बलिदान देते हैं।

हरियाणा पुलिस का मिशन आम आदमी की मदद करना, उसे सुरक्षा प्रदान करना और उसके सहयोग से एक शांतिपूर्ण और कानून का पालन करनेवाला समुदाय बनाना है। हरियाणा पुलिस कानून के शासन को बनाए रखने, अपराध को रोकने और कानून व्यवस्था बनाए रखने के लिए प्रतिबद्ध है। पुलिस यहाँ कमजोरों, वंचितों की रक्षा करने और लोगों की सेवा करने के लिए है। हरियाणा पुलिस को जनहितैषी बनाने, पुलिस की विश्वसनीयता बढ़ाने और भ्रष्टाचार पर लगाम लगाने के लिए हर स्तर पर व्यवस्था में पारदर्शिता पर जोर दिया जाता है।

राज्य सरकार ने पुलिसकर्मियों की वीरता को देखते हुए उनके और उनके परिवारों के कल्याण के लिए कई प्रोत्साहन आधारित योजनाएँ लागू की हैं। हरियाणा सरकार अपने कर्तव्यों के दौरान शहीदों और घायल पुलिसकर्मियों को सम्मानित करती है। पुलिसकर्मियों के लिए उपलब्ध सामान्य बीमा योजनाओं के अलावा, हरियाणा सरकार ने जनवरी 2000 में असामाजिक तत्त्वों से लड़ते हुए या प्राकृतिक आपदाओं के दौरान सार्वजनिक जीवन और संपत्ति को बचानेवाले पुलिस अधिकारियों की विधवा/आश्रितों को 5 लाख रुपए मंजूर किए। या अन्य परिस्थितियाँ। इसी प्रकार उपरोक्त कार्यों में शामिल घायल अधिकारियों को 3 लाख रुपए स्वीकृत किए गए। 2006 और 2010 में इस राशि को बढ़ाकर क्रमश: 7.5 लाख रुपए और फिर 10 लाख रुपए कर दिया गया था। फिलहाल सरकार ने शहीद की विधवा/आश्रित को 20 लाख रुपए और शहीद के माता-पिता को 5-5 लाख रुपए देने की घोषणा की है। इस प्रकार शहीद के परिवार को कुल 30 लाख रुपए का भुगतान किया जाता है। हालाँकि, शहीद द्वारा किए गए बलिदान का कोई मूल्य नहीं जोड़ा जा सकता। यह उन लोगों के लिए सम्मान और प्रशंसा की भावना है जो कर्तव्य की पंक्ति में सर्वोच्च बलिदान करते हैं ताकि हममें से बाकी लोग शांति से रह सकें। अगर ऐसे बहादुर दिल नहीं होते, तो समाज में एक सुरक्षित जीवन जीना असंभव होता।

मुझे यह जानकर अति प्रसन्नता हो रही है कि डॉ. हनीफ कुरैशी, आई.पी. एस., द्वारा हरियाणा पुलिस के शहीदों को समर्पित और उनके गौरवशाली बलिदान की याद में एक पुस्तिका का प्रकाशन किया जा रहा है।

मुझे विश्वास है कि यह पुस्तक युवाओं को न केवल पुलिस बल में शामिल होने के लिए प्रोत्साहित करने, बल्कि उनमें देशभक्ति और अनुशासन की भावना का संचार करने के लिए प्रेरित करने में एक बड़ा कदम साबित होगी।

हरियाणा पुलिस द्वारा प्रकाशित की जानेवाली यह पुस्तिका हरियाणा पुलिस के अधिकारियों व कर्मचारियों की अंतिम साँस तक राज्य और देश की सेवा करने वाले बहादुर शहीदों के कार्यों का वर्णन करती रहेगी। मैं पुस्तक के प्रकाशन के लिए हरियाणा पुलिस के अधिकारियों व कर्मचारियों को शुभकामनाएँ प्रेषित करता हूँ और हरियाणा पुलिस के उज्ज्वल भविष्य की कामना करता हूँ।

प्रशांत कुमार अग्रवाल, आई.पी.एस.
पुलिस महानिदेशक, हरियाणा

संदेश

हरियाणा पुलिस के बलिदान और समर्पण की गौरव–गाथा को स्वर्णिम अक्षरों में रेखांकित करनेवाली पुस्तक 'हरियाणा पुलिस के वीर' के दूसरे एक अनूदित संस्करण के प्रकाशन के अवसर पर मैं सर्वप्रथम इस पुस्तक के लेखक और प्रणेता डॉ. हनीफ कुरैशी, पुलिस महानिरीक्षक को बधाई और साधुवाद देना चाहूँगा।

2. जिन 81 पुलिस शहीदों की जीवनगाथा इस पुस्तक में संकलित की गई है, वे हमेशा–हमेशा के लिए हरियाणा पुलिस के प्रत्येक जवान और अधिकारी के लिए गौरव और प्रेरणा–स्रोत रहेंगे। प्रसिद्ध उर्दू शायर स्व. फैज अहमद फैज की ये पंक्तियाँ स्मरण हो रही हैं—

जिस धज से कोई मकतल में गया, वो शान सलामत रहती है,
इस जान का यारो क्या कहना, ये जान तो आनी–जानी है।

3. मुझे आशा ही नहीं पूर्ण विश्वास है कि हम आनेवाले वर्षों में बेहतर प्रशिक्षण और बेहतर कौशल के साथ असामाजिक तत्त्वों का सामना करेंगे ताकि हरियाणा पुलिस के किसी वीर को अपने प्राण न गँवाने पड़ें। साथ–ही–साथ इस संकलन के माध्यम से इन भारत माँ के सपूतों की गाथा हरियाणा राज्य के जन–जन तक पहुँचाएँगे।

आभार

हम हरियाणा पुलिस के शहीदों की स्मृतियों के मार्गदर्शन और शुभकामनाओं के लिए माननीय मुख्यमंत्री, हरियाणा श्री मनोहर लाल को धन्यवाद देते हैं। हम आभारी हैं श्री राजीव अरोड़ा, आई.ए.एस., अतिरिक्त मुख्य सचिव, गृह, हरियाणा, श्री प्रकाश सिंह, आई.पी.एस., सेवानिवृत्त, डी.जी., बी.एस.एफ. और डी.जी.पी., यू.पी. और असम और श्री शंकर सेन, आई.पी.एस., सेवानिवृत्त, पूर्व महानिदेशक—राष्ट्रीय मानवाधिकार आयोग और पूर्व निदेशक–राष्ट्रीय पुलिस अकादमी के योगदान के लिए। यह पुस्तक अनेक व्यक्तियों और संस्थाओं के अथक प्रयासों का परिणाम है। इस काम के लिए प्रारंभिक प्रेरणा श्री मनोज यादव, आई.पी.एस., डी.जी.पी. हरियाणा द्वारा प्रदान की गई थी, जिन्होंने इस बात पर जोर दिया कि हरियाणा पुलिस द्वारा किए गए बलिदानों को प्रलेखित और प्रकाशित किया जाना चाहिए। हम भौंडसी, गुरुग्राम में भर्ती प्रशिक्षण केंद्र और आई.आर.बी. हरियाणा के कर्मचारियों द्वारा दिए गए इनपुट को भी स्वीकार करते हैं।

कविता का भावनात्मक स्पर्श किसी और ने नहीं, बल्कि अंतरराष्ट्रीय ख्याति प्राप्त कवि श्री दिनेश रघुवंशी ने प्रदान किया है। इंडियन रिजर्व बटालियन से सब-इंस्पेक्टर अमित कुमार नंबर 14/आई.आर.बी. की भूमिका विभिन्न हितधारकों के बीच समन्वय और हरियाणा के जिलों के सभी पुलिस अधिक्षक और पुलिस आयुक्त शहीदों के बारे में आवश्यक जानकारी एकत्र करने में उल्लेखनीय थी। यह पुस्तक मेरे पिता स्वर्गीय मोहम्मद बशीर कुरैशी की मार्गदर्शक भावना के बिना संभव नहीं होती। जिनकी भारतीय वायुसेना की वीरता के किस्से सुनते-सुनते हम बड़े हुए हैं। हमारे देश और उसके लोगों के प्यार पर हमेशा मेरी माँ, एक हिंदी शिक्षिका श्रीमती बशीरन ने जोर दिया, जिन्होंने हमें बहुत कम उम्र से मुंशी प्रेमचंद की प्रेरक कहानियाँ पढ़ने के लिए प्रेरित किया। हालाँकि, इस प्रयास में सबसे महत्त्वपूर्ण लोग हरियाणा पुलिस के शहीदों के परिवार थे जिन्होंने अपनी कहानियों को साझा किया और हमें प्रोत्साहित किया। यह पुस्तक उन्हीं को समर्पित है।

—**डॉ. हनीफ कुरैशी**, आई.पी.एस.

पुलिस महानिरीक्षक, हरियाणा

अनुक्रम

1

सर्वोच्च बलिदान की गाथा

श्री प्रकाश सिंह, पूर्व महानिदेशक, बी.एस.एफ., डी.जी.पी. यू.पी. और असम

मुझे यह जानकर बहुत खुशी हो रही है कि हरियाणा पुलिस राज्य पुलिस के उन कर्मियों पर एक पुस्तक ला रही है जिन्होंने अपने कर्तव्यों का पालन करते हुए अपने प्राणों की आहुति दे दी। इन पुलिसकर्मियों की शहादत पुलिस अधिकारियों तथा पुरुषों और महिलाओं की सेवारत एवं भावी पीढ़ियों को प्रेरित करने के लिए बाध्य है।

हमने देखा है कि पुलिस आमतौर पर सार्वजनिक क्षेत्र में प्राप्त करने के अंत में होती है और आमतौर पर लोगों के विभिन्न वर्गों द्वारा चूक और कमीशन के कृत्यों के लिए आलोचना की जाती है। दूसरी ओर, अच्छे कर्म आमतौर पर पहचाने नहीं जाते। यह बड़े अफसोस की बात है कि लोग उन बाधाओं की सराहना नहीं करते हैं जिनके तहत पुलिस कार्य करती है। एक अधिकारी, जो देश के कानून को ईमानदारी और निष्ठा से लागू करना चाहता है, उसे भारी कठिनाइयों का सामना करना पड़ता है। सत्ता में बैठे लोग अपने संकीर्ण, स्वार्थी हितों के लिए पुलिस का इस्तेमाल और दुरुपयोग करना पसंद करते हैं। नतीजतन, सभी प्रकार की अनियमितताएँ और अधिकताएँ होती हैं। यदि पुलिस को कार्यात्मक रूप से स्वायत्त और बाहरी दबावों से मुक्त कर दिया जाता, जैसा कि सर्वोच्च न्यायालय द्वारा अनिवार्य किया गया था, तो पुलिस के खिलाफ कम शिकायतें होंगी।

दुनिया में कहीं भी एक पुलिसकर्मी की नौकरी मुश्किल है। हालाँकि, भारत में, यह शायद सबसे कठिन है। आप दुनिया के किसी भी हिस्से में किसी समस्या की कल्पना करते हैं, और आप भारत में उसका प्रतिबिंब देखेंगे। जातिगत संघर्ष,

सांप्रदायिक दंगे, अलगाववाद और अलगाववादी आंदोलन, विद्रोही गतिविधियाँ, आतंकवादी घटनाएँ, अंतरराज्यीय नदी जल विवाद, गोल्डन ट्राएंगल और गोल्डन क्रिसेंट देशों से नशीली दवाओं की तस्करी आदि-आदि हैं। इन समस्याओं से निपटना और अधिक कठिन हो जाता है। तथ्य यह है कि पुलिस कम-से-कम, कम सुसज्जित, कम संसाधन और अति-विस्तारित है।

स्वतंत्रता के बाद से अपने कर्तव्यों के प्रदर्शन में मारे गए पुलिसकर्मियों की संख्या पुलिसकर्मियों के सामने आनेवाली चुनौतियों और इस प्रक्रिया में खुद को उजागर करनेवाले जोखिमों की व्यापकता को दर्शाती है। केंद्रीय गृह मंत्री के अनुसार 31 अगस्त, 2020 तक कुल 35,398 पुलिसकर्मियों ने देश के विभिन्न हिस्सों में आतंकवादियों, चरमपंथियों, माफिया और सभी तरह के आपराधिक तत्त्वों से लड़ते हुए अपने प्राणों की आहुति दी थी। अन्य देशों में मारे गए पुलिसकर्मियों के तुलनात्मक आँकड़े बहुत कम हैं। संयुक्त राज्य अमेरिका में, 1947 से 2018 की अवधि के दौरान ड्यूटी के दौरान कुल 13,143 पुलिसकर्मी मारे गए।

जब मैंने वर्ष 2016 के दौरान आरक्षण विरोधी आंदोलन की जाँच की, तो मुझे हरियाणा पुलिस को करीब से देखने का अवसर मिला। पुलिस ने खुद को अच्छी तरह से बरी नहीं किया, लेकिन यह कुछ पर्यावरणीय कारकों—जाति की भावनाओं, नौकरशाही की दखलअंदाजी और राजनीतिक के कारण था। पुलिस प्रशासन में हस्तक्षेप—जिस पर पुलिस का कोई नियंत्रण नहीं था। मैंने तब कहा था और मैं इसे दोहराने के लिए तैयार हूँ कि हरियाणा पुलिस की मानव सामग्री बिल्कुल उत्तम दर्जे की है। अच्छी तरह से प्रशिक्षित, अच्छी तरह से सुसज्जित और अच्छे नेतृत्व में, वे तालिबान से भी मुकाबला कर सकते थे। यदि वे कुछ स्थितियों को सँभालने में असफल पाए जाते हैं, तो हमें पुलिस को दोष देने के बजाय अंतर्निहित कारणों का विश्लेषण करने की आवश्यकता है।

मैं इस अवसर पर हरियाणा के उन बहादुर पुलिसकर्मियों को श्रद्धांजलि अर्पित करता हूँ जिन्होंने अपने कर्तव्यों का पालन करते हुए अपने प्राणों की आहुति दे दी।

मैं सभी सेवारत कर्मियों को भी अपनी शुभकामनाएँ भेजता हूँ और उनसे आग्रह करता हूँ कि वे कठिन-से-कठिन परिस्थितियों में भी कानून के शासन को बनाए रखते हुए लोगों के प्रति समर्पण और सेवा की भावना से अपने कर्तव्यों का पालन करें।

2

बहादुर और वीर जवान

श्री शंकर सेन, आई.पी.एस., (सेवानिवृत्त)
सीनियर फेलो, सामाजिक विज्ञान संस्थान
पूर्व महानिदेशक—राष्ट्रीय मानवाधिकार आयोग
पूर्व निदेशक—राष्ट्रीय पुलिस अकादमी

मुझे यह जानकर बेहद खुशी हो रही है कि हरियाणा पुलिस के बहादुर और वीर जवानों द्वारा किए गए सर्वोच्च बलिदान की गाथा का वर्णन करते हुए 'हरियाणा पुलिस के वीर' पुस्तक का हिंदी संस्करण ला रही है। देश और समाज के प्रति समर्पित सेवा की इसकी गौरवशाली परंपराओं को दरशाने के लिए वे अपने जूते के साथ मर गए। बेशक, पुलिस का काम कठिन, चुनौतीपूर्ण और कभी-कभी अविश्वसनीय रूप से धन्यवादहीन होता है। यह ठीक ही कहा गया है कि किसी अन्य पेशे से इतनी कम प्रतिपूर्ति के साथ इतनी माँग नहीं की जाती है। अकसर मीडिया पुलिसकर्मियों की चूकों और विफलताओं को ही उजागर करता है; उनकी उपलब्धियाँ अनसुनी हो जाती हैं, लेकिन विफलताओं को तुरही दी जाती है।

कई देशों में, ड्यूटी पर तैनात एक पुलिसकर्मी की हत्या से सदमा और सामाजिक आक्रोश पैदा होता है। दोषियों को तत्काल कठोर दंड देने की जनता की माँग है। दुर्भाग्य से, भारत में ऐसा नहीं होता है, क्योंकि हमारी भावनाएँ परिचित होने से कुंद हो जाती हैं। पिछले तीन वर्षों के दौरान, भारत में, 970 पुलिसकर्मी ड्यूटी के दौरान मारे गए और हरियाणा पुलिस में कुल 7 पुलिसकर्मी ड्यूटी के दौरान मारे गए थे। मरनेवाले अधिकांश पुलिसकर्मी अपनी युवावस्था में थे और उन्होंने

सर्वोच्च साहस और देशभक्ति का प्रदर्शन किया। देश सदैव उनका आभारी और कृतज्ञ रहेगा।

दुर्भाग्य से, देश की एकता और अखंडता के रक्षक के रूप में, पुलिस जिहादियों और माओवादियों के हमले का विशेष लक्ष्य बन गई है। हथियारों के लघुकरण और तात्कालिक विस्फोटक उपकरणों ने पुलिस पर आतंकवादी हमलों को और सुगम किया और बढ़ाया है। इसके अलावा, हरियाणा की रणनीतिक स्थिति और राष्ट्रीय राजधानी से इसकी निकटता ने राष्ट्र-विरोधी तत्त्वों को अपने गलत कार्यों को तेज करने के लिए प्रेरित किया है। हालाँकि, पुलिस इस खतरे का डटकर मुकाबला कर रही है और इस प्रक्रिया में अपना खून, पसीना और आँसू बहा रही है।

शोध अध्ययनों ने यह भी संकेत दिया है कि नौकरी पर गंभीर खतरों की उम्मीदों का पुलिस अधिकारियों और कर्मचारियों के रवैये और दृष्टिकोण पर अस्थिर प्रभाव पड़ता है। लोकतांत्रिक समाजों में, हमेशा एक ऐसी संगठनात्मक संस्कृति के निर्माण पर जोर दिया जाता है, जो पुलिस द्वारा बल के दुरुपयोग और अपशब्द पर नाराज हो। हालाँकि, उस तरह के लोकाचार को विकसित करना मुश्किल हो जाता है, जब बड़ी संख्या में पुलिसकर्मियों को कर्तव्य के दौरान बेरहमी से मार दिया जाता है।

मैं इस महत्त्वपूर्ण प्रकाशन को प्रकाशित करने में श्री हनीफ कुरैशी की इस पहल की सराहना करता हूँ। अपनी मातृभूमि के सम्मान, एकता और अखंडता को बनाए रखने के लिए पुलिस के वीरों के सर्वोच्च बलिदान की यह गाथा पुलिसकर्मियों की आनेवाली पीढ़ियों को यह महसूस करने के लिए प्रेरित करती रहेगी कि साहस और आत्म-बलिदान का मार्ग गौरव का मार्ग है।

3

हरियाणा पुलिस : वीरता एवं कर्तव्यपरायणता की प्रतिभूति

डॉ. के.पी. सिंह, आई.पी.एस. (सेवानिवृत्त)

वर्ष 1906 में संयुक्त पंजाब से अलग हुए हरियाणा प्रदेश में पुलिस का अभ्युदय हुआ था। पंजाब पुलिस की विरासत को समेटे हुए हरियाणा पुलिस उत्तरोत्तर अपनी अलग पहचान बनाती चली गई। परिणामस्वरूप आज उसकी गिनती देश के उन चुनिंदा पुलिस बलों में होती है जिनकी दक्षता, कार्यशीलता और कर्तव्य परायणता अनुकरणीय है। प्रगति के इस पथ पर हरियाणा पुलिस ने अनेक चुनौतियों का सामना करते हुए स्वयं को वीरता और कर्तव्यनिष्ठा की प्रतिमूर्ति के रूप में स्थापित किया है।

हरियाणा एक निरंतर प्रगतिशील, सामाजिक और आर्थिक व्यवस्था वाला प्रदेश रहा है। किसी भी प्रगतिशील समाज को नित नई आपराधिक चुनौतियों का सामना करना पड़ता है, क्योंकि ऐसी व्यवस्थाओं में प्रवासी लोगों का निरंतर आवागमन बना रहता है और ये कानून एवं व्यवस्था के लिए खतरा बन जाते है। भौगोलिक दृष्टि से हरियाणा एक विचित्र प्रदेश है, जिसकी सीमाएँ 4 राज्यों और 2 केंद्र-शासित प्रदेशों के साथ लगती है। हरियाणा का एकमात्र रोहतक जिला ऐसा है जिसकी कोई अंतरराज्यीय सीमा नहीं है। इन भौगोलिक परिस्थितियों में अंतरराज्यीय अपराधियों का आवागमन सुलभ हो जाता है और वे पुलिस के लिए नित्य नई चुनौतियाँ प्रस्तुत करते रहते हैं। अपराध की दृष्टि से पश्चिमी उत्तर प्रदेश के अति संवेदनशील जिलों की हरियाणा से लगती सीमाएँ और दिल्ली के अत्यधिक आपराधिक सक्रिय क्षेत्र भी

हरियाणा पुलिस के लिए हमेशा से चुनौती बने रहते हैं। इन परिस्थितियों में परंपरागत अपराध नियंत्रण क्रियाकलापों में हरियाणा पुलिस स्वयं को निरंतर अग्रणीय रखते हुए अपराधियों की गतिविधियों पर शिकंजा बढ़ाती चली गई।

हरियाणा की जनता सामाजिक, आर्थिक और राजनीतिक दृष्टि से अत्यंत जागरूक रही है जिसकी पहुँच सत्ता के कँगूरों तक सदैव सुलभ रही है। यही कारण है कि हरियाणा का आम नागरिक अपने अधिकारों के प्रति सचेत है। प्रदेश के कर्मचारी वर्ग, छात्र, किसान और मजदूर अत्यंत संगठित हैं और उनकी गतिविधियाँ कानून और व्यवस्था के लिए निरंतर चुनौती बनी रहती है। पारंपरिक पुलिसिंग की दृष्टि से इन सभी गतिविधियों पर पुलिस ने सम्यक् प्रतिक्रिया देकर व्यवस्था को बनाए रखा है तथा कानूनसम्मत बल प्रयोग में हरियाणा पुलिस कभी झिझकी नहीं है।

20वीं शताब्दी के अंतिम दो दशकों में पंजाब में उत्पन्न हुए आतंकवाद ने हरियाणा पुलिस के समक्ष अभूतपूर्व चुनौतियाँ प्रस्तुत की थीं। उस समय हरियाणा के 7 जिलों की सीमाएँ पंजाब के आतंकग्रस्त क्षेत्रों से लगती थीं और हरियाणा का शांतिप्रिय क्षेत्र धीरे-धीरे आतंकवादियों की शरण-स्थली बनता जा रहा था। आतंकवादी पंजाब में वारदात करके हरियाणा के सीमावर्ती क्षेत्रों में पनाह लेते थे और लोगों को डरा-धमकाकर अपने रहने-खाने की व्यवस्था करने लगे थे। आतंकवाद की इस मुहिम में पंजाब की राजनीति के साथ-साथ पंजाब और हरियाणा के बीच भूमि और पानी का बँटवारा भी एक मुद्दा था। जिस कारण हरियाणा के जल संसाधन, नहरें, विद्युत् संयंत्र और बिजली आपूर्ति लाइनें आतंकवादियों के निशाने पर आ गए थे। आतंकवादियों का मानना था कि पंजाब की नदियों का पानी, भाखड़ा नांगल डैम, सतलुज-यमुना लिंक नहर और भाखड़ा डैम से उत्पन्न होनेवाली बिजली पर हरियाणा का कोई हक नहीं है परिणामतया आतंकवादियों ने धीरे-धीरे हरियाणा में भी अपनी आपराधिक गतिविधियाँ शुरू कर दी थीं।

आतंकवाद के दौर में वर्ष 1982 हरियाणा के इतिहास में एक मील का पत्थर है। पंजाब के राजनीतिक नेताओं ने राजधानी दिल्ली में होनेवाले एशियाई-82 खेलों में बाधा उत्पन्न करने की योजना बनाई थी। इन राजनीतिक दलों ने हजारों की संख्या में हरियाणा के रास्ते दिल्ली कूच का आह्वान किया था। तत्कालीन हरियाणा सरकार ने इस कूच को रोकने के लिए हरियाणा पुलिस को एक व्यावसायिक चुनौती सौंपी

थी। हरियाणा और पंजाब की लगभग 400 किलोमीटर लंबी सीमा से पंजाब के लोगों को दिल्ली पहुँचने से रोकना एक कठिन कार्य था। लेकिन हरियाणा पुलिस ने इस चुनौती को स्वीकारते हुए एशियाड-82 खेलों को निर्विघ्न पूरा होने देने में महत्त्वपूर्ण भूमिका निभाई और पंजाब का कोई भी जत्था दिल्ली तक नहीं पहुँच पाया था।

इसी प्रकार वर्ष 1984 में ऑपरेशन ब्लू स्टार के बाद तत्कालीन प्रधानमंत्री श्रीमती इंदिरा गांधी की हत्या के उपरांत हरियाणा पुलिस के समक्ष कानून एवं व्यवस्था बनाए रखने की कठिन चुनौतियाँ खड़ी हो गई थीं और नागरिकों के बीच सामाजिक सौहार्द बनाए रखना अत्यंत कठिन हो गया था। हरियाणा पुलिस ने निरंतर निगरानी और जागरूकता के बलबूते पर इस गुत्थी को कानूनसम्मत सुलझा तो लिया लेकिन साथ ही हरियाणा में भी आतंकवाद का दौर शुरू हो गया और वर्ष 1987 में आतंकवादियों द्वारा तत्कालीन हिसार जिले के दरियापुर गाँव में 37 बस यात्रियों की निर्मम हत्या कर दी गई। आतंकवादियों ने पंजाब के सीमावृर्ती हरियाणा के क्षेत्र से जनता से लाइसेंसी हथियार छीनने शुरू कर दिए थे। फलतः इन क्षेत्रों में नागरिकों की सुरक्षा एक गंभीर चुनौती बनती जा रही थी। इसके अतिरिक्त हरियाणा के लगभग सभी जिलों में छिटपुट आतंकी घटनाएँ होने लगी थीं और पुलिस पर आतंकवादियों के हमले होने शुरू हो गए थे। उस समय हरियाणा पुलिस आतंकवादी निरोधी प्रशिक्षण और हथियारों की दृष्टि से बहुत कमजोर स्थिति में थी और आतंकवाद की चुनौतियों से भी अनभिज्ञ थी। पुलिस के पास पर्याप्त आधुनिक शस्त्र, संचार साधन और वाहन नहीं थे। ऐसे में हरियाणा पुलिस के अधिकारियों और कर्मचारियों के लिए आतंकवादियों से मुकाबला करना एक दुष्कर कार्य था। इसी कारण से आतंकवाद के शुरुआती दौर में पुलिस के अनेक अधिकारियों और कर्मचारियों की शहादत हुई। परंतु शीघ्र ही हरियाणा पुलिस ने स्वयं को सुसज्जित करते हुए आतंकवाद के विरुद्ध इस निर्णायक जंग में विजय हासिल की। हरियाणा कमांडो फोर्स का गठन हुआ और करनाल के पास नेवल में कमांडो ट्रेनिंग सेंटर स्थापित किया गया। कमांडो फोर्स की 2 बटालियन खड़ी की गईं और उनमें भर्ती जवानों को प्रशिक्षित करके उन्हें पूर्णतया आधुनिक शस्त्रों, संचार माध्यमों, वाहनों और बुलेटप्रूफ जैकेटों से सुसज्जित किया गया और चरणबद्ध तरीके से पुलिस के सभी अधिकारियों और कर्मचारियों को आतंकवाद निरोधी प्रशिक्षण दिया गया। जिसके

परिणामस्वरूप हरियाणा में हुई सभी आतंकवादी घटनाओं में संलिप्त अपराधियों को पुलिस द्वारा गिरफ्तार किया जा सका। आतंकवाद के विरुद्ध इस लड़ाई में जो बहादुर अधिकारी और कर्मचारी शहीद हुए, उनकी शहादत पर हरियाणा पुलिस नतमस्तक है और हरियाणा की जनता सदैव उनके बलिदान की ऋणी रहेगी। इन शहीदों की याद में जगह–जगह पर बनाए गए शहीदी स्मारक पुलिस की आगामी पीढ़ियों को प्रेरित करते रहेंगे।

4

हरियाणा का इतिहास

1. राज्य के नाम की उत्पत्ति

'हरियाणा' नाम की उत्पत्ति के संबंध में विविध व्याख्याएँ हैं। हरियाणा एक प्राचीन नाम है। 'हरियाणा' का सबसे पहला संदर्भ दिल्ली म्यूजियम में रखे गए 1328 ईसवी के संस्कृत शिलालेख में मिलता है, जो इस क्षेत्र को पृथ्वी पर स्वर्ग के रूप में संदर्भित करता है, यह दर्शाता है कि यह उस समय उपजाऊ और अपेक्षाकृत शांतिपूर्ण था। प्रोफेसर एच.ए. फड़के के अनुसार, "विभिन्न लोगों और जातियों के परस्पर मेल से, समग्र भारतीय संस्कृति के निर्माण में हरियाणा का योगदान अपने तरीके से उल्लेखनीय रहा है।"

काफी महत्त्वपूर्ण रूप से, इस क्षेत्र को सृष्टि के मैट्रिक्स और पृथ्वी पर ही स्वर्ग के रूप में प्रतिष्ठित किया गया है। इसके अन्य नाम 'बहुधान्यक' और 'हरियंका' खाद्य आपूर्ति और वनस्पति की प्रचुरता का सुझाव देते हैं। रोहतक जिले के बोहर गाँव से मिले शिलालेख के अनुसार यह क्षेत्र 'हरियाणक' के नाम से जाना जाता था। शिलालेख 1337 विक्रम संवत के दौरान बलबन की अवधि से संबंधित है। बाद में, सुल्तान मोहम्मद-बिन-तुगलक के शासनकाल के दौरान मिले एक पत्थर पर 'हरियाणा' शब्द खुदा हुआ था।

धरणीधर ने 'अखंड प्रकाश' में कहा है कि यह शब्द 'हरिबंका' से आया है, जो हरि, भगवान् इंद्र की पूजा से जुड़ा है। चूँकि पथ सूखा है; इसके लोग वर्षा के लिए हमेशा इंद्र (हरि) की पूजा करते हैं। एक अन्य विचारक, गिरीश चंदर अवस्थी, ऋग्वेद से इसकी उत्पत्ति का पता लगाते हैं, जहाँ हरियाणा को एक राजा (वसुराज) के नाम के साथ एक योग्यता विशेषण के रूप में प्रयोग किया जाता है। वे कहते हैं,

राजा ने इस क्षेत्र पर शासन किया और इस तरह इस क्षेत्र को उनके बाद 'हरियाणा' के नाम से जाना जाने लगा।

बरसी गेट, प्राचीन काल में हाँसी के मुख्य प्रवेश द्वार के रूप में जाना जाता था व हाँसी के पाँच द्वारों में से, यह एकमात्र ऐसा है जो प्राचीन संरचना के रूप में जीवित है

2. प्राचीन इतिहास—एक प्रशासनिक इकाई के रूप में राज्य का इतिहास

भौगोलिक इकाई के अर्थ में हरियाणा 12वीं शताब्दी ईसवी से पहले नहीं जाना जाता था, हालाँकि 'हरियाणा' शब्द की उत्पत्ति देर से हुई है, फिर भी इस क्षेत्र की प्राचीनता पर कभी सवाल नहीं उठाया गया। तोमर राजपूतों ने दिल्ली से 'हरियाणा' पर शासन किया जब गजनवी ने उत्तर-पश्चिम से भारत पर आक्रमण किया। लाहौर के राज्य पर 1020 में गजनवी द्वारा कब्जा कर लिया गया था। सुल्तान महमूद के उत्तराधिकारी सुल्तान मसूद अपनी शक्ति का विस्तार करने के प्रयास में हाँसी की ओर बढ़े और किले का निवेश किया। हाँसी के पतन के बाद उसने सोनीपत की ओर कूच किया और उसके राज्यपाल दीपाल हरि को हराया।

जबकि दिल्ली के तोमर इन क्षेत्रों को पुन: प्राप्त करने में सफल रहे, उन्होंने लाहौर के राज्य से मुसलमानों को बाहर निकालने का कोई प्रयास नहीं किया। हालाँकि गजनवी के पतन के साथ स्थिति बदल गई, जब लाहौर का राज्य घुरियों के हाथों में आ गया और दिल्ली के तोमरों को चाहमानों द्वारा प्रबल कर दिया गया। 12वीं शताब्दी के मध्य तक तोमरों को वश में करने के बाद अजमेर के चाहमान जल्द ही घुरियों के आमने-सामने आ गए। 1186 ई. में लाहौर पर अधिकार करने के बाद मोहम्मद गौरी का पृथ्वीराज के अधीन चाहमानों से सामना हुआ। 1190-91 में करनाल जिले के तराइन (त्राओरी) में अपनी पहली मुठभेड़ में पराजित, वह अगले वर्ष 1192 में पृथ्वीराज को हराने के लिए वापस आया।

सरस्वती नदी के पड़ोस में पृथ्वीराज को मोहम्मद गौरी ने पराजित किया और

कैदी बना लिया। 1192 में त्राओरी की लड़ाई के बाद करनाल क्षेत्र कम या ज्यादा दिल्ली से मजबूती से जुड़ा हुआ था। 24 जून, 1206 को कुतुबुद्दीन ऐबक दिल्ली की गद्दी पर बैठा।

i. पाषाण काल

हरियाणा में मानव उपस्थिति का इतिहास 100,000 साल पहले का है। पुरातत्त्वविदों ने मई 2021 में मंगर बानी पहाड़ी जंगल में गुफा चित्रों और औजारों की खोज की; गुफा चित्रों का अनुमान 100,000 वर्ष पुराना है। ये भारतीय उपमहाद्वीप में सबसे बड़े और संभवत: दुनिया के सबसे पुराने माने जाते हैं।

ii. निओलिथिक (10,000 से 4,500 बी.सी.ई)

हरियाणा में नवपाषाण कई हैं, विशेष रूप से भिराना, सिसवाल, राखीगढ़ी, कुणाल आदि में पाई जानेवाली पूर्व-सिंधु घाटी सभ्यता।

iii. सिंधु घाटी सभ्यता

सिंधु घाटी सभ्यता ऋग्वैदिक नदियों सिंधु और सरस्वती के तट पर विकसित हुई। सरस्वती और उसकी सहायक नदी दृषद्वती नदी (घग्गर) उत्तर और मध्य हरियाणा से होकर बहती है और इन नदियों के पेलियो चैनल के साथ हरियाणा में कई आई.वी.सी. स्थल हैं, जिनमें राखीगढ़ी, बनवाली, भिराना, फरमाना, जोगनाखेड़ा, मित्ताथल, सिसवाल उल्लेखनीय हैं, और सिंधु घाटी सभ्यता खानों और तोशाम में स्मेल्टर। हरियाणा सरकार सरस्वती को पुनर्जीवित करने के लिए परियोजनाएँ चला रही है और कलाकृतियों के संरक्षण के लिए राखीगढ़ी सिंधु घाटी सभ्यता संग्रहालय का निर्माण किया गया है।

यह सभ्यता सिंधु नदी घाटी में फैली हुई थी, इसलिए इसका नाम 'सिंधु घाटी सभ्यता' रखा गया। प्रथम बार नगरों के उदय के कारण इसे प्रथम नगरीकरण भी कहा जाता है

iv. वैदिक काल

वैदिक युग के दौरान, हरियाणा में 1500 ईसा पूर्व छठी शताब्दी ईसा पूर्व से जनपद थे, जो महाजनपद में विकसित हुए, जो छठी शताब्दी ईसा पूर्व से चौथी शताब्दी ईसा पूर्व तक चले। जनपद काल के दौरान कुरु जनपद ने अधिकांश हरियाणा को कवर किया और उनके क्षेत्र को 'कुरुक्षेत्र' कहा जाता था, दक्षिण हरियाणा को छोड़कर जहाँ मत्स्य जनपद (700-300 ईसा पूर्व) ने हरियाणा में मेवात और राजस्थान में अलवर को कवर किया और सुरसेना जनपद ने बरसाना के पास हरियाणा के कुछ हिस्सों सहित ब्रज क्षेत्र को कवर किया (जैसे पुन्हाना और होडल)।

महाभारत और उसके बाद के अश्वमेध यज्ञ के बाद, कुरु जनपद एक महाजनपद के रूप में विकसित हुआ, जो अन्य जनपदों पर संप्रभुता रखता था। हरियाणा-राजस्थान सीमा पर उत्तर-पश्चिमी और पश्चिम मध्य हरियाणा में रेतीले बागर पथ बड़े जंगलदेश का हिस्सा था, जो राजस्थान के थार क्षेत्र को भी कवर करता था। भगवान् कृष्ण ने ज्योतिसर में अर्जुन को भगवद्गीता का खुलासा किया। कुरु महाजनपद युग के दौरान हरियाणा में अरौता को संहिताबद्ध किया गया था और हरियाणा में ऋषि लेखकों से संबंधित उल्लेखनीय स्थल बिलासपुर (व्यास पुरी) और कपल मोचन दोनों ऋषि वेद व्यास से संबंधित हैं जिन्होंने सरस्वती के तट पर उनके आश्रम में महाभारत लिखा था। बिलासपुर, धोसी हिल ऋषि च्यवन का आश्रम था, जिसका उल्लेख महाभारत में मिलता है, और वह च्यवनप्राश और विस्तृत सूत्र बनाने के लिए जाने जाते हैं, जिसके लिए पहली बार आयुर्वेदिक पाठ 'चरक संहिता' में प्रकट हुआ था।

कुछ प्राचीन हिंदू ग्रंथों में, कुरुक्षेत्र की सीमाएँ (कुरु जनपद के अंतर्गत क्षेत्र, न केवल आधुनिक कुरुक्षेत्र शहर) लगभग हरियाणा राज्य से मेल खाती हैं। इस प्रकार तैत्तिरीय आरण्यक 5.1.1 के अनुसार, कुरुक्षेत्र क्षेत्र तुर्गना (श्रुघना/सुघ) के दक्षिण में, खांडवप्रस्थ वन (दिल्ली और मेवात क्षेत्र) के उत्तर में, मारू प्रदेश के पूर्व (मरुस्थल या रेगिस्तान) और परिन के पश्चिम में है। इनमें से कुछ ऐतिहासिक स्थान कुरुक्षेत्र की 48 कोस परिक्रमा में शामिल हैं।

3. मध्यकालीन इतिहास

i. इसलामिक हिंदू-बोद्ध काल

हूणों को हटाने के बाद, राजा हर्षवर्धन ने 7वीं शताब्दी में कुरुक्षेत्र के निकट थानेसर में अपनी राजधानी की स्थापना की। उनकी मृत्यु के बाद, उनके कुलों के राजा-प्रतिष्ठा, हरिश के गोद ली गई राजधानी कन्नौज से काफी समय तक एक विशाल क्षेत्र पर शासन करते थे। क्षेत्र उत्तर भारत के शासकों के लिए रणनीतिक रूप से महत्त्वपूर्ण बना रहा, भले ही थानेसर कन्नौज के रूप में केंद्रीय नहीं रह गया था। पृथ्वीराज चौहान ने 12वीं शताब्दी में त्राओरी और हाँसी में किलों की स्थापना की।

ii. सल्तनत काल

तराइन की दूसरी लड़ाई 1192 में घुरिदों द्वारा चाहमानों और उनके सहयोगियों के खिलाफ तराइन (हरियाणा, भारत में आधुनिक तराओरी) के पास लड़ी गई थी। घुरिद राजा मुइज अल-दीन मोहम्मद गौरी ने चाहमान राजा पृथ्वीराज चौहान को हराया और इस प्रकार तराइन की पहली लड़ाई में अपनी पिछली हार का बदला लिया।

इस प्रकार दिल्ली सल्तनत की स्थापना हुई जिसने कई सदियों तक भारत के अधिकांश हिस्से पर शासन किया। फिरोज शाह तुगलक ने 1354 में हिसार में एक किले की स्थापना की ताकि इसे और मजबूत किया जा सके। क्षेत्र और नहरों या रजवाहों का निर्माण भी किया, जैसा कि उन्हें इंडो-परशियन ऐतिहासिक ग्रंथों में फिर से संदर्भित किया गया था।

iii. दिल्ली सल्तनत

दिल्ली सल्तनत दिल्ली में स्थित एक इसलामी साम्राज्य था, जो 320 वर्षों (1206-1526) तक भारतीय उपमहाद्वीप के बड़े हिस्से में फैला था। पाँच राजवंशों ने क्रमिक रूप से दिल्ली सल्तनत पर शासन किया—

1. मामलुक वंश (1206-1290)
2. खिलजी वंश (1290-1320)
3. तुगलक वंश (1320-1414)
4. सैयद वंश (1414-1451)
5. लोदी राजवंश (1451-1526)

इसने आधुनिक भारत, पाकिस्तान और बाँग्लादेश के साथ-साथ दक्षिणी नेपाल के कुछ हिस्सों में बड़े पैमाने पर क्षेत्र को कवर किया।

घुरिद वंश के उत्तराधिकारी के रूप में, दिल्ली सल्तनत मूल रूप से मोहम्मद गौरी (जिन्होंने उत्तरी भारत के बड़े हिस्से पर विजय प्राप्त की थी) के तुर्क दास-जनरलों द्वारा शासित कई रियासतों में से एक था, जिसमें यिल्डिज़, ऐबक और कुबाचा शामिल थे, जिन्हें विरासत में मिला था और घुरिद प्रदेशों को आपस में बाँट लिया। लंबे समय तक अंतर्कलह के बाद, खिलजी क्रांति में मामलुकों को उखाड़ फेंका गया, जिसने तुर्कों से एक विषम भारतीय-मुस्लिम कुलीनता के लिए सत्ता के हस्तांतरण को चिह्नित किया। परिणामतः दोनों खिलजी और तुगलक राजवंशों ने क्रमशः दक्षिण भारत में तेजी से मुस्लिम विजय की एक नई लहर देखी। सल्तनत अंततः तुगलक वंश के दौरान अपनी भौगोलिक पहुँच के चरम पर पहुँच गई, जिसने अधिकांश भारतीय उपमहाद्वीप पर कब्जा कर लिया।

इसके बाद हिंदू विजय के कारण गिरावट आई, विजयनगर साम्राज्य और मेवाड़ जैसे हिंदू राज्यों ने स्वतंत्रता पर जोर दिया और बंगाल सल्तनत जैसी नई मुस्लिम सल्तनत टूट गई। 1526 में मुगल साम्राज्य द्वारा सल्तनत पर विजय प्राप्त की गई और बाबर उसका उत्तराधिकारी बना।

दिल्ली सल्तनत को भारतीय उपमहाद्वीप की एक वैश्विक महानगरीय संस्कृति में एकीकरण के लिए जाना जाता है (जैसा कि हिंदुस्तानी भाषा और भारत-इसलामी वास्तुकला के विकास में ठोस रूप से देखा जाता है), मंगोलों द्वारा हमलों को पीछे हटाने के लिए कुछ शक्तियों में से एक होने के नाते (चगताई खानते) और इसलामी इतिहास में कुछ महिला शासकों में से एक, रजिया सुल्तान, जिन्होंने 1236 से 1240 तक शासन किया।

iv. रजिया सुल्तान

इल्तुतमिश की पुत्री रजिया सुल्तान गुलाम वंश की शासक थी। वह दिल्ली की गद्दी पर बैठनेवाली पहली महिला थीं। लेकिन रईसों ने उसके खिलाफ विद्रोह कर दिया और उसके भाई मोहिन-उद-दीन बहराम शाह को गद्दी पर बैठा दिया। इसी बीच रजिया ने भटिंडा के गवर्नर नीग्रो अल्तुनिया से शादी कर ली। सिंहासन पर कब्जा करने के लिए वे दोनों दिल्ली की ओर बढ़े, बहराम ने उन्हें पकड़ने के लिए अपनी सेना भेजी। दोनों पक्षों की सेना कैथल के पास लड़ी और 14 अक्तूबर, 1240 ई. को रजिया को मार दिया गया और उसे उसकी मृत्यु के स्थान पर दफनाया गया।

रजिया की असली कब्र कभी कैथल शहर के पास कैथल-मानस रोड पर मौजूद थी। यह मकबरा एक चारदीवारी से सुरक्षित था और पश्चिमी दीवार में एक बंद मेहराब था। स्मारक में प्रवेश करने के लिए पूर्व की ओर एक छोटा सा द्वार छोड़ा गया था। जैसा कि इसकी वास्तुकला की शैली से स्पष्ट है, मकबरे की यह वर्तमान संरचना 16वीं शताब्दी ईसवी के अंत में किसी समय बनाई गई थी। यह पकी हुई ईंटों और चूने के मोर्टर से बना था। इस मकबरे का निर्माण करते समय मकबरे के पास एक मस्जिद और एक कुआँ भी बनाया गया था।

तुगलक के पास सरकारी वास्तुकारों और बिल्डरों का एक दल था, और इसमें और अन्य भूमिकाओं में कई हिंदुओं को नियुक्त किया गया था। उन्होंने कई इमारतें और एक मानकीकृत वंशवादी शैली छोड़ी। कहा जाता है कि तीसरे सुल्तान, फिरोज शाह (1351-88) ने स्वयं इमारतों को डिजाइन किया था, और वह राजवंश का सबसे लंबा शासक और सबसे बड़ा निर्माता था। हिसार, हरियाणा में उनका फिरोज शाह पैलेस कॉम्प्लेक्स (1354 में शुरू हुआ) एक खँडहर है, लेकिन कुछ हिस्सों की स्थिति ठीक हुई।

v. मुगल साम्राज्य

पानीपत की तीन प्रसिद्ध लड़ाइयाँ आधुनिक शहर पानीपत के पास हुईं। पानीपत की पहली लड़ाई 21 अप्रैल 1526 को बाबर और लोदी वंश की हमलावर ताकतों के बीच लड़ी गई थी। यह उत्तर भारत में हुआ और मुगल साम्राज्य की शुरुआत और दिल्ली सल्तनत के अंत को चिह्नित किया। यह भारतीय उपमहाद्वीप में बारूद की आग्नेयास्त्रों और फील्ड आर्टिलरी से जुड़ी सबसे शुरुआती लड़ाइयों में से एक थी, जिसे इस लड़ाई में मुगलों द्वारा पेश किया गया था।

पानीपत की दूसरी लड़ाई (5 नवंबर, 1556) में अकबर के जनरल बैरम खान ने स्थानीय हरियाणवी हेमू को हराया, जो रेवाड़ी में पला-बढ़ा था। हेमू, जो हरियाणा के रेवाड़ी का रहनेवाला था, एक व्यवसायी से उठकर अफगान राजाओं का सलाहकार और तत्कालीन प्रधानमंत्री-सह-सेना प्रमुख बना। उसने 1553 और 1556 के बीच पंजाब से बंगाल तक अफगानों और मुगलों के खिलाफ 22 लड़ाइयाँ लड़ीं और जीतीं और बिना किसी को खोए उन सभी में जीत हासिल की। हेमू ने दिल्ली-1556 की लड़ाई में तुगलकाबाद में अकबर की सेना को हराया और 7 अक्तूबर, 1556 को दिल्ली के राजा बने और पहले वैदिक राजाओं के शासनकाल के बाद खुद को विक्रमादित्य घोषित किया। पानीपत की दूसरी लड़ाई में हेमू की जान चली गई।

vi. मराठा काल (1756-1801)

पानीपत की तीसरी लड़ाई 1761 में पुणे के सदाशिवराव भाऊ के अधीन अफगान युद्ध-स्वामी अहमद शाह अब्दाली और मराठा साम्राज्य के बीच लड़ी गई थी। 13 जनवरी, 1761 को अहमद शाह ने निर्णायक जीत हासिल की।

vii. सूफी और संत

लाल दास, चरण दास, सहजो बाई, अल्लाह बख्श, शाह चोखा और अन्य ने विविध धार्मिक समुदायों के अनुयायियों को आकर्षित किया और सभी लोगों के सांप्रदायिक सद्भाव और एकता के प्रतीक बन गए। उनके मंदिरों में अभी भी सभी समुदायों के अनुयायी आते हैं। मेवात के लोग विशेष रूप से संत लाल दास का बहुत सम्मान करते हैं। संत चरण दास ने 1730 में दिल्ली में एक सिलसिले की स्थापना की। ऐसा माना जाता है कि मुगल सम्राट मुहम्मद शाह उनके दर्शन के लिए आते थे। चुर सिद्ध पहले एक चरवाहे थे और फिर एक संत बन गए जो हिंदू और मुस्लिम दोनों का सम्मान करते थे

4. आधुनिक इतिहास

i. 1857 का स्वतंत्रता संग्राम

1857 का भारतीय विद्रोह सबसे पहले अंबाला छावनी में शुरू हुआ, मेरठ में विद्रोह शुरू होने से 8 घंटे पहले, जब 5वीं भारतीय इन्फैंट्री ब्रिगेड और 60वीं भारतीय इन्फैंट्री ब्रिगेड के सैनिकों ने विद्रोह किया, लेकिन इसे कुचल दिया गया। बेंगा नेटिव इन्फैंट्री की 5वीं और 60वीं रेजिमेंट ने अंबाला में विद्रोह कर दिया।

16 नवंबर, 1857 को नसीबपुर में नारनौल की लड़ाई के दौरान अंग्रेजों ने 70 ब्रिटिश सैनिकों और उनके कमांडरों कर्नल जेरार्ड और कैप्टन वालेस को खो दिया। 40 ब्रिटिश सैनिक और अधिकारी कैप्टन क्रेगे, कैप्टन कैनेडी और कैप्टन पीयर्स घायल हो गए। विद्रोह के प्रमुख केंद्र हिसार, हाँसी, सिरसा, रोहतक, झज्जर, बहादुरगढ़, फर्रुखनगर, बल्लभगढ़, रेवाड़ी, अंबाला, पानीपत और थानेसर में थे। 'दिल्ली एजेंसी' के तहत सात रियासतें थीं, झज्जर, फर्रुखनगर, बल्लभगढ़, लोहारू, पटौदी और दुजाना। अंतिम दो संपदाओं के प्रमुख अंग्रेजों के प्रति वफादार रहे और अन्य ने विद्रोह कर दिया। राजस्थान के राजपूत शासक भी विद्रोह से बाहर रहे।

बल्लभगढ़ के जाट शासक राजा नाहर सिंह, रेवाड़ी के राव तुला राम शासक और उनके चचेरे भाई गोपाल देव, नवाब अब्दुर रहमान खान झज्जर, फर्रुखनगर के नवाब अहमद अली, मेवात के किसान नेता सदरुद्दीन, पलवल के हरसुख राय और मिर्जा गौहर अली और पानीपत में बू अली शाह कलंदर मस्जिद के इमाम ने महत्त्वपूर्ण भूमिका निभाई।

इंपीरियल गजेटियर ऑफ इंडिया में कहा गया है कि 1857 के पूरे भारतीय विद्रोह के दौरान, गुर्जर और रंगहार (मुस्लिम राजपूत) बुलंदशहर क्षेत्र में अंग्रेजों के 'सबसे अपूरणीय दुश्मन' साबित हुए।

29 मार्च, 1857 ई. को सैनिक मंगल पांडेय ने बैरकपुर से स्वतंत्रता संग्राम की शुरुआत की जिसमें झाँसी से रानी लक्ष्मीबाई, रेवाड़ी से राव तुला राम व लखनऊ से बेगम हजरत महल ने महत्त्वपूर्ण भूमिका निभाई।

लाहौर के एक प्रसिद्ध विद्वान मुफ्ती निजामुद्दीन ने ब्रिटिश सेना के खिलाफ फतवा जारी किया और स्थानीय आबादी से राव तुला राम की सेना का समर्थन करने का आह्वान किया। नारनौल (नसीबपुर) में हुई लड़ाई में हताहतों की संख्या अधिक थी। 16 नवंबर, 1857 को राव तुला राम की हार के बाद, मुफ्ती निजामुद्दीन को गिरफ्तार कर लिया गया, और उसके भाई मुफ्ती याकिनुद्दीन और बहनोई अब्दुर रहमान (उर्फ नबी बख्श) को तिजारा में गिरफ्तार कर लिया गया। उन्हें दिल्ली ले जाकर फाँसी दे दी गई।

भारतीयों द्वारा विद्रोह की विफलता के बाद, हरियाणा को उत्तर-पश्चिमी प्रांतों से निकाल दिया गया और सजा के रूप में पंजाब में मिला दिया गया।

लाला लाजपत राय ने सामाजिक सुधार, आर्य समाज के प्रसार, भारतीय स्वतंत्रता आंदोलन के लिए जन समर्थन के निर्माण की दिशा में काम किया और साइमन कमीशन का विरोध करते हुए उनकी मृत्यु हो गई। अंबाला के लाला मुरलीधर

और रेवाड़ी के पत्रकार बालमुकुंद गुप्त कांग्रेस के संस्थापक अधिवेशन के सदस्य थे जिन्होंने स्वदेशी आंदोलन को बढ़ावा दिया। छोटू राम, पंडित नेकीराम शर्मा, लाला उग्रसेन और बिधवन के रामस्वरूप जगलान भी प्रमुख स्वतंत्रता कार्यकर्ता थे।

ii. हिंदी भाषा का आंदोलन पंजाब का आंदोलन

जो 30 अप्रैल, 1957 को शुरू हुआ और 27 दिसंबर, 1957 तक पंजाब के हिंदीभाषी क्षेत्रों में चला, जिसने एक सितंबर के रूप में हरियाणा के गठन की माँग का मार्ग प्रशस्त किया। संयुक्त राज्य पंजाब के हिंदीभाषी लोगों के लिए एक अलग राज्य की स्थापना की माँग थी। आजादी के बाद आंदोलन शुरू हुआ, पंजाब ने हिंदीभाषी हिस्सों पर पंजाबी थोपने की कोशिश की, और जब लोगों ने विरोध किया, तो सरकार सामूहिक गिरफ्तारियों, कारावासों और गिरफ्तार किए गए कुछ कार्यकर्ताओं से बदला लेने के लिए जेल में यातनाएँ दी गईं।

इस आंदोलन के दौरान रोहतक जिले के नया बाँस के सुमेर सिंह ने इस उद्देश्य के लिए अपनी जान दे दी। इसके बाद यह आंदोलन हिंदीभाषी राज्य के लिए गेंद लुढ़काने में सफल रहा। बचे हुए पंजाबीभाषी हिस्सों के लिए एक और आंदोलन शुरू हुआ। इस पंजाबी सूबे और पंजाबी भाषा आंदोलन ने माँग की कि विभाजन के बाद पंजाबी और गुरुमुखी को आधिकारिक बनाया जाए।

2018 में, हरियाणा सरकार ने मातृभाषा सत्याग्रहियों (हिंदी भाषा के कार्यकर्ता) को 10,000 प्रतिमाह पेंशन देना शुरू किया।

एक राज्य के रूप में हरियाणा 1 नवंबर, 1966 को पंजाब पुनर्गठन अधिनियम (1966) के माध्यम से अस्तित्व में आया था। भारत सरकार ने 23 अप्रैल, 1966 को पंजाब के तत्कालीन राज्य को निवासियों द्वारा बोली जानेवाली भाषाओं के आधार पर विभाजित करने के विचार के बाद हरियाणा के नए राज्य की सीमा निर्धारित करने के लिए न्यायमूर्ति जे.सी. शाह की अध्यक्षता में शाह आयोग की स्थापना की। आयोग ने 31 मई, 1966 को अपनी रिपोर्ट दे दी, जिससे हिसार, महेंद्रगढ़, गुरुग्राम, रोहतक और करनाल के तत्कालीन जिले हरियाणा के नए राज्य का हिस्सा बन गए। इसके अलावा, संगरूर जिले की जींद और नरवाना तहसील, और साथ ही नारायणगढ़, अंबाला और जगाधरी को भी इसमें शामिल किया जाना था।

आयोग ने यह भी सिफारिश की थी कि खारद तहसील, जिसमें पंजाब की राजधानी चंडीगढ़ शामिल थी, को हरियाणा का हिस्सा होना चाहिए। हालाँकि, हरियाणा को खारद का केवल एक छोटा सा हिस्सा दिया गया था। चंडीगढ़ शहर

को केंद्र शासित प्रदेश बनाया गया था, जो कालांतर में पंजाब और हरियाणा दोनों की राजधानी बना।

भगवत दयाल शर्मा हरियाणा के पहले मुख्यमंत्री बने।

5. प्रशासन

प्रशासनिक आधार पर हरियाणा को 22 जिलों में विभाजित किया गया है, जो 6 मंडलों में समूहबद्ध हैं। इन 22 जिलों में 72 सब-डिवीजन, 93 तहसील, 50 उप-तहसील, 140 सामुदायिक विकास खंड, 154 नगर तथा कस्बे, 6212 ग्राम पंचायत और 6841 गाँव हैं।

1 नवंबर, 1966 को जब तत्कालीन पूर्वी पंजाब के विभाजन द्वारा हरियाणा राज्य की स्थापना हुई थी, तब राज्य में 7 जिले थे—रोहतक, जींद, हिसार, महेंद्रगढ़, गुड़गाँव, करनाल तथा अंबाला।

i. जिले (वर्तमान में)

1. अंबाला	2. कुरुक्षेत्र	3. पंचकुला	4. यमुनानगर
5. फरीदाबाद	6. पलवल	7. मेवात	8. गुरुग्राम
9. कैथल	10. महेंद्रगढ़	11. रेवाड़ी	12. हिसार
13. फतेहाबाद	14. जींद	15. पानीपत	16. सिरसा
17. रोहतक	18. झज्जर	19. भिवानी	20. करनाल
21. सोनीपत	22. चरखी दादरी		

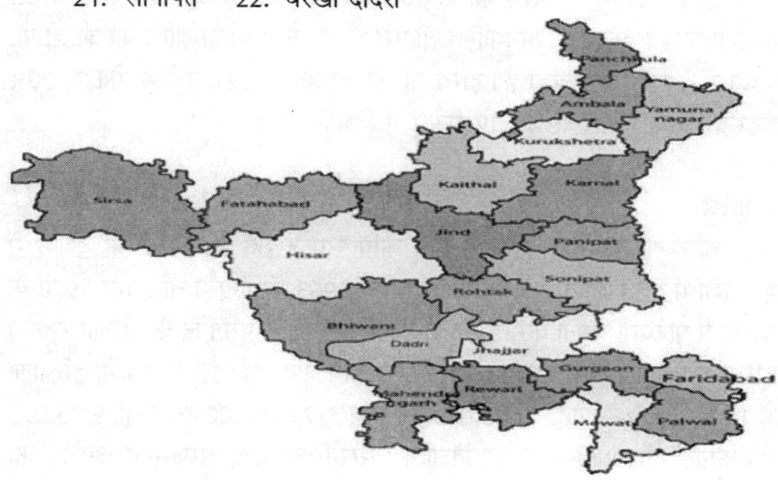

ii. पुलिस प्रशासन

हरियाणा पुलिस बल हरियाणा की कानून प्रवर्तन एजेंसी है। हरियाणा पुलिस की पाँच रेंज अंबाला, हिसार, करनाल, रेवाड़ी और रोहतक हैं। इसके अतिरिक्त फरीदाबाद, गुड़गाँव और पंचकुला में तीन पुलिस आयुक्त हैं। साइबर क्राइम की जाँच हेतु गुड़गाँव के सेक्टर 51 में साइबर सेल स्थित है।

राज्य में सर्वोच्च न्यायिक प्राधिकरण पंजाब और हरियाणा उच्च न्यायालय हैं। हरियाणा ई–फाइलिंग सुविधा का उपयोग करता है।

अन्य प्रशासनिक सेवाएँ—नागरिकों को सैकड़ों ई–सेवाओं की पेशकश करने के लिए सभी जिलों में सर्व सेवा केंद्रों (CSC) को अपग्रेड किया गया है, जिसमें नए जल कनेक्शन, सीवर कनेक्शन, बिजली बिल संग्रह, राशन कार्ड सदस्य पंजीकरण, HBSE का परिणाम, बोर्ड परीक्षाओं के लिए प्रवेश–पत्र, सरकारी कॉलेजों के लिए ऑनलाइन प्रवेश फॉर्म, बसों की लंबी मार्ग बुकिंग, कुरुक्षेत्र विश्वविद्यालय और HUDA प्लॉट्स स्टेटस पूछताछ के लिए फॉर्म उपलब्ध हैं। हरियाणा सभी जिलों में आधार–सक्षम जन्म पंजीकरण को लागू करनेवाला पहला राज्य बन गया है। डिजिटल इंडिया पहल के अंतर्गत एकीकृत UMANG एप और पोर्टल के माध्यम से हजारों पारंपरिक ऑफलाइन राज्य और केंद्र सरकार सेवाएँ भी 24/7 उपलब्ध हैं।

6. अर्थव्यवस्था

2012–17 में 12.96% की कंपाउंड वार्षिक वृद्धि दर और 217–18 में US $95 बिलियन डॉलर की अनुमानित जी.एस.डी.पी. के साथ हरियाणा की जी.डी.पी. भारत में 14वीं सबसे बड़ी है। हरियाणा की जी.डी.पी. 52% सर्विस सेक्टर, 30% इंडस्ट्रीज सेक्टर और 18% कृषि सेक्टर में विभाजित है।

i. कृषि

हरियाणा परंपरागत रूप से एक कृषि समाज रहा है। 1960 के दशक में हरियाणा में हरित क्रांति के आगमन और फिर 1963 में भाखड़ा बाँध और 1970 के दशक में पश्चिमी यमुना कमांड नेटवर्क नहर प्रणाली के पूरा होने के परिणामस्वरूप हरियाणा में खाद्य अनाज उत्पादन में उल्लेखनीय वृद्धि हुई। 2015–16 में, हरियाणा में 1,33,52000 टन गेहूँ, 41,45,000 टन चावल, 71,69,000 टन गन्ना, 9,93,000 टन कपास और 8,55,000 टन तिलहन (सरसों का बीज, सूरजमुखी, आदि) का

उत्पादन हुआ। हरियाणा दुग्ध के लिए भी जाना जाता है। राज्य में मवेशियों की कई नस्लें पाई जाती हैं, जिनमें मुर्रा भैंस, हरियाणवी, मेवाती, साहिवाल और नीलि-रवि इत्यादि प्रमुख हैं।

कृषि क्षेत्र 93 प्रतिशत फसलों और पशुधन, 4 प्रतिशत वाणिज्यिक वानिकी और लॉगिंग तथा 2 प्रतिशत मत्स्य पालन में विभाजित है। हरियाणा का कृषि क्षेत्र, भारत के 1.4 प्रतिशत से कम क्षेत्र के साथ, केंद्रीय खाद्य सुरक्षा सार्वजनिक वितरण प्रणाली, और कुल राष्ट्रीय कृषि निर्यात का 7 प्रतिशत का योगदान देता है जिसमें कुल राष्ट्रीय बासमती चावल निर्यात का 60 प्रतिशत शामिल है।

कृषि आधारित हरियाणा की अर्थव्यवस्था को और बेहतर बनाने के लिए, केंद्रीय सरकार (केंद्रीय अनुसंधान संस्थान, बफेलो, केंद्रीय भेड़ प्रजनन फार्म, इक्विनेस पर राष्ट्रीय शोध केंद्र, मत्स्य पालन संस्थान, राष्ट्रीय डेयरी अनुसंधान संस्थान, भारतीय संस्थान गेहूँ और जौ अनुसंधान और राष्ट्रीय ब्यूरो ऑफ एनिमल आनुवंशिक संसाधन) और राज्य सरकार (CCS HAU, लुवास, सरकारी पशुधन फार्म, क्षेत्रीय चारा स्टेशन और उत्तरी क्षेत्र कृषि मशीनरी प्रशिक्षण और परीक्षण संस्थान) ने कृषि क्षेत्र में अनुसंधान और शिक्षा के लिए कई संस्थान राज्य में खोले हैं।

ii. इंडस्ट्रीज

इंडस्ट्रीज सेक्टर 69 प्रतिशत विनिर्माण, 28 प्रतिशत निर्माण, 2 प्रतिशत उपयोगिताओं और 1 प्रतिशत खनन में विभाजित है। हरियाणा पूरे भारत की 67 प्रतिशत यात्री कार, 60 प्रतिशत मोटरसाइकिल, 50 प्रतिशत ट्रैक्टर और 50 प्रतिशत रेफ्रिजरेटरों का उत्पादन करता है।

सेवाओं और औद्योगिक क्षेत्रों को 7 परिचालित SEZs और अतिरिक्त 23 औपचारिक रूप से अनुमोदित SEZ (20 पहले ही अधिसूचित और 3 इन-

प्रिंसिपल स्वीकृति) द्वारा बढ़ाया जाता है, जो ज्यादातर दिल्ली–मुंबई औद्योगिक कॉरिडोर, अमृतसर, दिल्ली, कोलकाता औद्योगिक कॉरिडोर और दिल्ली पश्चिमी परिधीय एक्सप्रेस–वे के साथ फैले हुए हैं।

iii. सर्विस

सर्विस सेक्टर 45 प्रतिशत रीयल एस्टेट, वित्तीय और पेशेवर सेवाओं, 26 प्रतिशत व्यापार और आतिथ्य, 15 प्रतिशत राज्य और केंद्रीय सरकारी कर्मचारियों तथा 14 प्रतिशत परिवहन और रसद और गोदाम में विभाजित है। आई.टी. सेवाओं में, गुरुग्राम विकास दर और मौजूदा प्रौद्योगिकी आधारभूत संरचना में पूरे भारत में नंबर 1 स्थान पर, और स्टार्टअप पारिस्थितिकी तंत्र, नवाचार और उत्तरदायित्व में नंबर 2 पर है। (नवंबर 2016)

7. खेल

यह राज्य भारत में खेल क्षेत्र में योगदान के लिए प्रसिद्ध है। दर्जनों से अधिक एथलीटों ने ओलंपिक, राष्ट्रमंडल सहित विभिन्न अंतरराष्ट्रीय प्रतियोगिताओं में देश का प्रतिनिधित्व किया है। हालाँकि, राज्य में देश की आबादी का केवल 2 प्रतिशत हिस्सा है। कथित तौर पर, ओलंपिक इतिहास में भारत के 30 प्रतिशत से अधिक पदक हरियाणा के खिलाड़ियों द्वारा प्राप्त किए गए हैं, जिससे पर्याप्त खेल अकादमियों, केंद्रों और सुविधाओं की कमी के बावजूद यह देश का एथलेटिक उपरिकेंद्र बन गया है। व्यक्तियों ने विभिन्न क्षेत्रों में उत्कृष्ट प्रदर्शन किया है, मुख्य रूप से शूटिंग, कुश्ती, क्रिकेट, मुक्केबाजी, हॉकी, कबड्डी, बास्केटबॉल, पर्वतारोही, फुटबॉल, वॉलीबॉल, मार्शल आर्ट, आदि में। खेलों की कुछ प्रमुख हस्तियाँ हरियाणा की मूल निवासी हैं, जिनमें पूर्व क्रिकेटर कपिल देव, दलेल सिंह रोर, कविता देवी, नरेंद्र कुमार ग्रेवाल, जय भगवान् और कई अन्य शामिल हैं। रिपोर्टों के अनुसार, हॉकी के अलावा, खिलाड़ियों ने अपने ओलंपिक इतिहास में लगभग 23 व्यक्तिगत पदक जीते हैं, जिनमें से अधिकांश में हरियाणा का योगदान है। हालाँकि, टोक्यो ओलंपिक 2020 कई कारणों से लंबे समय तक इतिहास में बना रहेगा। दुनिया में कोरोना वायरस के प्रकोप के बाद यह पहला खेल खेला गया था। खेलों में लगभग 126 एथलीटों ने भारत का प्रतिनिधित्व किया, जिनमें से 31 एथलीट हरियाणा (25 प्रतिशत) से थे। सभी जिलों में से, सोनीपत ने कथित तौर पर अधिक खिलाड़ी पैदा किए हैं, उसके बाद कुरुक्षेत्र और झज्जर हैं।

क्रम	खिलाड़ी का नाम	खेल	पदक
1.	नीरज चोपड़ा	भाला फेंक	स्वर्ण
2.	रवि कुमार दहिया	कुश्ती	रजत
3.	मीराबाई चानू	भारोत्तोलन	रजत
4.	पी.वी. सिंधु	बैडमिंटन	कांस्य
5.	लवलीना बोरगोहेन	मुक्केबाजी	बोन्ज
6.	बजरंग पुनिया	कुश्ती	कांस्य
7.	भारतीय हॉकी टीम	हॉकी	कांस्य

8. संस्कृति

हरियाणा की संस्कृति यहाँ की लोककथाओं की परिचायक है। समृद्ध हरियाणवी संस्कृति हुक्का और चारपाइयों, ज्वलंत मेलों और लहराते धान के खेतों की विशेषता है—हरियाणा भारत के सबसे धनी राज्यों में से एक है और दक्षिण एशिया में सबसे अधिक आर्थिक रूप से विकसित क्षेत्रों में से एक है। लोकप्रिय रूप से 'देवताओं के घर' के रूप में जाना जाता है, इस जीवंत राज्य में एक समृद्ध संस्कृति, विरासत, त्योहार, लोकगीत और एक जीवंत परिदृश्य है। हरियाणा के लोक संगीत और नृत्य मुख्य रूप से हरियाणवी जनजातियों की कृषि और मार्शल प्रकृति की सांस्कृतिक जरूरतों को पूरा करने पर आधारित हैं।

हरियाणवी संगीत लोक रंगमंच के मुख्य प्रकार स्वाँग, रासलीला और रागिनी हैं। रंगमंच के सांग और रागिनी रूप को लखमी चंद द्वारा लोकप्रिय बनाया गया था।

हरियाणवी लोक नृत्यों और संगीत में तेज ऊर्जावान गति होती है। नृत्य की तीन लोकप्रिय श्रेणियाँ हैं—उत्सव-मौसमी, भक्ति और औपचारिक मनोरंजन। उत्सव-मौसमी नृत्य और गीत गोगाजी—गुग्गा, होली, फाग, सावन, तीज हैं। भक्ति नृत्य और गीत चौपैया, होली, मँजीरा, रासलीला, रागिनी हैं। औपचारिक मनोरंजक नृत्य और गीत निम्नलिखित प्रकार के होते हैं—पौराणिक वीरता (पुरुष योद्धाओं और महिला सतियों की किस्सा और रागिनी), प्रेम और रोमांस (बीन और इसके भिन्न नागिन नृत्य और रागिनी), औपचारिक (धमाल नृत्य, घूमर, झूमर, नर, खोरिया, लूर और रागिनी)।

i. शास्त्रीय संगीत

शास्त्रीय हरियाणवी लोक संगीत, भारतीय शास्त्रीय संगीत पर आधारित है। हिंदुस्तानी शास्त्रीय राग, गुरु-शिष्य परंपरा के घराना परंपरा में सीखे गए, वीर बहादुरी के गीत गाने के लिए उपयोग किए जाते हैं (जैसे आल्हा-खंड (1163-1202 CE) आल्हा और उदल की बहादुरी के बारे में, जयमल और पट्टा महाराणा उदय सिंह द्वितीय के बारे में), ब्राह्मण पूजा और उत्सव के मौसमी गीत (जैसे तीज, होली और होली के पास फाल्गुन माह के फाग गीत)। उच्च स्वर में वीरता के गीत गाए जाते हैं।

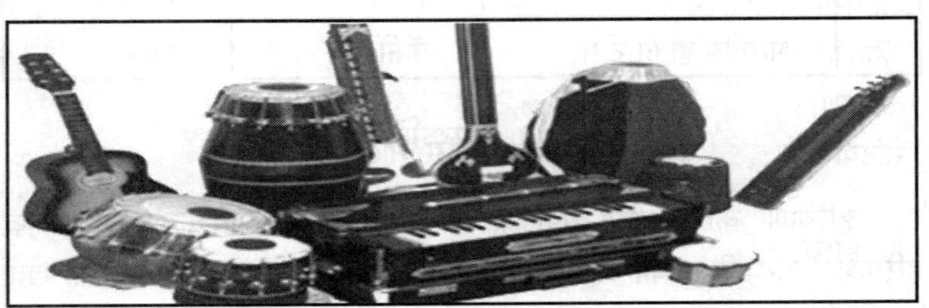

ii. लोक संगीत

देसी हरियाणवी लोक संगीत, राग भैरवी, राग भैरव, राग कफी, राग जयजयवंती, राग झिंझोटी और राग पहाड़ी पर आधारित हरियाणवी संगीत का एक रूप है और मौसमी गीत, गाथागीत, औपचारिक गीत (शादी, आदि) गाने के लिए सामुदायिक सौहार्द का जश्न मनाने के लिए उपयोग किया जाता है। प्रेम और जीवन का जश्न मनानेवाले रिश्ते और गीत मध्यम स्वर में गाए जाते हैं। औपचारिक और धार्मिक गीत कम स्वर में गाए जाते हैं। युवा लड़कियाँ और महिलाएँ आमतौर पर मनोरंजक और तेज मौसमी, प्यार, रिश्ते और दोस्ती से संबंधित गाने गाती हैं जैसे फागन, कटक, सम्मान, बंदे-बंदी (पुरुष-महिला युगल गीत), साथने (महिला मित्रों के बीच हार्दिक भावनाओं को साझा करने के गीत)। वृद्ध महिलाएँ आमतौर पर भक्ति मंगल गीत (शुभ गीत) और औपचारिक गीत जैसे भजन, भट (अपने भाई द्वारा दुल्हन या दुल्हन की माँ को शादी का उपहार), सगाई, बान (हिंदू शादी की रस्म जहाँ पूर्व-विवाह उत्सव शुरू होते हैं), कुआँ-पूजन (एक प्रथा, जो कुएँ या पीने के पानी के स्रोत की पूजा करके बच्चे के जन्म का स्वागत करने के लिए की जाती है), साँझी और होली के त्योहार आदि के गीत गाती हैं।

iii. व्यंजन

हरियाणा के प्रामाणिक व्यंजन में उँगली चाटनेवाले व्यंजन पेश किए जाते हैं—कचरी की सब्जी, चूरमा, मालपुआ, बथुआ रायता, मीठी गाजर, सिंघरी की सब्जी, मीठे चावल, रबड़ी और भी बहुत कुछ। यह निश्चित रूप से आपके दिल को लुभाएगा और आपको और अधिक माँगते हुए एक मधुर स्वाद के साथ छोड़ देगा। हरियाणा के लोग दही और लस्सी जैसे दुग्ध उत्पादों को बहुत महत्त्व देते हैं और इसलिए उन्हें अपने सभी भोजन में शामिल करते हैं। प्राचीन काल से हरियाणा में नवजात के आगमन पर देसी घी से तैयार गोंद के लड्डू बनाने और वितरित करने की परंपरा रही है। इसी तरह, विशिष्ट अवसरों पर परोसे जानेवाले 'चूरमा' की एक शृंखला होती है। कुछ अन्य पारंपरिक व्यंजनों में बथुआ रायता के साथ पराँठे, कढ़ी के साथ उबले हुए चावल, खिचड़ी, कड़ाही हरा छोलिया और कुछ अलग तरह की रोटियाँ जैसे बेसन मसाला रोटी और बाजरा आलू रोटी शामिल हैं।

iv. भाषा

हरियाणा की आधिकारिक भाषा हिंदी है। राज्य में कई क्षेत्रीय भाषाएँ या बोलियाँ, जिन्हें अकसर हिंदी में समाहित किया जाता है, बोली जाती हैं। उनमें से प्रमुख हरियाणवी (बाँगरू के नाम से भी जाना जाता है) है, जिसके क्षेत्र में हरियाणा के मध्य और पूर्वी हिस्से शामिल हैं। हिंदुस्तानी उत्तर-पूर्व में बोली जाती है, पश्चिम में बागरी और दक्षिण में अहिरवती, मेवाती और ब्रज भाषा।

उर्दू और पंजाबी के बोलनेवालों की भी बड़ी संख्या है, जिनमें से बाद वाले को 2010 में सरकार और प्रशासनिक उद्देश्यों के लिए हरियाणा की दूसरी आधिकारिक भाषा के रूप में मान्यता दी गई थी। राज्य के गठन के बाद, तेलुगु को राज्य की 'दूसरी भाषा' बनाया गया था—स्कूलों में पढ़ाया जाना था, लेकिन यह आधिकारिक संचार के लिए 'दूसरी आधिकारिक भाषा' नहीं थी। छात्रों की कमी के कारण, अंततः भाषा का पढ़ाया जाना बंद हो गया। पंजाब के साथ राज्य के मतभेदों को दिखाने के लिए बंसीलाल द्वारा 1969 में तमिल को दूसरी भाषा बनाया गया था, हालाँकि उस समय हरियाणा में कोई तमिलभाषी नहीं थे। 2010 में, तमिल बोलनेवालों की कमी के कारण, भाषा को उसके दरजे से हटा दिया गया था।

5

हरियाणा पुलिस का इतिहास

i. मुगल साम्राज्य का समय

हरियाणा में आधुनिक पुलिस प्रशासन की उत्पत्ति का पता मुगल साम्राज्य से लगाया जा सकता है। मुगल पुलिस संगठन को तीन प्रमुखों के तहत व्यवस्थित किया गया था—ग्राम पुलिस, जिला पुलिस और शहरी पुलिस। गाँव की पुलिस के बारे में, गाँव का मुखिया और उसके अधीनस्थ चौकीदार अपने अधिकार क्षेत्र में कानून और व्यवस्था बनाए रखने के अपने काम को जारी रख सकते थे। सीमा के भीतर होनेवाले किसी भी नुकसान या उनके अधिकार क्षेत्र में किए गए किसी भी अपराध के लिए ग्रामीणों को जिम्मेदार बनाया गया था। उन्हें या तो चोरी की गई वस्तुओं को पुनर्प्राप्त करना था या अपने संसाधनों से उसी के लिए भुगतान करना था।

फौजदार नामक जिला पुलिस का मुखिया जिले में कानून-व्यवस्था बनाए रखने के लिए जिम्मेदार होता था। उनका प्राथमिक कर्तव्य सड़कों की पुलिसिंग, किसी भी प्रकार की अव्यवस्था का दमन और विद्रोही गाँवों से राज्य के बकाया की वसूली बलपूर्वक करना था। अकबर के शासनकाल के दौरान, अव्यवस्था के लगातार विस्फोट होते थे और फौजदारों को अकसर अपने सैनिकों का इस्तेमाल करना पड़ता था। उनके द्वारा दी गई सजाएँ बहुत बार क्रूर थीं। कोतवाल ने शहरी पुलिस की निगरानी की। उसे घरों और सड़कों का एक रजिस्टर रखना आवश्यक था। उन्होंने शहर को क्वार्टरों में विभाजित किया और प्रत्येक तिमाही के लिए एक सहायक को प्रत्यक्ष प्रभार में रखा। सहायक को दैनिक आगमन और प्रस्थान की रिपोर्ट करना आवश्यक था। कोतवाल ने जासूसों और जासूसों की एक छोटी सी फौज रख ली। उसे चोरों को पकड़ने और चोरी के सामान का पता लगाने की आवश्यकता थी। वह गुलामी पर

लगाम लगाता था और शहरी क्षेत्रों के बेईमान व्यापारियों पर नजर रखता था। उसने कसाई, सफाईकर्मी और शिकारियों के लिए अलग-अलग क्वार्टर की व्यवस्था की। उन्होंने कब्रिस्तान के लिए जमीन की भी पहचान की। वास्तव में, उससे अपेक्षा की जाती थी कि वह अपने अधिकार क्षेत्र में प्रत्येक व्यक्ति के बारे में सब कुछ जानता है।

ii. ब्रिटिश शासन में पुलिस

अंग्रेजों के आगमन के साथ पुलिस व्यवस्था में परिवर्तन आया। आयरिश कांस्टेबुलरी अच्छी तरह से काम कर रही थी, और इसी तरह की प्रणाली को भारत में लागू करने की माँग की गई थी। सर चार्ल्स नेपियर ने 1843 में सिंध में पहली पुलिस एजेंसी की स्थापना की। हरियाणा 1857 में विद्रोह का एक महत्त्वपूर्ण केंद्र था। 10 मई, 1857 को अंबाला में मूल निवासी पैदल सेना ने कारतूस पर पशु वसा के उपयोग का विरोध करके विद्रोह शुरू किया। मेरठ विद्रोह भी उसी दिन शुरू हुआ। मेवात के मेव किसान सदरुद्दीन, रेवाड़ी के राव तुला राम और अन्य के नेतृत्व में क्षेत्र के लोग एक साथ आए। घसेरा गाँव में, मेवों का नेतृत्व अली हसन ने किया था, जो एक तोपखाना आदमी था, जो 1957 में ब्रिटिश सेना से अलग हो गया था। आगामी लड़ाई में लगभग 150 लोग मारे गए थे। विद्रोह के बाद, अंग्रेज स्थानीय आबादी को नियंत्रित करने के लिए एक प्रणाली स्थापित करने के इच्छुक थे।

भारत के वर्तमान पुलिस विभागों की स्थापना 1843 में हुई, जब सर चार्ल्स नेपियर ने औपनिवेशिक आयरिश कांस्टेबुलरी की तर्ज पर सिंध में एक पुलिस प्रणाली की स्थापना की

1860 में श्री एच.एम. कोर्ट की अध्यक्षता में एक पुलिस आयोग की स्थापना की गई थी। 1860 के पुलिस आयोग के नीति-निर्देशों में से एक यह था कि 'हालाँकि पुलिस के कर्तव्य पूरी तरह से नागरिक होने चाहिए, सैन्य नहीं, पुलिस का संगठन और अनुशासन एक सैन्य निकाय के समान होना चाहिए'। 1861 का भारतीय पुलिस अधिनियम 1857 के विद्रोह के ठीक बाद देश में पुलिस का कुशल

प्रशासन लाने और भविष्य के किसी भी विद्रोह को रोकने के लिए अंग्रेजों द्वारा कानून बनाया गया था। हमारे देश में वर्तमान पुलिस व्यवस्था इसी चरित्र के तहत स्थापित की गई है। अंग्रेजों ने सेना के अधिकारियों को महानिरीक्षक और अन्य शीर्ष पदों पर नियुक्त किया। 1898 में इस प्रथा को बंद कर दिया गया। इसके बाद, भारतीय पुलिस के लिए एंड्रयू फ्रेजर पुलिस आयोग नियुक्त किया गया। पुलिस की ताकत बढ़ाने सहित कई बदलाव किए गए।

पंजाब पुलिस नियम 1934 में बनाए गए थे, जो अभी भी उत्तर भारतीय राज्यों पंजाब, हिमाचल प्रदेश, दिल्ली, चंडीगढ़ और हरियाणा में पुलिस संगठनों को नियंत्रित करते हैं। हरियाणा राज्य का गठन सरदार हुकम सिंह संसदीय समिति की सिफारिश पर किया गया था। इस समिति के गठन की घोषणा 23 सितंबर, 1965 को संसद में की गई थी। 23 अप्रैल, 1966 को, हुकम सिंह समिति की सिफारिश पर कार्य करते हुए भारत सरकार ने पंजाब और हरियाणा की सीमाओं को विभाजित करने और स्थापित करने के लिए न्यायमूर्ति जे.सी. शाह की अध्यक्षता में शाह आयोग की स्थापना की।

iii. हरियाणा का गठन

1 नवंबर, 1966 को हरियाणा राज्य को पंजाब से अलग कर बनाया गया था। हिसार, महेंद्रगढ़, गुड़गाँव, रोहतक और करनाल जिलों को हरियाणा में शामिल किया गया था। संगरूर जिले की जींद और नरवाना की दो तहसीलों को नारायणगढ़, अंबाला और जगाधरी के साथ हरियाणा का हिस्सा बनाया गया था। आयोग ने खंड तहसील को भी शामिल करने की सिफारिश की, जिसमें तत्कालीन पंजाब की राजधानी चंडीगढ़ को हरियाणा में शामिल किया गया था। हालाँकि, खंड का एक छोटा सा हिस्सा ही हरियाणा को दिया गया था। चंडीगढ़ शहर को केंद्र शासित प्रदेश तथा पंजाब और हरियाणा दोनों की राजधानी बनाया गया।

प्रारंभ में, हरियाणा पुलिस ने भारतीय पुलिस अधिनियम, 1861 के तहत काम किया। बाद में, हरियाणा ने हरियाणा पुलिस अधिनियम, 2007 पारित किया, जो पुलिस की स्थापना, नियमों और प्रबंधन के लिए एक नया राज्य पुलिस कानून प्रदान करता है, इसकी भूमिका, कर्तव्यों और जिम्मेदारियों को फिर से परिभाषित करता है। और इसे पुलिस की उभरती चुनौतियों, कानून के शासन को लागू करने, राज्य और लोगों की सुरक्षा की चिंता, सुशासन को ध्यान में रखते हुए एक कुशल, पेशेवर, प्रभावी, जवाबदेह, लोगों के अनुकूल और उत्तरदायी एजेंसी के रूप में कार्य करने में सक्षम बनाना है।

1 नवंबर, 1966 को हरियाणा राज्य को पंजाब से अलग कर बनाया गया था। उस समय इसमें एक पुलिस रेंज और 6 जिले शामिल थे और 12,165 कर्मियों की ताकत थी। आज राज्य को रेलवे पुलिस जिले के अलावा 5 रेंज, 3 पुलिस कमिश्नरेट—गुरुग्राम, फरीदाबाद, पंचकुला और 23 पुलिस जिले में बाँटा गया है।

जनवरी 2021 के अनुसार, हरियाणा पुलिस की संख्या	
राजपत्रित अधिकारी	459
निरीक्षक	1,082
उप निरीक्षक	3,587
सहायक उप निरीक्षक	6,095
हेड कांस्टेबल	12,650
कांस्टेबल	48,497
कुल स्वीकृत संख्या	72,370

हरियाणा पुलिस का मुख्यालय

राज्य पुलिस मुख्यालय, जो पहले सिविल सचिवालय, चंडीगढ़ में स्थित था, अब सेक्टर 6, पंचकुला में अपने स्वयं के भवन में स्थानांतरित कर दिया गया है। इस भवन में राज्य पुलिस नियंत्रण कक्ष के साथ, आपराधिक जाँच विभाग के कार्यालय स्थित हैं।

हरियाणा पुलिस के संगठन

i. जिला पुलिस (District Police)

राज्य पुलिस संगठन में जिला स्तर पर पुलिस व्यवस्था काफी पुरानी है। पुलिस आबादी और अपराध के कारण जिला पुलिस का मुख्य अधिकारी पुलिस अधीक्षक होता है। बड़े जिलों में जहाँ उसके आकार या जनसंख्या अपराध के कारण कार्यभार अधिक होता है, वहाँ पर पुलिस अधीक्षक की सहायता के लिए आवश्यकता अनुसार अतिरिक्त पुलिस अधीक्षक नियुक्त किए जा सकते हैं। ऐसी

स्थिति में पुलिस अधीक्षक को वरिष्ठ पुलिस अधीक्षक का पदनाम दिया जाता है। अतिरिक्त पुलिस अधीक्षकों के बीच कार्य का विभाजन क्षेत्र या कार्य की प्रकृति के आधार पर होता है।

जिला पुलिस संगठन भी आगे पुलिस थानों और अन्य शाखाओं में विभाजित किया जाता है। पूरे जिले को पुलिस थानों में बाँट दिया जाता है। प्रत्येक थाने का नेतृत्व निरीक्षक रैंक का एक अधिकारी करता है। एक जिले के अंतर्गत एक या अधिक उप-मंडल भी आ सकते हैं। प्रत्येक उप-मंडल स्तर पर प्रमुख अधिकारी पुलिस उप-अधीक्षक लगाया जाता है, जिसके अधीन कुछ थाने होते हैं।

इसके अलावा जिला स्तर पर पुलिस की कई शाखाएँ एवं इकाइयाँ भी होती हैं जैसे—अपराध जाँच एजेंसी, विशेष शाखा, महिला पुलिस शाखा, कल्याण शाखा, अपराध रिकॉर्ड शाखा, अभियोजन शाखा, यातायात पुलिस, जिला पुलिस लाइन इत्यादि, जिनके इंचार्ज मुख्य रूप से निरीक्षक रैंक के पुलिस अधिकारी नियुक्त किए जाते हैं, जो जिला पुलिस अधीक्षक प्रति उत्तरदायी है। ये शाखाएँ पुलिस अधीक्षक कार्यालय एवं जिले से संबंधित हैं।

जिला स्तर पर पुलिस की कार्य/जिम्मेदारियाँ—

क. शहर में लॉ और ऑर्डर बनाए रखना

ख. नागरिकों के जीवन और संपत्ति की रक्षा करना

ग. अपराध को पहचानना और रोकना

घ. अपराधियों को न्याय के कठघरे में लाना

ङ. ट्रैफिक संचालन करना

च. कानून का पालन करवाना और पुलिस सेवा प्रदान करना

कानून व्यवस्था का पालन करवाते हुए हरियाणा पुलिस का कर्मचारी

ii. अपराध अन्वेषण विभाग (CID)

आपराधिक जाँच विभाग उतना ही पुराना है जितना कि संगठित पुलिस विभाग, क्योंकि कानून और व्यवस्था बनाए रखने के लिए खुफिया जानकारी का संग्रह एक बहुत ही महत्त्वपूर्ण साधन है। राज्य आपराधिक जाँच विभाग राज्य की राजधानी में स्थित है। अपराध अन्वेषण विभाग भी राज्य पुलिस संगठन का एक विशेष विभाग है। जो राज्य स्तर पर सुरक्षा एवं गुप्तचरों के कार्यों का निर्वाह करता है। वर्तमान में CID एक अतिरिक्त पुलिस महानिदेशक के अधीन कार्य करता है।

इसका मुख्य कार्य वी.आई.पी. सुरक्षा, प्रधानमंत्री, मुख्यमंत्री व गवर्नर को सुरक्षा प्रदान करना है व राज्य के सुरक्षा-तंत्र को मजबूत करना है। जिसके लिए सुरक्षा से संबंधित सभी प्रकार की गुप्त सूचनाएँ एकत्रित करके सरकार तक पहुँचाना है। राज्य में दिन-प्रतिदिन होनेवाली सामाजिक घटनाओं, सार्वजनिक या निजी स्थानों पर आयोजित मीटिंगों के बारे में गुप्त रूप से सूचना एकत्रित करके सरकार तक भेजना है। सामाजिक सुरक्षा एवं अति महत्त्वपूर्ण भवनों तथा विशिष्ट व्यक्तियों की सुरक्षा बनाए रखना अपराध अन्वेषण विभाग से ही संभव है। इस विभाग में कार्यरत सभी कर्मचारी व अधिकारी अपने-अपने क्षेत्र से सुरक्षा संबंधी सूचनाएँ एकत्रित करके उच्च अधिकारियों के माध्यम से सरकार तक पहुँचाते हैं। जिनके आधार पर सुरक्षा सुनिश्चित करने के लिए आगामी सुरक्षा प्रबंध किए जाते हैं।

डिजिटल जाँच प्रशिक्षण और विश्लेषण केंद्र DITAC हरियाणा पुलिस ने साइबर पुलिसिंग को बढ़ाने और सोशल मीडिया सामग्री की निगरानी के लिए गुड़गाँव में डिजिटल जाँच और प्रशिक्षण के लिए देश का पहला केंद्र स्थापित किया है। हाई-एंड टूल्स से लैस एक साइबर फोरेंसिक लैबवाला केंद्र, सोशल मीडिया सामग्री की विशेष निगरानी की सुविधा के अलावा हरियाणा और अन्य राज्य पुलिस विभागों के पुलिस कर्मियों को उन्नत डिजिटल जाँच में प्रशिक्षण प्रदान करेगा।

साइबर फोरेंसिक और सोशल मॉनिटरिंग लैब से लैस यह सुविधा हरियाणा और अन्य राज्यों के पुलिस अधिकारियों को साइबर अपराध जाँच में प्रशिक्षित करेगी।

जिला स्तर पर निरीक्षक रैंक का अधिकारी अपने अधीनस्थ कर्मचारियों की सहायता से गुप्तचरी करके सुरक्षा व अपराधों से संबंधित जानकारी इकट्ठी करके उच्च अधिकारियों को भेजता है। जिले से ही सूचना प्राप्त होने पर सोर्स रिपोर्ट तैयार की जाती है, जो अपराधों पर रोक लगाने तथा सुरक्षा के ठोस उपाय तैयार करने में सहायक होती है। सोर्स रिपोर्ट से ही जिला पुलिस मुकदमे दर्ज कर काररवाई अमल में लाती है।

iii. राज्य अपराध शाखा (SCB)

राज्य अपराध शाखा की स्थापना 2006 में हुई थी। यह इकाई मोगीनंद, पंचकुला में स्थित है। राज्य पुलिस का ही एक अवयव है। राज्य स्तर पर अपराध शाखा का नियंत्रण पुलिस महानिदेशक/अतिरिक्त पुलिस महानिदेशक पद का अधिकारी करता है तथा वह अपने से उच्च पद के अधिकारियों को रिपोर्ट करता है। जिला स्तर पर अपराध शाखा का संगठन होता है जिसका संचालक सामान्यतः उप-पुलिस अधीक्षक पद का अधिकारी होता है। उसकी मदद के लिए अन्य स्टाफ भी नियुक्त किया जाता है। यह स्टाफ अनुसंधान में विशेष दक्षता प्राप्त होता है तथा ऐसे ही अनुसंधान अधिकारी इसमें नियुक्त किए जाते हैं, जिन्हें अपराध तथा अपराधियों के बारे में पूर्ण जानकारी हो। अपराध शाखा के निम्नलिखित कर्तव्य हैं—

क. अंतरराज्यीय अपराध तथा अपराधियों के बारे में जानकारी एकत्रित करना तथा इससे संबंधित मुकदमों का अनुसंधान करना।

ख. स्थानीय व अंतरराज्यीय अपराधियों का आपराधिक विवरण तैयार करना।

ग. विभिन्न राज्यों की पुलिस के बीच आपसी तालमेल बनाए रखना।

घ. डकैती, लूटमार, गृहभेदन या अन्य संगीन जुर्म जैसे—हत्या इत्यादि का अनुसंधान करना।

ङ. अपराधियों से संबंधित गुप्त जानकारी एकत्रित करना तथा रेड करके आपराधियों को पकड़ना।

च. संगठित अपराध जैसे—वेश्यावृत्ति, तस्करी, मादक पदार्थों का व्यापार इत्यादि से संबंधित गुप्त जानकारी एकत्रित करना और उन पर रोक लगाना।

छ. सफेदपोश अपराध (White Collar Crime) करनेवालों का पता लगाना तथा उनके विरुद्ध काररवाई करना।

ज. अपराध तथा अपराधियों से संबंधित गुप्त जाँच करना तथा सामान्य जिला पुलिस द्वारा किए जा रहे मुकदमों के अनुसंधान पर नजर रखना।

iv. महानगरीय पुलिस व्यवस्था

इस अपराध शाखा का अपना अलग महत्त्व है, क्योंकि वहाँ हो रहे संगीन अपराधों के अनुसंधान में अंतरराज्यीय तालमेल होना बहुत आवश्यक है। महानगरों में अपराध करनेवाले अपराधी विभिन्न राज्यों से होते हैं, अतः उनसे

संबंधित रिकॉर्ड तैयार करवाना, उनके बारे में गुप्त जानकारी रखना, उनके गुप्त ठिकानों का पता लगाना तथा ऐसे अपराधियों की गतिविधियों पर नजर रखना अत्यंत आवश्यक होता है।

V. दूर संचार पुलिस (Police Telecom)

दूरसंचार विंग पुलिस विभाग की संचार और तकनीकी शाखा है। पुलिस दूरसंचार विंग वर्तमान में अतिरिक्त पुलिस महानिदेशक के अधीन है। यह विंग 1.11.1966 को पंजाब राज्य के विभाजन पर अस्तित्व में आया और वायरलेस विंग के रूप में जाना गया। उस समय राज्य के सात जिलों में 13 हाई फ्रिक्वैंसी स्टेशन कार्यरत थे। वायरलेस विंग का मुख्यालय कोठी नंबर 32 सेक्टर 2-ए, चंडीगढ़ में किराए के भवन में स्थापित किया गया था। इस विंग के कामकाज को चलाने के लिए स्वीकृत जनशक्ति अल्प थी यानी इंस्पेक्टर/2, सब-इंस्पेक्टर/20, सहायक उप-निरीक्षक/85, हेड कांस्टेबल/5, कांस्टेबल/21। समय बीतने के साथ राज्य में जिलों की संख्या उन्नीस हो गई है। अब प्रत्येक जिला नियंत्रण कक्ष में कुल 2000 वायरलेस स्टेशनों (यानी स्टेटिक, मोबाइल और वॉकी टॉकी) के साथ अपराध, कानून और व्यवस्था आदि से संबंधित जानकारी देने के लिए 6 संचार चैनल काम कर रहे हैं।

वर्तमान में दूरसंचार विंग की स्वीकृत शक्ति							
IGP	SP	DSP	Inspr.	SI	ASI	HC	Const.
1	1	10	42	121	273	552	902

वर्तमान में दूरसंचार विंग का मुख्यालय मोगीनंद, पंचकुला में कार्यरत है। कार्यशाला सहित राज्य स्तरीय पुलिस दूरसंचार प्रशिक्षण केंद्र मोगीनंद, पंचकुला में स्थित है।

हरियाणा राज्य के गठन के समय पूरे राज्य में कुल 13 हाई फ्रिक्वैंसी कम्युनिकेशन विंग (HFCW) बेतार स्टेशन कार्यरत थे। वर्ष 1966 में पंजाब एवं हरियाणा के संसाधनों के बँटवारे के बाद 2 निरीक्षक, 20 उप निरीक्षक, 85 सहायक उप-निरीक्षक, 5 हवलदार तथा 21 सिपाही दूर संचार पुलिस को मिले थे, जो दूर संचार शाखा से थे। उस समय VHP संचार के उपकरण करीब 32 MHZ थे, जो राज्य में विशिष्ट और अति विशिष्ट व्यक्तियों के दौरों के समय प्रयोग किए जाते थे। 1967 में राज्य में केवल MF 713 वॉकी टॉकी सैट थे।

1970 में सभी पुलिस थानों और वरिष्ठ पुलिस अधिकारियों की गाड़ियों को दूरसंचार व्यवस्था से जोड़ दिया गया। उसके बाद 1974 में सभी पुलिस थानों को VHF चैनल तथा संबंधित जिले के नियंत्रण कक्ष के साथ जोड़ दिया गया। इसी वर्ष स्थानीय प्रशिक्षण ढाँचा प्रदान करने के लिए पंचकुला में पुलिस बेतार प्रशिक्षण कॉलेज (PWTC) की स्थापना कर दी गई। यह कॉलेज वर्ष 1987 से जींद में कार्य कर रहा है।

राज्य के मुख्यमंत्री की सुरक्षा सुनिश्चित करने के लिए अति विशिष्ट व्यक्तियों वाहनों के कारकेड में अलग से UHF संचार सुविधा प्रदान की जा चुकी है। राज्य में कानून एवं व्यवस्था कायम करने के उद्देश्य से एक अलग VHF उच्च तकनीक संचार सुविधा राज्य मुख्यालय के नियंत्रण कक्ष, सभी जिला नियंत्रण कक्षों और पुलिस थानों को उपलब्ध की जा रही है।

हरियाणा पुलिस के सभी नियंत्रण कक्षों को इलेक्ट्रॉनिक टेलिप्रिंटर सुविधा से जोड़ा जा चुका है। राज्य में एक एकीकृत POL NET एक 64 kbps और एक माइक्रोवेव चैनल लगाने का प्रस्ताव है, जिसका संबंध आधार स्टेशन पंचकुला से होगा। यह राज्य स्तरीय संचार की रीढ़ की हड्डी के तौर पर उपयोगी साबित होगा । वर्तमान में वाइड एरिया नेटवर्क (WAN) प्रणाली कंप्यूटर द्वारा प्रचलन में आ चुकी है।

vi. राजकीय रेलवे पुलिस (GRP)

रेलवे पुलिस मुख्यालय अंबाला कैंट में स्थित है। अंबाला और हिसार में इसके 2 उप मंडल हैं। राज्य में 11 रेलवे पुलिस स्टेशन हैं। जी.आर.पी. में डिप्टी की ताकत है। एस.पी./3, इंस्पेक्टर/20, एस.आई./30, ए.एस.आई./133, एच.सी./198 और सिपाही/1317। हरियाणा से प्रतिदिन लगभग 330 ट्रेनें गुजरती हैं और सरकारी रेलवे पुलिस यात्रियों को सुरक्षा प्रदान करने में लगी हुई हैं। रेलवे पुलिस का नेतृत्व आई.जी./डी.आई.जी. पद के अधिकारी कर रहे हैं।

जी.आर.पी./हरियाणा का अधिकांश क्षेत्र उत्तर रेलवे के अंतर्गत आता है। अंबाला में मंडल रेल प्रबंधक का क्षेत्र अंबाला छावनी और कालका के सरकारी रेलवे पुलिस स्टेशनों को कवर करता है। सोनीपत, रोहतक, कुरुक्षेत्र, करनाल, जींद, हिसार और सिरसा के सरकारी रेलवे पुलिस स्टेशन मंडल रेल प्रबंधक, दिल्ली के अधिकार क्षेत्र में आते हैं। जी.आर.पी.एस. रेवाड़ी के अंतर्गत शासकीय रेलवे पुलिस चौकी नारनौल का क्षेत्र पश्चिम रेलवे के मंडल रेल प्रबंधक, बीकानेर के अंतर्गत

आता है, जिसका मुख्यालय मुंबई में है। राजकीय रेलवे पुलिस स्टेशन फरीदाबाद और रेवाड़ी (पी.पी. नारनौल को छोड़कर) का क्षेत्र मध्य रेलवे के अंतर्गत मंडल रेल प्रबंधक, झाँसी के अधिकार क्षेत्र में आता है, जिसका मुख्यालय मुंबई में है।

दिल्ली-अंबाला, दिल्ली-होडल, (झाँसी-आगरा तक) और दिल्ली-रेवाड़ी सेक्शन माल और यात्रियों की आवाजाही की दृष्टि से बहुत महत्त्वपूर्ण हैं। इन वर्गों में सुपरफास्ट, प्रतिष्ठित और लंबी दूरी की ट्रेनें हैं, जिनकी सुरक्षा की जिम्मेदारी हरियाणा सरकार रेलवे पुलिस की है। हम राज्य के माध्यम से चलनेवाली सभी ट्रेनों में ट्रेन गश्त की प्रणाली और यात्री सामान की पहचान करनेवाले पहले व्यक्ति थे, जो नियमित रूप से दिल्ली-चंडीगढ़ शताब्दी एक्सप्रेस ट्रेन में चलन में है। इसके अलावा महत्त्वपूर्ण रेलवे स्टेशनों और महत्त्वपूर्ण ट्रेनों के प्लेटफॉर्मों पर खोजी कुत्तों को भी सेवा में तैनात किया गया है।

आमतौर पर निम्न प्रकार के मुकदमे रेलवे थानों में दर्ज होते हैं—

क. चलती रेल में चोरी, लूटमार, डकैती, हत्या, मारपीट इत्यादि से संबंधित मुकदम।

ख. प्लेटफॉर्म पर जेब कटने तथा यात्रियों और रेलवे संपत्ति से संबंधित मुकदमे।

ग. रेलवे वैगनों तथा रेलवे के गोदाम से सामान की चोरी के मुकदमे।

घ. रेलवे संपत्ति की चोरी के मुकदमे।

ङ. रेलवे लाइन पर अवरोध खड़ा करने तथा रेलवे लाइन से संबंधित उपकरणों जैसे सिग्नलों इत्यादि को तोड़फोड़ से संबंधित मुकदमे।

च. रेलवे स्टाफ से मारपीट और झगड़े से संबंधित मुकदमे तथा रेलवे लाइन पर मानवीय दुर्घटना क्रॉसिंग पर दुर्घटना या रेलगाड़ी से कटकर आत्महत्या से संबंधित मुकद्दमे।

vii. राज्य अपराध रिकार्ड ब्यूरो (SCRB)

जाँच एजेंसियों को प्रभावी, सटीक और त्वरित सहायता प्रदान करने के लिए, एक संगठन स्थापित करने और अपराध, अपराधियों और उनकी गतिविधियों के अद्यतन रिकॉर्ड रखने के लिए एक प्रणाली बनाने की सख्त आवश्यकता महसूस की गई। इस उद्देश्य के लिए, 1986 में राज्य अपराध रिकॉर्ड ब्यूरो को सी.आई.डी. से अलग कर दिया गया था। राज्य अपराध रिकॉर्ड ब्यूरो विभाग के प्रमुख निदेशक/एस.सी.आर.बी., मधुबन, हरियाणा हैं।

निम्नलिखित चार विंग हरियाणा में राज्य अपराध रिकॉर्ड ब्यूरो का गठन करते हैं—

क. फिंगर प्रिंट ब्यूरो—किसी वस्तु पर पाया गया फिंगर प्रिंट इस बात का प्रामाणिक प्रमाण है कि किसी व्यक्ति और वस्तु के बीच संपर्क था। इसके बारे में व्यक्तित्व की मुहर है। प्रकृति माँ के पास इस तरह के फिंगर प्रिंट डिजाइनों का एक अटूट भंडार है और पृथ्वी पर किसी भी दो व्यक्तियों के एक जैसे फिंगर प्रिंट नहीं हो सकते हैं। हरियाणा में स्टेट फिंगर प्रिंट ब्यूरो की स्थापना अक्तूबर 1972 में हुई थी। इसने 1 अक्तूबर, 1974 से रोहतक में स्वतंत्र रूप से काम करना शुरू किया। 1976 में इसे मधुबन में स्थानांतरित कर दिया गया। बाद में इसे SCRB में मिला दिया गया। 1974 तक, फिंगर प्रिंट ब्यूरो, फिल्लौर (पंजाब) में दोषी व्यक्तियों के फिंगर प्रिंट रिकॉर्ड बनाए गए थे।

ख. कंप्यूटर विंग-हरियाणा पुलिस का पहला कंप्यूटर केंद्र वर्ष 1979 में अस्तित्व में आया। यह CID के प्रशासनिक नियंत्रण में चंडीगढ़ में स्थित था। उस स्तर पर, यह एक डेटा संग्रह केंद्र के रूप में अधिक था। वास्तविक कंप्यूटरीकरण 1988 में शुरू हुआ, जब आधुनिकीकरण की योजना के तहत 75 पीसी-एक्सटी कंप्यूटर खरीदे गए, 1989 में 76 कंप्यूटर खरीदे गए और हरियाणा पुलिस में विभिन्न इकाइयों के बीच वितरित किए गए। 1994 में, भारत सरकार ने राष्ट्रीय अपराध आपराधिक सूचना प्रणाली (सी.सी.आई.एस.) शुरू की, जिसमें यह परिकल्पना की गई है कि पुलिस स्टेशनों के रिकॉर्ड को जिला स्तर और राज्य स्तर और बाद में राष्ट्रीय स्तर पर जोड़ा जाना चाहिए।

ग. एम.ओ.बी. : अपराधियों को उनके तौर-तरीकों से ट्रेस करना अपराध जाँच में बहुत महत्त्व का पहलू है। मोडस ऑपरेंडी ब्यूरो, जिसे शुरू में CID के तहत शुरू किया गया था, को बाद में 1.4.1987 को SCRB में मिला दिया गया। यह अपराध जाँच में उपयोगी सहायता प्रदान कर रहा है।

घ. सांख्यिकीय विंग : एस.सी.आर.बी. का सांख्यिकीय विंग ऑटोमोबाइल, आग्नेयास्त्रों, सांस्कृतिक संपत्ति, पासपोर्ट, नकली मुद्रा, बैंकों में चोरी/डकैती, और भीख/फिरौती आदि के लिए बच्चों के अपहरण आदि से संबंधित रिकॉर्ड को समेकित करता है।

पुलिस को एक प्रभावशाली, स्वच्छ एवं तत्काल सहायता पहुँचाने के लिए एक रिकार्ड रखने संबंधी संस्था की आवश्यकता महसूस की गई, जो अपराधी तथा अपराधों से संबंधित लेखा-जोखा सुरक्षित रख सके। इस उद्देश्य की प्राप्ति

के लिए राज्य सरकार को केंद्रीय सरकार के गृह-मंत्रालय ने शीघ्र काररवाई करने की सलाह दी।

viii. एच.एस.एन.सी.बी. (HSNCB)

हरियाणा सरकार ने नशीली दवाओं के खतरे को रोकने के लिए हरियाणा राज्य नारकोटिक्स कंट्रोल ब्यूरो (एच.एस.एन.सी.बी.) का गठन किया है, जो राज्य में नशीली दवाओं की तस्करी को रोकने और नियंत्रित करने के साथ-साथ ड्रग पेडलिंग, आपूर्ति, निर्माण में शामिल सभी लोगों का पता लगाने और उन पर आपराधिक मुकदमा चलाने के लिए है।

इस ब्यूरो का नेतृत्व पुलिस महानिदेशक, हरियाणा के समग्र नियंत्रण में ए.डी.जी.पी./आई.जी.पी. रैंक का एक अधिकारी करता है। एच.एस.एन.सी.बी. का मुख्यालय हरियाणा पुलिस परिसर, मधुबन, करनाल में है।

इस बल का व्यापक कार्य नशीले पदार्थों की तस्करी के खिलाफ कानून को लागू करने के लिए रणनीति, उपाय और तरीके विकसित करना, नशीली दवाओं के दुरुपयोग को रोकना और इन उद्‌देश्यों को प्राप्त करने के लिए अन्य सरकारी एजेंसियों के साथ समन्वय करना है।

इसके अलावा, ब्यूरो जिला पुलिस, जी.आर.पी. और एस.टी.एफ. और एस.सी.बी. जैसी अन्य पुलिस इकाइयों के साथ समन्वय में काम करता है, तकनीकी/मानव खुफिया जानकारी एकत्र करता है और कानून के मौजूदा प्रावधान के अनुसार ड्रग्स/नशीले पदार्थों की तस्करी में शामिल असामाजिक तत्त्वों पर निगरानी बनाए रखता है और हरियाणा पुलिस की अन्य इकाइयों के साथ-साथ सरकार के अन्य विभागों के सहयोग से विशेष टीमों के माध्यम से नशीली दवाओं के तस्करों के खिलाफ विशेष अभियान की योजना बनाना और निष्पादित करता है।

इसके अलावा, यह डेटा विश्लेषण करता है और काररवाई योग्य खुफिया जानकारी विकसित करता है और नशीली दवाओं तथा मनोवैज्ञानिक पदार्थ अधिनियम 1985 और सभी संबंधित आपराधिक एवं नागरिक कानूनों को लागू करने के लिए दवा आपूर्तिकर्ताओं, डीलरों के खिलाफ कड़ी काररवाई करके दवा आपूर्ति लाइनों को गंभीर करने के लिए काररवाई करता है।

ix. यातायात पुलिस (Traffic Police)

यातायात पर नियंत्रण करने के लिए यातायात पुलिस का गठन किया गया

है। विभिन्न राज्यों में अलग-अलग व्यवस्था हो सकती है, लेकिन आमतौर पर दो प्रकार की यातायात पुलिस होती है। पहली प्रकार की यातायात पुलिस जिला पुलिस का ही एक हिस्सा होती है। यातायात के निर्धारित प्रशिक्षण कोर्स पास करनेवाले पुलिस कर्मचारियों को जिला यातायात पुलिस में सम्मिलित किया जाता है। आमतौर पर इनकी वर्दी सफेद कमीज, नीली पैंट और सफेद हैलमेट होता है। जिला स्तर पर एक उप-निरीक्षक या निरीक्षक के नियंत्रण में यह यातायात पुलिस कार्य करती है। यातायात पुलिस का मुख्य कार्य यातायात नियंत्रण तथा मोटर वाहन अधिनियम के अधीन वाहनों की चैकिंग करके इस अधिनियम के प्रावधानों को लागू करवाना होता है। वी.आई.पी. यात्रा के दौरान यातायात व्यवस्था तथा आम आदमी के लिए यातायात गाइड का कार्य भी यातायात पुलिस द्वारा किया जाता है।

दूसरे प्रकार की यातायात पुलिस राज्य परिवहन विभाग के अधीन होती है तथा इसमें नियुक्त पुलिसकर्मी पुलिस विभाग से परिवहन विभाग में प्रतिनियुक्ति पर लिये जाते हैं। इस पुलिस का मुख्य उद्देश्य हल्के तथा भारी वाहनों द्वारा परिवहन विभाग को देय करों की चोरी को रोकना है। इसके अलावा मुख्य सड़कों पर दुर्घटनाओं को रोकना, रास्ता साफ करवाना तथा नागरिकों को यातायात नियमों की जानकारी देना है। परिवहन विभाग के अधीन यातायात पुलिस का संगठन जिला स्तर पर होता है तथा लगभग प्रत्येक जिले में एक निरीक्षक तथा उसके साथ स्टाफ नियुक्त किया जाता है। पुलिस अधीक्षक पद का एक अधिकारी भी यातायात विभाग के साथ प्रतिनियुक्ति पर होता है, जो इस यातायात पुलिस का नियंत्रण करता है।

महानगरीय यातायात पुलिस व्यवस्था सामान्य व्यवस्था से भिन्न होती है। महानगरों में यातायात पुलिस का अपना महत्त्वपूर्ण दायित्व होता है। डी.एस.पी. तथा इंस्पेक्टर रैंक के अधिकारी कार्य करते हैं। डी.एस.पी. यातायात सामान्य पुलिसिंग से संबंधित दूसरे डी.एस.पी. की तरह ही अपना अलग स्वतंत्र कार्यक्षेत्र रखता है तथा पुलिस कमिश्नर के नियंत्रण में कार्य करता है। महानगरीय यातायात व्यवस्था में यातायात पुलिस के निम्नलिखित को लागू करना—

क. बाजारों, भीड़-भाड़वाले क्षेत्रों सड़क के किनारों तथा अन्य सार्वजनिक स्थानों पर दुरुस्त पार्किंग व्यवस्था।

ख. सार्वजनिक स्थानों पर यातायात नियंत्रण करना जैसे भीड़-भाड़वाले क्षेत्र रेलवे क्रॉसिंग और रेलवे स्टेशनों पर यातायात नियंत्रण।

ग. मोटर वाहन अधिनियम के प्रावधानों को लागू करना तथा उल्लंघन करने वालों के विरुद्ध चालान न्यायालय में देना।

घ. सड़क पर गश्त करना तथा यह सुनिश्चित करना कि सड़क पर कोई अवरोध तो नहीं है।

ङ. संभावित सड़क दुर्घटनावाले स्थान पर यातायात नियंत्रित करना तथा ट्रैफिक जाम से सड़क खुलवाना।

च. लेन क्रॉसिंग तथा तेज गति से गाड़ी चलानेवालों के विरुद्ध कारवाई करना।

छ. उत्सवों, सरकारी समारोहों, मेलों, राष्ट्रीय पर्वों और वी.आई.पी. यात्रा के दौरान यातायात व्यवस्था को सुचारु बनाए रखना।

ज. सामान्य नागरिकों को यातायात संबंधी नियमों की जानकारी देना।

झ. अनजान व्यक्तियों के लिए ट्रैफिक गाइड का काम करना।

ण. सड़क दुर्घटना के समय घायलों को प्राथमिक चिकित्सा उपलब्ध कराना।

यातायात पुलिस के कर्मचारियों की वर्दी अलग होती है तथा इनके प्रशिक्षण पाठ्यक्रम भी अलग होते हैं, जिसमें प्राथमिक चिकित्सा, बचाव कार्य, मोटर वाहन अधिनियम के प्रावधानों तथा यातायात नियंत्रण से संबंधित इशारों तथा उपायों के बारे में जानकारी दी जाती है। महिला पुलिस जैसे-जैसे महिलाओं ने जीवन के विभिन्न क्षेत्रों में आगे बढ़ना शुरू किया है, महिला पुलिस की माँग भी बढ़ती जा रही है। कानून में यह प्रावधान है कि किसी भी महिला की जामा तलाशी महिला द्वारा ही ली जा सकती है।

x. यातायात और राजमार्ग (Traffic & Highways)

करनाल के मुख्यालय में मोबाइल फोन नंबर 99910-66666, 1073 और लैंड फोन नंबर 0184-2283199 की सुविधाओं के साथ एक राज्य यातायात नियंत्रण कक्ष स्थापित किया गया है, जो चौबीसों घंटे काम कर रहा है और यह जनता के साथ एक महत्त्वपूर्ण कड़ी के रूप में काम करेगा। इस इकाई के नियंत्रण कक्ष में प्राप्त दुर्घटना की सूचना को बिना समय गँवाए संबंधित यातायात पुलिस स्टेशन को आगे सूचित किया जाता है।

xi. हरियाणा पुलिस अकादमी (HPA)

हरियाणा राज्य की स्थापना के समय इसका अपना कोई पुलिस प्रशिक्षण संस्थान नहीं था, जबकि सन् 1966 में हरियाणा अस्तित्व में आ चुका था। उस समय एकमात्र सिपाही प्रशिक्षण केंद्र अंबाला शहर में था। इसके अस्तित्व से लेकर प्रारंभिक दस वर्षों तक हरियाणा पुलिस अपने अधिकारियों एवं कर्मचारियों को प्रशिक्षण के लिए पंजाब के फिलौर प्रशिक्षण केंद्र में भेजती थी।

14 मई , 1975 को हरियाणा सरकार ने मधुबन में हरियाणा सशस्त्र पुलिस के प्रांगण में ही ट्रेनिंग सेंटर को मंजूरी दी। इसके फलस्वरूप 1974 में हरियाणा पुलिस में 1600 जवानों की भर्ती की गई। शुरू में इसमें एक पुलिस उपाधीक्षक, एक निरीक्षक, 62 राजपत्रित अधिकारी, 32 हवलदार तथा 20 सिपाही थे। उसके बाद पुलिस नियम 19.13 के अनुसार एक डिटेक्टिव कांस्टेबल कोर्स आरंभ किया गया। उस समय यह पुलिस उप-अधीक्षक के अधीन अंबाला में कार्यरत था, जो सीधे अंबाला रेंज के उप महानिरीक्षक की देखरेख में था।

इस दौरान हरियाणा पुलिस को एक अलग पुलिस ट्रेनिंग कॉलेज की आवश्यकता महसूस होने लगी। इस प्रकार 16 जनवरी , 1976 से मधुबन में अलग पुलिस ट्रेनिंग कॉलेज प्रारंभ हो गया। उस समय इसके मुख्य अधिकारी पुलिस अधीक्षक होते थे तथा प्रधानाचार्य के तौर पर पुलिस उपाधीक्षक होते थे। सन् 1980 में इस पुलिस ट्रेनिंग कॉलेज को निदेशक के अधीन किया गया। करीब 15 वर्षों तक इसके निदेशक का पद पुलिस उप-महानिरीक्षक के अधीन रहा। फिर 1997 से इसकी देखरेख एक पुलिस महानिरीक्षक रैंक के अधिकारी के अधीन की जाती रही है।

अप्रैल 2002 में इसका नाम सरकार ने हरियाणा पुलिस अकादमी रख दिया। अब यह अकादमी इतनी विकसित हो चुकी है कि यहाँ पर दूसरे राज्य पुलिस बलों तथा केंद्रीय पुलिस बलों के अधिकारियों को भी प्रशिक्षण दिया जा रहा है। वर्तमान में इसके निदेशक के रूप में अतिरिक्त पुलिस महानिदेशक के प्रधानाचार्य के तौर पर महानिरीक्षक तैनात हैं। इनकी सहायता के लिए उप-महानिरीक्षक, पुलिस अधीक्षक तथा उप-पुलिस अधीक्षकों की भी अलग से नियुक्ति की गई है। इनके अलावा कई निरीक्षक, उप-निरीक्षक, सहायक उप-निरीक्षक तथा अन्य कर्मचारी भी नियुक्त हैं जो इंडोर स्टाफ तथा आउटडोर स्टाफ के रूप में नियुक्त किए गए हैं।

हरियाणा पुलिस अकादमी अब आधुनिक सुविधाओं से पूर्ण है। यहाँ पर

सिपाही से लेकर उप-पुलिस अधीक्षक रैंक तक बेसिक कोर्स आयोजित किए जाते हैं। इस अकादमी में आधुनिक कंप्यूटर प्रशिक्षण प्रदान किया जाता है। इसके अलावा इसमें एक अच्छा पुस्तकालय, एक आग्नेयाशस्त्र प्रशिक्षण सिम्युलेटर एवं इंडोर शूटिंग रेंज की भी व्यवस्था है।

यह हरियाणा पुलिस अकादमी राष्ट्रीय राजमार्ग संख्या 1 के दिल्ली-अंबाला खंड पर मधुबन में स्थित है। यह दिल्ली से उत्तर में 112 किलोमीटर और अंबाला से लगभग 90 किलोमीटर दक्षिण में है। यह करनाल से दिल्ली की ओर लगभग 10 कि.मी. दूर है। निकटतम रेलवे स्टेशन और बस स्टैंड करनाल में है। पूरा परिसर 200 एकड़ के क्षेत्र में फैला हुआ है और इसे बहुत ही खूबसूरती से तैयार किया गया है।

xii. हरियाणा सशस्त्र पुलिस (HAP)

हरियाणा सशस्त्र पुलिस में पाँच बटालियन शामिल हैं, जिनमें से तीन करनाल के पास मधुबन में स्थित हैं। दो बटालियन अंबाला और हिसार में स्थित हैं।

हरियाणा राज्य के निर्माण पर 1.11.1966 को पंजाब पुलिस की छह बटालियनों को इस राज्य में स्थानांतरित कर दिया गया। इनमें भारत सरकार की चार रिजर्व बटालियनें शामिल थीं, जिन्हें बाद में सीमा सुरक्षा बल/केंद्रीय रिजर्व पुलिस बल आदि में मिला दिया गया था। इसके बाद केवल दो बटालियन बची थीं और उन्हें अस्थायी आधार पर अंबाला शहर और नीलोखेड़ी में तैनात किया गया था। 1st Bn, अभी भी अंबाला शहर में जारी है। एच.ए.पी. के मुख्यालय को वर्ष 1968 में मधुबन में स्थानांतरित कर दिया गया था।

राज्य में कानून और व्यवस्था की जरूरतों को ध्यान में रखते हुए, 3rd Bn, HAP को वर्ष 1969 में हिसार में मुख्यालय के साथ स्थापित किया गया था। इसके बाद, किसी भी कर्मचारी हड़ताल के दौरान बिजली की आपूर्ति और सड़क परिवहन जैसी आवश्यक सेवाओं को बनाए रखने के लिए तकनीकी बटालियन के रूप में 4th Bn, HAP को 14.9.1973 को एक तकनीकी बटालियन के रूप में स्थापित किया गया था। लेकिन 1979 के बाद से अपनाई गई एच.ए.पी. कर्मियों को जिला पुलिस में स्थानांतरित करने की नीति के कारण यह बटालियन अब किसी भी अन्य बटालियन की तरह है।

हरियाणा सशस्त्र पुलिस में जी.ओ./57, इंस्पेक्टर/77, एस.आई./234, ए.एस.आई./285, एच.सी./1338, कॉन्स्ट./6369 की ताकत है। राज्य पुलिस

बैंड एच.ए.पी. का हिस्सा हैं। माउंटेड आर्म्ड पुलिस, जिसमें 90 माउंट हैं, चौथी बटालियन का हिस्सा है। हरियाणा सशस्त्र पुलिस ने विशेष रूप से कुश्ती, वॉलीबॉल, कबड्डी और फुटबॉल खेल के क्षेत्र में उत्कृष्ट प्रदर्शन किया है।

1.11.1966 को पंजाब राज्य के विभाजन पर हरियाणा पुलिस को 96 घोड़े आवंटित किए गए। अब यह एच.ए.पी. यूनिट कमांडेंट चौथी बटालियन एच.ए.पी. मधुबन की देखरेख में काम कर रही है। वर्तमान में 78 घोड़े हैं। माउंटेड आर्म्ड पुलिस को यू.पी., पंजाब और राजस्थान की सीमा से लगे संवेदनशील इलाकों में गश्त के लिए विभिन्न जिलों में 17 पुलिस चौकियों के बीच बाँटा गया है। एम.ए.पी. ने अब तक अंतरराष्ट्रीय/राष्ट्रीय घुड़सवारी प्रतियोगिताओं में 51 स्वर्ण पदक, 32 रजत पदक और 35 कांस्य पदक जीते हैं।

xiii. भारतीय रिजर्व बटालियन (IRB)

भारत सरकार द्वारा वर्ष 2001 में हरियाणा राज्य के लिए भारत सरकार के माध्यम से महानिदेशक द्वारा विधिवत् सूचित किए गए इंडिया रिजर्व बटालियन की स्थापना की गई है। हरियाणा पुलिस, आई.आर.बी. वर्ष 2007 के हरियाणा पुलिस अधिनियम (वर्ष 2008 के हरियाणा अधिनियम संख्या 25) द्वारा अपनाए गए पंजाब पुलिस नियम 1934 के प्रावधानों द्वारा शासित है।

भारतीय रिजर्व बटालियन संख्या अब हरियाणा राज्य में चार भारतीय रिजर्व बटालियन तक पहुँच गई है।

प्रथम आई.आर.बी. वर्ष 2002 में स्थापित, भोंडसी (गुड़गाँव) में स्थित है।

द्वितीय आई.आर.बी. वर्ष 2004 में स्थापित, भोंडसी (गुड़गाँव)में स्थित है।

तृतीय आई.आर.बी. वर्ष 2008 में स्थापित, सुनारिया (रोहतक) में स्थित है।

चतुर्थ आई.आर.बी. वर्ष 2011 में स्थापित, मानेसर (गुड़गाँव) में स्थित है।

उद्देश्य : यह सुनिश्चित करने के लिए कि स्थानीय पुलिस के साथ विभिन्न कानून और व्यवस्था कर्तव्यों का पालन करने के लिए अपनी तैनाती के लिए किसी भी उच्च प्राधिकरण (राज्य-केंद्र सरकार आदि) से हर कॉल का हरियाणा राज्य के भीतर या बाहर प्रभावी ढंग से और कुशलता से जवाब दिया जाए।

सार्वजनिक रूप से अपने कर्तव्यों का पालन करते हुए अपने कर्मचारियों-अधिकारियों के बीच कमान-नेतृत्व और सेवा के गुणों का विकास करना।

अपने अधिकारियों-कर्मचारियों को विशेष प्रशिक्षण प्रदान करने की व्यवस्था करना, जो नई बढ़ती चुनौतियों का सामना कर सकें।

पुलिस को लोगों के लिए एक समुदाय उन्मुख एजेंसी बनाना।

भारतीय रिजर्व बटालियन के कार्य/जिम्मेदारियाँ—

क. यह बल स्थानीय पुलिस को अपने कानून और व्यवस्था कर्तव्यों तथा अन्य महत्त्वपूर्ण और संवेदनशील कर्तव्यों जैसे हरियाणा राज्य के भीतर या अन्य राज्यों में चुनाव या कानून व्यवस्था की ड्यूटी करने के लिए जैसे जम्मू और कश्मीर, हिमाचल प्रदेश, उत्तर प्रदेश, मध्य प्रदेश इत्यादि। इंडिया रिजर्व बटालियन जब भी आवश्यक हो, कानून और व्यवस्था बनाए रखने में अपना सर्वश्रेष्ठ देने के लिए बाध्य है।

ख. स्थानीय पुलिस के साथ केंद्रीकृत दिन-रात गश्त पर तैनात किया जा सकता है।

ग. स्थानीय पुलिस के साथ नाका की ड्यूटी।

घ. स्थानीय पुलिस के साथ कैदी अनुरक्षण ड्यूटी।

ङ. स्ट्राइक रिजर्व।

च. जनरल बंदोबस्त कर्तव्यों पर ही तैनात किया जाए।

xiv. कमांडो यूनिट (Commando)

कमांडो विंग की स्थापना राज्य में वर्ष 1988-89 में आतंकवाद विरोधी परिचालन आवश्यकताओं के लिए की गई थी।

कमांडो की भरती के लिए उच्च शारीरिक मानक निर्धारित किए गए थे। कांस्टेबल के रूप में उनके बुनियादी प्रशिक्षण के बाद, उन्हें कमांडो ट्रेनिंग स्कूल, पंचकुला में विशेष गहन प्रशिक्षण भी प्रदान किया जाता है। कमांडो को आत्मरक्षा की कला में प्रशिक्षित किया जाता है; क्षेत्र शिल्प और रणनीति; अर्ध स्वचालित हथियारों और विस्फोटकों का संचालन।

इस बल को युवा रखने के लिए, 30 वर्ष की आयु प्राप्त करनेवाले कमांडो को जिला पुलिस में स्थानांतरित कर दिया जाता है। वर्तमान में, केवल एक कमांडो बटालियन है; अन्य बटालियन की ताकत को जिला पुलिस में मिला दिया गया है।

xv. स्पेशल टास्क फोर्स (STF)

1 जनवरी 2018 को तत्कालीन पुलिस महानिदेशक हरियाणा श्री बी.एस. सिंधु आई.पी.एस. ने स्पेशल टास्क फोर्स का आधिकारिक रूप से गठन किया जिसका मुख्य कार्य कुख्यात ईनामी तथा घोर जघन्य अपराध करनेवालों पर रोक लगाकर

प्रदेश में शांति का वातावरण तैयार करना है। इस फोर्स में निम्नलिखित रैंक के मुख्य अधिकारी नियुक्त हैं—पुलिस महानिरीक्षक, उप-पुलिस महानिरीक्षक, पुलिस अधीक्षक। इसकी पाँच यूनिट क्रमशः गुरुग्राम, रोहतक, सोनीपत, अंबाला व हिसार में कार्यरत हैं । मुख्यालय पर डॉक्यूमेंट्री शाखा व टेक्निकल शाखा का गठन विशेष तौर पर अपराधियों का रिकॉर्ड तैयार करने व तकनीकी तौर पर खोजबीन करने के लिए किया गया है । इन इकाइयों द्वारा वर्ष 2018 से मार्च 2021 तक राज्य के विभिन्न जिलों में कुल 486 आपराधिक मामले दर्ज कराकर 797 अपराधियों को गिरफ्तार करके जेल भेजा गया है, जिनमें से कुल 125 कुख्यात ईनामी बदमाश, 142 गिरोह के सदस्य व 530 अन्य अपराधी थे। इस यूनिट के अधिकारियों ने विदेशों से भी अरोपियों की गिरफ्तारी की है। विशेष कार्यबल गुरुग्राम ने राज्य में बढ़ रही नशा तस्करी व अवैध हथियारों की तस्करी के विरुद्ध काररवाई करते हुए 7617 किलो चूरापोस्त, 2405 किलो गाँजा, 119 किलो अफीम, 16.8 किलो हेरोइन, 128 किलो अन्य नशीले पदार्थ, 5839 अवैध शराब की बोतल, अवैध हथियार बनानेवाली फैक्टरी व 262 अवैध हथियार बरामद किए तथा राज्य में लग्जरी वाहन चोरी करनेवाले गिरोह को पकड़कर कुल 188 वाहन भी बरामद किए। इन टीमों में कार्यरत बदमाशों को पकड़कर जेल भेजा है। इसके अलावा स्पेशल टास्क फोर्स उन अपराधों की तफतीश भी कर रही है, जो माननीय महानिदेशक हरियाणा के आदेश पर सौंपे जाते हैं तथा जिन अपराधों के अनुसंधान में जिला स्तर पर विशेष प्रगति नहीं हुई है।

xvi. फोरेंसिक विज्ञान प्रयोगशाला (FSL)

वर्ष 1973 में रोहतक में अपने प्रारंभिक राज्य से विकसित और बाद में 1976 में मधुबन (करनाल) में स्थानांतरित, फोरेंसिक विज्ञान प्रयोगशाला, हरियाणा वैज्ञानिक गतिविधियों के क्षेत्र में लगातार प्रगति कर रहा है। आजकल यह भारत की सबसे प्रसिद्ध प्रयोगशालाओं में से एक है। इसमें आठ विभाग शामिल हैं, अर्थात् रसायन विज्ञान, भौतिकी, जीव विज्ञान, सीरोलॉजी, बैलिस्टिक, दस्तावेज, इंस्ट्रूमेंटेशन और लाई-डिटेक्शन और तीन खंड-फोटो, सामान्य और सूचना। जाँच एजेंसियों को मौके पर और व्यापक सेवाएँ मुहैया कराने के लिए रेंज मुख्यालय पर चार सीन ऑफ क्राइम वाहन तैनात हैं।

फोरेंसिक साइंस लेबोरेटरी, हरियाणा की सेवाओं का उपयोग समय-समय पर केंद्रीय एजेंसियों जैसे केंद्रीय जाँच ब्यूरो द्वारा भी किया गया है; इंटेलिजेंस ब्यूरो;

पुलिस अनुसंधान एवं विकास ब्यूरो; विशेष सुरक्षा समूह और पंजाब, हिमाचल प्रदेश और दिल्ली पुलिस द्वारा भी।

प्रयोगशाला के वैज्ञानिक राष्ट्रीय अपराध विज्ञान और फोरेंसिक विज्ञान संस्थान, दिल्ली जैसे प्रशिक्षण संस्थानों की सहायता करते रहे हैं; सेंट्रल डिटेक्टिव ट्रेनिंग स्कूल, चंडीगढ़; सी.आई.डी. ट्रेनिंग स्कूल, पंचकुला और पी.टी.सी., मधुबन। उन्हें राष्ट्रीय पुलिस अकादमी, हैदराबाद और भारतीय लोक प्रशासन संस्थान, नई दिल्ली जैसे प्रतिष्ठित संस्थानों में फोरेंसिक विज्ञान के विभिन्न विषयों पर व्याख्यान देने के लिए भी आमंत्रित किया गया है। गैर-सरकारी संगठनों और सिपाही को प्रशिक्षित करने के लिए वर्ष 1993 में हरियाणा पुलिसकर्मियों के लिए तोड़-फोड़ विरोधी जाँच पर एक कैप्सूल पाठ्यक्रम शुरू किया गया है।

फोरेंसिक विज्ञान प्रयोगशाला, हरियाणा को निम्नलिखित आठ प्रभागों और वर्गों में संगठित किया गया है—

1. बैलिस्टिक डिवीजन
2. जीव विज्ञान विभाग
3. सीरोलॉजी डिवीजन
4. रसायन विभाग
5. भौतिकी प्रभाग
6. दस्तावेज प्रभाग
7. लाई डिटेक्शन डिवीजन
8. इंस्ट्रुमेंटेशन डिवीजन
9. सामान्य खंड
10. फोटो अनुभाग
11. सूचना अनुभाग
12. व्यावसायिक गतिविधियाँ

हरियाणा में कुल चार क्षेत्रीय फोरेंसिक विज्ञान प्रयोगशाला (RFSL), जो कि भोंडसी (गुरुग्राम), सुनारियाँ (रोहतक), पंचकुला व हिसार में स्थित है।

क्रमांक	क्षेत्रीय फोरेंसिक विज्ञान प्रयोगशाला	संबंधित जिले
1	भोंडसी (गुरुग्राम),	गुरुग्राम, फरीदाबाद, पलवल, मेवात व रेवाड़ी
2	सुनारियाँ (रोहतक),	रोहतक, महेंद्रगढ़, भिवानी, दादरी, जींद व झज्जर
3	पंचकुला	पंचकुला, यमुनानगर व अंबाला
4	हिसार	हिसार, सिरसा, फतेहाबाद व हाँसी

हरियाणा पुलिस के पद व बैज/चिह्न

क्रम.	अधिकारी का पद/नाम	बैज चिह्न
1	पुलिस महानिदेशक (DGP) और अतिरिक्त पुलिस महानिदेशक (ADGP)	 I.P.S.
2	पुलिस महानिरीक्षक (IGP)	 I.P.S.
3	पुलिस उपमहानिरीक्षक (DIG)	 I.P.S.
4	वरिष्ठ पुलिस अधीक्षक (SSP)	 I.P.S.
5	पुलिस अधीक्षक (SP)	 I.P.S.
6	अतिरिक्त पुलिस अधीक्षक (Addl. SP)	 I.P.S.
7	सहायक पुलिस अधीक्षक (Asst. SP)	 I.P.S.
8	उप-पुलिस अधीक्षक (DSP)	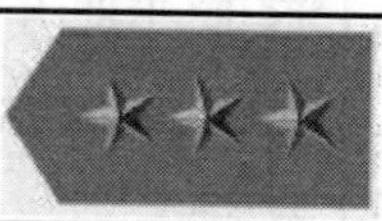
9	पुलिस निरीक्षक (INSPECTOR)	
10	उप-निरीक्षक (SI)	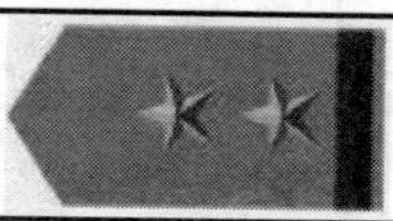

11	सहायक उप-निरीक्षक (ASI)	
12	हैड कांस्टेबल (HC)	
13	सिपाही (CONSTABLE)	

हरियाणा पुलिस में खेल

हरियाणा पुलिस में खेलों के प्रचार और विकास के लिए केंद्रीय खेल कार्यालय (1970 में स्थापित) चलाया जा रहा है। वर्तमान में, महानिरीक्षक, हरियाणा सशस्त्र पुलिस, मधुबन केंद्रीय खेल अधिकारी और कमांडेंट-सह-सचिव, 5वीं बटालियन हैं। एच.ए.पी., मधुबन सी.एस.ओ. के खेल सचिव हैं। रिजर्व इंस्पेक्टर, लाइन ऑफिसर और हेड क्लर्क उनकी सहायता करते हैं।

हरियाणा पुलिस के एन.आई.एस. योग्य कोच/अनुभवी खिलाड़ी हरियाणा पुलिस की सभी टीमों के खिलाड़ियों को प्रशिक्षण/कोचिंग प्रदान करते हैं। सभी वरिष्ठ अधिकारी सी.एस.ओ. के कामकाज की निगरानी करते हैं।

सी.एस.ओ. मधुबन में उपलब्ध सुविधाएँ—

हरियाणा पुलिस के खिलाड़ियों के अभ्यास के लिए सी.एस.ओ. में निम्नलिखित सुविधाएँ उपलब्ध हैं—

क. 400 मीटर सिंथेटिक ट्रैक

ख. बहुउद्देशीय खेल हॉल

ग. स्विमिंग पूल (50 मीटर मानक आकार)

घ. कुश्ती, जूडो और भारोत्तोलन हॉल

ङ. बॉक्सिंग रिंग्स

च. बॉस्केट बॉल, फुटबॉल, जिम्नास्टिक, हैंडबॉल, हॉकी के मैदान, कबड्डी (एन), वॉलीबॉल, वुशु, कराटे, ताइक्वांडो और योग।

छ. जिम

ज. पुरुषों के लिए खेल छात्रावास (63 कमरे)

झ. महिलाओं के लिए खेल छात्रावास (30 कमरे)

परीक्षण और चयन : राष्ट्रीय खेलों/राज्य खेलों/अखिल भारतीय पुलिस खेलों/ड्यूटी मीट में भाग लेने के लिए हरियाणा पुलिस की टीमों को प्रतिनियुक्त करने से पहले तीन वरिष्ठ अधिकारियों की एक समिति गठित की जा रही है, जो खिलाड़ियों/टीम का चयन करने के लिए परीक्षण करती है।

खिलाड़ियों के लिए पुरस्कार/सुविधाएँ—

उत्कृष्ट खिलाड़ियों को हरियाणा पुलिस निम्नलिखित सुविधाएँ प्रदान कर रही है—

क. लोअर स्कूल कोर्स में पदोन्नति के लिए 3 प्रतिशत सीटें आरक्षित हैं।

ख. आई.जी.पी./डी.जी.पी., हरियाणा द्वारा नकद पुरस्कार।

ग. सी.एस.ओ. मधुबन के खिलाड़ियों के लिए विशेष आहार।

हरियाणा सरकार द्वारा स्पोर्ट्स कोटे में डी.एस.पी. पद पर निम्नलिखित खिलाड़ियों को भरती किया गया—

1. सुश्री ममता खरब 2. श्री जोगिंद्र शर्मा 3. सुश्री गीतिका झाखड़
4. श्री सरदार सिंह 5. श्री जितेंद्र कुमार 6. श्री अखिल कुमार
7. श्री रमेश कुमार 8. सुश्री सुरिंदर कौर 9. सुश्री ममता सोधा
10. श्री रविंदर सिंह सांगवान 11. श्री विकास कृष्ण यादव
12. श्री परमजीत समोता

हरियाणा पुलिस में केंद्रीय खेल संगठन मधुबन में खेल गतिविधियों और बुनियादी ढाँचे की निगरानी के लिए केवल तंत्रिका है, जहाँ एथलेटिक्स, तीरंदाजी, बास्केटबॉल, मुक्केबाजी, बॉडी बिल्डिंग, साइकिलिंग, फुटबॉल, जिमनास्टिक, हैंडबॉल, हॉकी, जूडो, कबड्डी राष्ट्रीय शैली, क्रेट, ताइक्वांडो, निशानेबाजी, तैराकी, वॉलीबॉल, भारोत्तोलन, वुशु, कुश्ती और योग टीमें उपलब्ध हैं।

6

हरियाणा पुलिस के वीर

डॉ. हनीफ कुरैशी, आई.पी.एस., पुलिस महानिरीक्षक, हरियाणा

पुलिस अधिकारियों को प्रतिदिन कई तरह के कार्य करने के लिए कहा जाता है जो उन्हें संभावित खतरनाक व्यक्तियों या स्थितियों के संपर्क में लाते हैं। हालाँकि अधिकांश पुलिस नागरिक की बातचीत शांतिपूर्ण हैं, उनमें से कुछ के परिणामस्वरूप पुलिस अधिकारियों को चोट लग सकती है या हमला हो सकता है। पुलिस अधिकारी इसे महसूस करते हैं और फिर भी राष्ट्र की सेवा में कानून को बनाए रखने के लिए अपने कर्तव्यों का पालन करते हैं। यह पुस्तक उन पुलिस अधिकारियों को समर्पित है, जिन्होंने अपने कानूनी कर्तव्यों का पालन करते हुए सर्वोच्च बलिदान दिया है। इन अधिकारियों ने एक सुरक्षित समाज के लिए रास्ता बनाने के लिए अपने प्राणों की आहुति दे दी।

हरियाणा एक शांतिपूर्ण राज्य रहा है, जहाँ आतंकवाद, सांप्रदायिक कलह, नक्सलवाद या ऐसी अन्य समस्याओं के बड़े पैमाने पर मुद्दे नहीं हैं। हरियाणा पुलिस बेहतर पुलिस नागरिक बातचीत, प्रौद्योगिकी के उपयोग और लोगों को आसान और मैत्रीपूर्ण सेवाएँ प्रदान करके अपनी छवि में सुधार कर रही है। हालाँकि, पुलिस अपराधियों, आतंकवादियों और अन्य असामाजिक तत्त्वों से सख्ती से निपटने में नहीं हिचकिचाती है। अगर जमीनी हालात ने ऐसी माँग की है तो हरियाणा पुलिस के वीर अधिकारियों ने अपनी जान की परवाह नहीं की है।

हरियाणा सबसे पुरानी सभ्यताओं में से एक, सिंधु घाटी सभ्यता का घर रहा है। हिसार के राखीगढ़ी और फतेहाबाद जिले के भीरदाना के स्थल 9,000 साल पुराने हैं। पानीपत के तीन प्रसिद्ध युद्ध हमारे महान् राष्ट्र की गाथा में हरियाणा के

ऐतिहासिक महत्त्व की गवाही देते हैं। हरियाणा भारत के केवल 1.4% भूमि क्षेत्र के साथ, भारत के सबसे तेजी से विकासशील राज्यों में से एक है। यह पहला राज्य था जिसने अपने सभी 6,745 गाँवों का विद्युतीकरण किया और सभी गाँवों में पाइप से पीने का पानी उपलब्ध कराया। यह सबसे बड़ी संख्या में कारों, मोटर-बाइक, ट्रैक्टर और देश के सैनिटीरीवेयर का एक-तिहाई उत्पादन करने के अलावा खाद्यान्न में शीर्ष उत्पादकों में से एक है। इसे वीरों की भूमि भी कहा जाता है। इसके छोटे आकार को देखते हुए भारतीय सेना में लगभग 11.2% सैनिक हरियाणा से हैं। सर छोटू राम, देशबंधु गुप्ता, धर्म सिंह हयातपुर, चौधरी यासीन खान मेव, गंगा सिंह गुर्जर, रणबीर सिंह हुड्डा, राव तुला राम, सेठ छज्जू राम, आजाद हिंद फौज के अब्दुल हई, बाबू मूलचंद जैन और कई अन्य हरियाणा से हैं।

हरियाणा पुलिस का एक संक्षिप्त इतिहास

शहीदों की याद में पुलिस परिसर मधुबन, करनाल में पुलिस स्मारक बनाया गया जिसमें प्रत्येक वर्ष शहीदों को श्रद्धांजलि देकर याद किया जाता है

हरियाणा में आधुनिक पुलिस प्रशासन की उत्पत्ति का पता मुगल साम्राज्य से लगाया जा सकता है। मुगल पुलिस संगठन को तीन प्रमुखों के तहत व्यवस्थित किया गया था। ग्राम पुलिस, जिला पुलिस और शहरी पुलिस। गाँव की पुलिस के बारे में, गाँव का मुखिया और उसके अधीनस्थ चौकीदार अपने अधिकार क्षेत्र में कानून और व्यवस्था बनाए रखने के अपने काम को जारी रख सकते थे। सीमा के भीतर होनेवाले किसी भी नुकसान या उनके अधिकार क्षेत्र में किए गए किसी भी अपराध के लिए ग्रामीणों को जिम्मेदार बनाया गया था। उन्हें या तो चोरी की गई वस्तुओं को पुनर्प्राप्ति करना था या अपने संसाधनों से उसी के लिए भुगतान करना था।

फौजदार नामक जिला पुलिस का मुखिया जिले में कानून-व्यवस्था बनाए रखने के लिए जिम्मेदार होता था। उनका प्राथमिक कर्तव्य सड़कों की पुलिसिंग, किसी भी प्रकार की अव्यवस्था का दमन और विद्रोही गाँवों से राज्य के बकाया की वसूली बलपूर्वक करना था। अकबर के शासनकाल के दौरान, अव्यवस्था के लगातार विस्फोट होते थे और फौजदारों को अकसर अपने सैनिकों का इस्तेमाल करना पड़ता था। उनके द्वारा दी गई सजाएँ बहुत बार क्रूर थीं।

16 जनवरी, 2019 को पुलिस शहीदी स्मारक, चाणक्यपुरी, नई दिल्ली में शहीदी दिवस पर माननीय मुख्यमंत्री हरियाणा श्री मनोहर लाल, शहीद के परिवार को स्मृति-चिह्न भेंट करते हुए

कोतवाल ने शहरी पुलिस की निगरानी की। उसे घरों और सड़कों का एक रजिस्टर रखना आवश्यक था। उन्होंने शहर को क्वार्टरों में विभाजित किया और प्रत्येक तिमाही के लिए एक सहायक को प्रत्यक्ष प्रभार में रखा। सहायक को दैनिक आगमन और प्रस्थान की रिपोर्ट करना आवश्यक था। कोतवाल ने जासूसों और जासूसों की एक छोटी सी फौज रख ली। उसे चोरों को पकड़ने और चोरी के सामान का पता लगाने की आवश्यकता थी। वह गुलामी पर लगाम लगाता था और शहरी क्षेत्रों के बेईमान व्यापारियों पर नजर रखता था। उसने कसाई, सफाईकर्मी और शिकारियों के लिए अलग-अलग क्वार्टर की व्यवस्था की। उन्होंने कब्रिस्तान के लिए जमीन की भी पहचान की। वास्तव में, उससे अपेक्षा की जाती थी कि वह अपने अधिकार-क्षेत्र में प्रत्येक व्यक्ति के बारे में सब-कुछ जानता है।

अंग्रेजों के आगमन के साथ पुलिस व्यवस्था में परिवर्तन आया। आयरिश कॉन्स्टेबुलरी अच्छी तरह से काम कर रही थी, और इसी तरह की प्रणाली को भारत में लागू करने की माँग की गई थी। सर चार्ल्स नेपियर ने 1843 में सिंध में पहली पुलिस एजेंसी की स्थापना की। हरियाणा 1857 में विद्रोह का एक महत्त्वपूर्ण केंद्र था। 10 मई, 1857 को अंबाला में मूल निवासी पैदल सेना ने कारतूस पर पशु वसा के उपयोग का विरोध करके विद्रोह शुरू किया। मेरठ विद्रोह भी उसी दिन शुरू हुआ। मेवात के मेव किसान सदरुद्दीन, रेवाड़ी के राव तुला राम और अन्य के नेतृत्व में क्षेत्र के लोग एक साथ आए। घसेरा गाँव में, मेवों का नेतृत्व अली हसन ने किया

था, जो एक तोपखाना आदमी था, जो 1957 में ब्रिटिश सेना से अलग हो गया था। आगामी लड़ाई में लगभग 150 लोग मारे गए थे। विद्रोह के बाद, अंग्रेज स्थानीय आबादी को नियंत्रित करने के लिए एक प्रणाली स्थापित करने के इच्छुक थे।

21 अक्टूबर, 2021 को पुलिस स्मृति-दिवस पर डॉ. हनीफ कुरैशी, भा.पु.से., पुलिस महानिरीक्षक, पुलिस परिसर भौंडसी मे शहीदों को श्रद्धांजलि देते हुए

1860 में श्री एच.एम. कोर्ट की अध्यक्षता में एक पुलिस आयोग की स्थापना की गई थी। 1860 के पुलिस आयोग को नीति-निर्देशों में से एक यह था कि 'हालाँकि पुलिस के कर्तव्य पूरी तरह से नागरिक होने चाहिए, सैन्य नहीं, पुलिस का संगठन और अनुशासन एक सैन्य निकाय के समान होना चाहिए।' 1861 का भारतीय पुलिस अधिनियम 1857 के विद्रोह के ठीक बाद देश में पुलिस का कुशल प्रशासन लाने और भविष्य के किसी भी विद्रोह को रोकने के लिए अंग्रेजों द्वारा कानून बनाया गया था। हमारे देश में वर्तमान पुलिस व्यवस्था इसी चरित्र के तहत स्थापित की गई है। अंग्रेजों ने सेना के अधिकारियों को महानिरीक्षक और अन्य के शीर्ष पदों पर नियुक्त किया। 1898 में इस प्रथा को बंद कर दिया गया। इसके बाद, भारतीय पुलिस के लिए एंड्रयू फ्रेजर पुलिस आयोग नियुक्त किया गया। पुलिस की ताकत बढ़ाने सहित कई बदलाव किए गए।

पंजाब पुलिस नियम 1934 में बनाए गए थे, जो अभी भी उत्तर भारतीय राज्यों पंजाब, हिमाचल प्रदेश, दिल्ली, चंडीगढ़ और हरियाणा में पुलिस संगठनों को नियंत्रित करते हैं। हरियाणा राज्य का गठन सरदार हुकम सिंह संसदीय समिति की सिफारिश पर किया गया था। इस समिति के गठन की घोषणा 23 सितंबर, 1965 को संसद् में की गई थी। 23 अप्रैल, 1966 को हुकम सिंह समिति की सिफारिश पर कार्य करते हुए, भारत सरकार ने पंजाब और हरियाणा की सीमाओं को विभाजित करने और स्थापित

करने के लिए न्यायमूर्ति जे.सी. शाह की अध्यक्षता में शाह आयोग की स्थापना की।

1 नवंबर, 1966 को हरियाणा राज्य को पंजाब से अलग कर बनाया गया था। हिसार, महेंद्रगढ़, गुड़गाँव, रोहतक और करनाल जिलों को हरियाणा में शामिल किया गया था। संगरूर जिले की जींद और नरवाना की दो तहसीलों को नारायणगढ़, अंबाला और जगाधरी के साथ हरियाणा का हिस्सा बनाया गया था। आयोग ने खरड़ तहसील को भी शामिल करने की सिफारिश की, जिसमें तत्कालीन पंजाब की राजधानी चंडीगढ़ को हरियाणा में शामिल किया गया था। हालाँकि, खरड़ का एक छोटा सा हिस्सा ही हरियाणा को दिया गया था। चंडीगढ़ शहर को केंद्रशासित प्रदेश बनाया गया और पंजाब और हरियाणा दोनों की राजधानी बनाया गया।

प्रारंभ में, हरियाणा पुलिस ने भारतीय पुलिस अधिनियम, 1861 के तहत काम किया। बाद में, हरियाणा ने हरियाणा पुलिस अधिनियम, 2007 पारित किया, जो पुलिस की स्थापना, नियमों और प्रबंधन के लिए एक नया राज्य पुलिस कानून प्रदान करता है, इसकी भूमिका, कर्तव्यों और इसकी जिम्मेदारियों को फिर से परिभाषित करता है। इसे पुलिस की उभरती चुनौतियों, कानून के शासन को लागू करने, राज्य और लोगों की सुरक्षा की चिंता, सुशासन को ध्यान में रखते हुए एक कुशल, पेशेवर, प्रभावी, जवाबदेह, लोगों के अनुकूल और उत्तरदायी एजेंसी के रूप में कार्य करने में सक्षम बनाना और मानवाधिकार के दायरे में लाना है। आज, जनवरी 2019 तक, राज्य को रेलवे पुलिस जिले के अलावा 5 रेंज, 3 पुलिस कमिश्नरेट—गुरुग्राम, फरीदाबाद, पंचकुला और 20 जिलों में विभाजित किया गया है। अब, हरियाणा पुलिस की कुल संख्या 59,044 (राजपत्रित अधिकारी/365, निरीक्षक/826, उप-निरीक्षक/2151, सहायक उप-निरीक्षक/4887, हेड कांस्टेबल/9710, कांस्टेबल/41105) है।

21 अक्तूबर, 2018 को पुलिस शहीदी स्मारक, चाणक्यपुरी, नई दिल्ली में माननीय प्रधानमंत्री श्री नरेंद्र मोदी, देश सेवा में प्राणों की आहुति देनेवाले शहीदों को श्रद्धांजलि देते हुए

पुलिस स्मृति-दिवस

पुलिस किसी भी प्रकार की आपात स्थिति के लिए पहली प्रतिक्रिया है। अधिकांश अपराध, कानून और व्यवस्था की स्थिति और कानून के उल्लंघन की सूचना पहले पुलिस नियंत्रण कक्ष को दी जाती है। विशेष रूप से भारत में, यह पुलिस है, जो न केवल अपराध की घटनाओं में बल्कि आग और सड़क दुर्घटना के मामलों में भी 100 नंबर के माध्यम से संपर्क करती है। आतंकवादी हमला हो, सामान्य अपराध हो, कानून-व्यवस्था की स्थिति हो या किसी भी तरह की आपदा, सबसे पहले दिमाग में पुलिस का ही खयाल आता है। इन स्थितियों और अन्य भूमिकाओं में भाग लेने के माध्यम से, पुलिस हमारे देश के निवासियों के लिए रहने के लिए एक शांतिपूर्ण, सुरक्षित और सुरक्षित वातावरण प्रदान करती है। पुलिस द्वारा प्रदान की जानेवाली सुरक्षात्मक छतरी के बिना आर्थिक विकास, सामाजिक या शैक्षिक प्रयासों के सफल होने की कल्पना नहीं की जा सकती।

21 अक्तूबर, 2021 को पुलिस स्मृति दिवस पर डॉ. हनीफ कुरैशी, भा.पु.से., पुलिस महानिरीक्षक, पुलिस परिसर भौंडसी में बने शहीदी स्मारक पर पुष्प अर्पित करते हुए

ऐसी लगातार बढ़ती माँगों को पूरा करने के लिए, पुलिस खुद को बदलने और सुधारने की प्रक्रिया में है। ब्रिटिश शासन ने पुलिस को विदेशी सरकार के एजेंट के रूप में देखा। पुलिस का उपयोग अकसर आंतरिक अशांति को दबाने और स्वतंत्रता की किसी भी आवाज को शांत करने के लिए अत्यधिक बल का प्रयोग करने के लिए किया जाता था। आजादी के बाद, पुलिस ने खुद को एक बल की छवि से एक सेवा संगठन की छवि में सुधार लिया। 'इंपीरियल पुलिस' का 'भारतीय पुलिस सेवा' में

परिवर्तन उस परिवर्तन को दर्शाता है। पुलिस को रात या दिन के हर समय लोगों की मदद करने, आपदा-प्रबंधन में और नागरिकों को सुरक्षा सेवाओं की एक विस्तृत छतरी प्रदान करने के रूप में पहचाना जाने लगा।

शहीदों की याद में पुलिस लाइन, नारनौल में पुलिस स्मारक बनाया गया जिसमें प्रत्येक वर्ष शहीदों को श्रद्धांजलि दी जाती है

पुलिस के लिए सबसे महत्त्वपूर्ण संसाधन उसका मानवीय तत्त्व है। यह सड़क पर खड़ा अधिकारी है, जो उन नागरिकों के साथ बातचीत करता है जिन्हें देखभाल और ध्यान देने की आवश्यकता होती है। यह 24×7 काम करना आसान नहीं है और यह अधिक काम करनेवाले पुलिस अधिकारियों पर भारी पड़ता है। कभी-कभी इसका प्रभाव सिर्फ नींद की कमी और उच्च तनाव ही नहीं होता है बल्कि स्वास्थ्य संबंधी जटिलताएँ भी होती हैं। पुलिस अधिकारी अपने परिवारों की उपेक्षा करते हैं और लंबे समय तक मैदान में बिताते हैं। उनके परिवार को नहीं पता कि वे कब काम से लौटेंगे और कभी-कभी तो कभी नहीं लौटते।

पुलिस अपने नागरिकों के प्रति सरकार का एक महत्त्वपूर्ण कर्तव्य प्रदान करती है, समाज के सभी सदस्यों को सार्थक जीवन जीने में सक्षम बनाने के लिए शांतिपूर्ण वातावरण प्रदान करती है। इन चुनौतियों का सामना करने में, पुलिस अधिकारी अपनी जान की बाजी लगा देते हैं और अपने ही परिवारों की माँगों की उपेक्षा करते हैं। पिछले एक दशक में, औसतन लगभग 700 पुलिसकर्मियों ने हर साल ड्यूटी के दौरान अपनी जान कुरबान कर दी। भारत की आजादी के बाद से, 34,418 पुलिसकर्मियों ने देश की अखंडता की रक्षा और इस देश के लोगों को सुरक्षा प्रदान करने के लिए 2017 तक अपने जीवन का बलिदान दिया है। हालाँकि, कारवाई में मारे गए पुलिस अधिकारियों की संख्या पिछले एक दशक में गिरती प्रवृत्ति को प्रदर्शित करती है। 2009 में मारे गए 954 अधिकारियों के उच्च स्तर से यह संख्या वर्ष 2018 में गिरकर 414 हो गई है। राष्ट्रीय अपराध रिकॉर्ड ब्यूरो के अनुसार इन मौतों का कारण आतंकवादियों और चरमपंथियों के खिलाफ अभियान, भीड़ की हिंसा, अपराधियों द्वारा हमले, नक्सल विरोधी अभियान थे। आपदा राहत कार्यों के दौरान मौतें और पाकिस्तान से सीमा पार से गोलीबारी आदि।

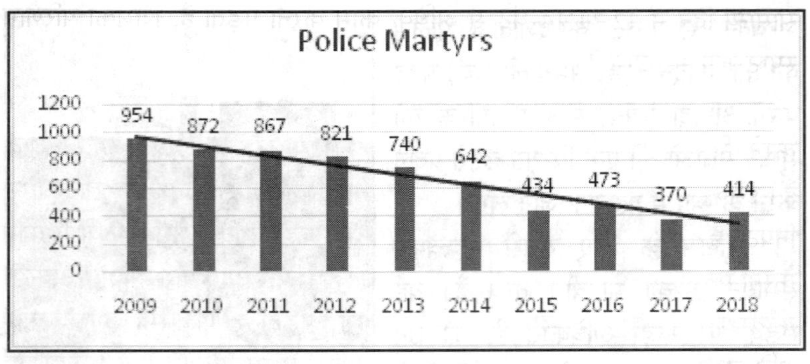

जैसा कि नेपोलियन बोनापार्ट ने कहा था, "यह मृत्यु नहीं, कारण है, जो शहीद बनाता है।" इस पुस्तक में सूचीबद्ध हरियाणा पुलिस के 71 शहीदों में से प्रत्येक एक सच्चे नायक हैं। ये नायक अपने से बड़े कारण में विश्वास करते थे। उन्होंने राष्ट्रों की पुकार का उत्तर दिया। देश की सेवा में अपने प्राण न्योछावर करने से बड़ा कोई बलिदान नहीं है। कभी-कभी, आतंकवादी पुलिसकर्मियों के खिलाफ लक्षित हमले शुरू करते हैं। 45 वर्षीय मोहम्मद अशरफ डार मध्य कश्मीर में तैनात सब इंस्पेक्टर थे। वह सेब ऑर्किड और धान के खेतों के साथ पुलवामा जिले के एक छोटे से गाँव लार्वा में अपनी पत्नी और तीन बच्चों के साथ छुट्टी पर घर आए थे। अगस्त 2018 में एक पवित्र मुस्लिम त्योहार ईद-उल-अजहा पर उनकी एक वर्षीय बेटी के सामने उनकी रसोई में ही उनकी हत्या कर दी गई थी। जुलाई 2016 में सुरक्षा बलों द्वारा एक लोकप्रिय आतंकवादी नेता बुरहान वानी की मौत के बाद से यह क्षेत्र उबल रहा था। पुलिसवाले हमेशा इस डर के साथ रहते हैं, फिर भी बहादुरी से अपने ऑपरेशन को अंजाम देते हैं।

पुलिसिंग एक अनूठा पेशा है, जिसके पास नौकरी के तनाव का उचित हिस्सा है। अधिकांश अधिकारी अपने परिवार और अपने स्वयं के स्वास्थ्य की अनदेखी करते हुए अपने कठिन कार्यों में भाग लेते हैं। कानून प्रवर्तन अधिकारियों को छुट्टियों सहित हर दिन 24 घंटे काम करना चाहिए। इसके अलावा, जब कोई अधिकारी छुट्टी पर होता है, तो उसके साथी अधिकारियों को अनिवार्य ओवरटाइम सहित ओवरटाइम की आवश्यकता हो सकती है। जब समुदाय में अप्रत्याशित मुद्दे और आपात स्थिति उत्पन्न होती है, तो अधिकारियों को अपनी सामान्य शिफ्ट से दूर रहने या काम से अपने सामान्य समय के दौरान आने की आवश्यकता हो सकती है। इन कारकों को ध्यान में रखते हुए अधिकांश भारतीय पुलिस अधिकारियों को एक

सामान्य दिन में 12 या 14 घंटे से अधिक काम करना पड़ता है, जिसका परिणाम स्पष्ट रूप से तनाव है।

अधिकारियों को हिंसक और अन्य परेशान करनेवाली स्थितियों का सामना करने की संभावना है, जो आमतौर पर अन्य व्यवसायों के लोगों द्वारा नहीं देखी जाती हैं। इसके अलावा, अधिकारी टकराव वाले नागरिकों और अनिच्छुक संदिग्धों से निपटते हैं। भारतीय पुलिस अधिकारियों को कभी-कभी अप्रिय परिस्थितियों में काम करना पड़ता है, जैसे कि बहुत गर्म (या बहुत ठंडा) और आर्द्र मौसम, और अकसर कार्यस्थल में राजनीतिक दबावों का सामना करना पड़ता है। पुलिसिंग के लिए कार्य भूमिकाओं की आवश्यकता होती है, जो आमतौर पर अन्य व्यवसायों में नहीं पाई जाती हैं। अधिकारियों को हमेशा नियंत्रण में रहना चाहिए, संदेहास्पद, अलग और बलवान होना चाहिए। ये भूमिकाएँ परिवार के सदस्यों और दोस्तों के साथ सहायक, मैत्रीपूर्ण और पोषण संबंधों के लिए आवश्यक भूमिकाओं से विशिष्ट नहीं हैं। हर किसी की तरह, पुलिस अधिकारियों को भी अपने घरेलू जीवन में समस्या हो सकती है। नकारात्मक पारिवारिक मुद्दों के परिणामस्वरूप नौकरी के कार्यों में सफल होने में एकाग्र प्रयास की कमी हो सकती है, जो व्यक्ति पर भार डाल सकती है, जिसके परिणामस्वरूप काम में निराशा हो सकती है।

एक पुलिस अधिकारी को अपनी दिनचर्या में जिन स्थितियों का सामना करना पड़ता है, वे भावनात्मक रूप से इतनी थकाने वाली हो सकती हैं कि वे दर्दनाक हो सकती हैं। पुलिस अधिकारी खुद को अपने पति से एक पस्त पत्नी को बचा सकते हैं और फिर उसके खिलाफ मामला दर्ज कर सकते हैं, भले ही पत्नी जाँच के साथ आगे बढ़ना नहीं चाहती। वे सामाजिक देखभाल या मानव तस्करी की कमी के कारण वेश्यावृत्ति में बदल गई छोटी लड़कियों को बचाते हैं। वे घंटों बारिश में खड़े

पुलिस परिसर मधुबन, करनाल में 21 अक्तूबर को पुलिस स्मृति दिवस मनाया गया जिसमें प्रोबेशनर उप-निरीक्षक/निरीक्षक प्रशिक्षु, द्वारा शहीदों को श्रद्धांजलि दी गई

होकर ट्रैफिक का प्रबंधन करते हैं, जब ट्रैफिक जाम से जीवन अस्त-व्यस्त हो जाता है। वे एक वाहन को रोकने की कोशिश करेंगे, जो अभी-अभी एक पैदल यात्री के ऊपर से गुजरा है और इस प्रक्रिया में चोट लग सकती है या उसकी मौत हो सकती है। वे डेटा में पैटर्न की तलाश में घंटों बैठेंगे, जिससे पता चल सकता है कि आपके क्रेडिट कार्ड से पैसे किसने चुराए। वे शहर की सड़कों पर अपनी ड्यूटी के घंटों के बाद गश्त करेंगे, क्योंकि एक प्रमुख त्योहार या मेला चल रहा है और लोगों को खुश करने के लिए एक सुरक्षित वातावरण प्रदान किया जाना चाहिए। ऐसे अनगिनत अधिकारी हैं, जो न केवल अपनी नौकरी के कारण, बल्कि समाज के प्रति उच्च आह्वान के कारण समान लंबे और कठिन कार्य करते हैं। कुछ को पहचाना और पुरस्कृत किया जाता है, लेकिन अधिकांश को नहीं। फिर भी अधिकारी दिन-रात काम करते हैं, सप्ताहांत पर, त्योहारों पर, और अन्य छुट्टियों पर जब उनके परिवार दूर होते हैं और उनका इंतजार करते हैं।

श्री पी.के. अग्रवाल, भा.पु.से., पुलिस महानिदेशक,
पुलिस शहीदी दिवस पर पुलिस लाईन पंचकुला में शहीदों को श्रद्धांजलि देते हुए

अब्राहम लिंकन ने कहा था, "एक राष्ट्र जो अपने नायकों का सम्मान नहीं करता है, वह लंबे समय तक नहीं टिकेगा।" कम-से-कम हम अपने नायकों को याद कर सकते हैं और उन मूल्यों को सँजो सकते हैं जिनके लिए वे खड़े हुए, लड़े और आखिरकार अपने जीवन को बलिदान कर दिया। हीरो हमारे रोल मॉडल के रूप में काम करते हैं, जो लोगों को राष्ट्र और उसके आदर्शों के लिए प्रेरित करते हैं और गर्व

से भर देते हैं। भारत में हर साल 21 अक्तूबर को पुलिस स्मृति-दिवस मनाया जाता है। यह वह दिन था जब 1959 में चीन के साथ देश की सीमा की रक्षा करते हुए दस पुलिस अधिकारियों ने सर्वोच्च बलिदान दिया था। 1820 में विलियम मूरक्रॉफ्ट के यात्रियों द्वारा पुष्टि की गई कि लद्दाख और तिब्बत के बीच एक अच्छी तरह से स्थापित सीमा बिंदु लनाक ला के रास्ते में एक भारतीय अभियान चल रहा था। लानाक ला अक्साई चिन क्षेत्र की दक्षिण पूर्वी सीमा पर है। अभियान के आगे आंदोलन को सुविधाजनक बनाने के लिए तीन टोही दलों को लॉन्च किया गया था। दो दल उत्तर-पूर्वी लद्दाख के हॉट स्प्रिंग्स बेस पर लौट आए, जबकि तीसरा पक्ष नहीं लौटा। लापता तीसरे पक्ष के ठिकाने का पता लगाने के लिए डी.सी.आई.ओ. करम सिंह की कमान में एक तलाशी दल भेजा गया था। लगभग बीस कर्मी घोड़े पर सवार थे, जबकि अन्य पैदल चल रहे थे।

21 अक्तूबर, 2021 को पुलिस स्मृति-दिवस पर पुलिस परिसर भौंडसी में बने शहीदी स्मारक पर सभी राजपत्रित व अराजपत्रित अधिकारियों द्वारा श्रद्धांजलि दी गई व शहीदों को याद किया गया

इस पुलिस दल पर चीनी सेना के जवानों ने हमला किया और उन पर गोलियाँ चलाईं और हथगोले फेंके। इस हमले में दस पुलिस अधिकारी शहीद हो गए जबकि सात अन्य घायल हो गए और चीनियों ने उन्हें बंदी बना लिया। चीन ने दस कर्मियों के शव तीन सप्ताह बाद ही लौटाए थे। हॉट स्प्रिंग्स में पूरे राजकीय सम्मान के साथ शवों का अंतिम संस्कार किया गया। बाद में, जनवरी 1960 में महानिरीक्षकों और पुलिस महानिदेशकों के वार्षिक सम्मेलन में यह निर्णय लिया गया कि 21 अक्तूबर, को लद्दाख में ड्यूटी पर शहीद हुए बहादुर पुलिस अधिकारियों के सम्मान में 'स्मृति दिवस' के रूप में मनाया जाएगा। नायकों की प्यारी स्मृति में हॉट स्प्रिंग्स में एक

स्मारक बनाया गया था। हर साल ट्रेकिंग अभियान वीर अधिकारियों को श्रद्धांजलि देने के लिए हॉट स्प्रिंग्स स्मारक तक पहुँचते हैं। नई दिल्ली के चाणक्यपुरी में राष्ट्रीय स्तर का पुलिस स्मारक बनाया गया है। स्मारक दिवस परेड 2018 से इस स्मारक पर आयोजित की जाती है।

इस तरह हम अपने शहीदों का सम्मान करते हैं जिन्होंने हमारे देश के लिए सर्वोच्च बलिदान दिया। हम उन हजारों पुलिस अधिकारियों को याद करते हैं, जो बहादुरी से अन्याय से लड़ते हैं और देश का गौरव बढ़ाते हैं। वे हमारे इस महान् राष्ट्र के लिए काम करने की प्रेरणा देते हैं। अपराध के खिलाफ लड़ाई में पुलिस की भूमिका, देश के भीतर शांति और सुरक्षा बनाए रखना और बाहरी दुश्मनों से हमारी सीमाओं की रक्षा करनेवाले रक्षा बलों की भूमिका पूरक है और वे मिलकर भारत को दुनिया के सबसे बड़े जीवंत लोकतंत्र में से एक बनाते हैं।

शहीदों की याद में पुलिस परिसर मधुबन, करनाल में पुलिस स्मारक बनाया गया जिसमें प्रत्येक वर्ष शहीदों को श्रद्धांजलि दी जाती है व याद किया जाता है

पुलिस अधिकारियों पर हमले के कारण

हमलों के कारणों को समझने की जरूरत है, खासकर पुलिस अधिकारियों पर गंभीर हमले। इस मुद्दे पर कई अध्ययन किए गए हैं, जिनमें से अधिकांश पुलिस अधिकारियों पर गंभीर हमले की घटनाओं का वर्णनात्मक विश्लेषण है। यह घटनाओं की कम संख्या के कारण हो सकता है, जो सांख्यिकीय विश्लेषण के लिए

पुलिस लाईन, भिवानी में शहीदों की याद में पुलिस स्मारक बनाया गया जिसमें प्रत्येक वर्ष शहीदों को श्रद्धांजलि दी जाती है

उधार देने के लिए पर्याप्त डेटा बिंदु उत्पन्न नहीं करते हैं। हालाँकि, कुछ उल्लेखनीय अपवाद हैं, जहाँ हमले की दर की तुलना किसी अधिकार क्षेत्र में सामान्य अपराध प्रवृत्तियों से की गई है या कुछ अन्य चर के साथ समझाया गया है। भारत के संदर्भ में, विशेष रूप से हरियाणा, सामाजिक-सांस्कृतिक कारक और कुछ ऐतिहासिक कारक पुलिस अधिकारियों पर हमलों की संख्या की जाँच करने में प्रभावशाली हो सकते हैं। भारत में राष्ट्रीय स्तर पर पुलिस की मौत के तीन प्रमुख कारणों पर ध्यान दिया जा सकता है। पहला नक्सलवाद है, जिसने कुछ राज्यों में अपनी पौरुषता कम की है, लेकिन कुछ अन्य में बढ़ी है। दूसरा आतंकवाद है, खासकर पंजाब में पहले और अब जम्मू-कश्मीर में। तीसरा कारण देश के उत्तर-पूर्व में बन रहे हालात हैं।

नक्सलवाद

पश्चिम बंगाल में प्रसिद्ध नक्सलवादी घटना के बाद वामपंथी उग्रवाद (एल. डब्ल्यू.ई.) भारत में आंतरिक सुरक्षा की स्थिति के लिए एक समस्या बन गया। प्रारंभ में यह सरकार द्वारा अच्छी तरह से निहित था। हालाँकि, देश के विभिन्न हिस्सों विशेषकर अल्प विकसित क्षेत्रों में नक्सलवाद रुक-रुककर बढ़ता रहा। वर्तमान में देश का बड़ा हिस्सा किसी-न-किसी रूप में नक्सलवाद से प्रभावित है। नक्सलवाद नागरिकों और सुरक्षा बलों दोनों की बड़ी संख्या में मौतों के लिए जिम्मेदार है। नक्सली गतिविधियों में बड़ी संख्या में हताहत हुए हैं। पिछले 35 वर्षों में नक्सली हिंसा में 3,000 से अधिक सुरक्षाकर्मियों सहित 15,000 से अधिक लोग मारे गए हैं। नक्सलियों द्वारा हिंसक हमलों की संख्या हाल के दिनों में उच्च

स्तर पर थी, खासकर 2010 में। फरवरी 2010 में, सुरक्षा बलों के 24 सदस्य मारे गए थे जब नक्सलियों ने पश्चिम बंगाल के सिल्डा में एक शिविर पर हमला किया था। अप्रैल 2010 में ओडिशा में एक और बारूदी सुरंग हमला हुआ जिसमें संदिग्ध माओवादी विद्रोहियों ने कम-से-कम दस पुलिसकर्मियों की हत्या कर दी। छत्तीसगढ़ के दंतेवाड़ा जिले में एक बड़े हमले में केंद्रीय रिजर्व पुलिस बल (सी.आर.पी.एफ.) के करीब 76 जवान शहीद हो गए। अन्य राज्यों से भी इस तरह की हिंसक घटनाएँ सामने आई हैं। 29 जून, 2010 को छत्तीसगढ़ के नारायणपुर में नक्सलियों के सशस्त्र दस्ते द्वारा सी.आर.पी.एफ. के 26 जवान शहीद हो गए थे। जबकि ये प्रमुख घटनाएँ हैं, झारखंड, ओडिशा, महाराष्ट्र, आंध्र प्रदेश, पश्चिम बंगाल और छत्तीसगढ़ के कुछ हिस्सों से। छोटे परिमाण की कई और नक्सली हिंसा की घटनाएँ भी सामने आई हैं।

भारत भर में वामपंथी उग्रवाद से संबंधित घटनाओं का विश्लेषण पिछले कई वर्षों में गिरावट की प्रवृत्ति दर्शाता है। जैसा कि चित्र 12.1 में देखा जा सकता है, वर्ष 2009 में सुरक्षा बलों के जवानों की हत्या की 317 घटनाएँ हुईं, जो 2018 में गिरकर 73 हो गईं।

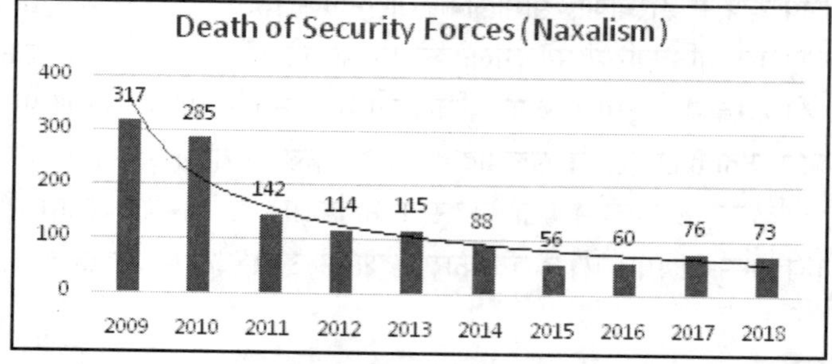

इसी तरह, नक्सल से संबंधित घटनाओं में नागरिक मौतों की संख्या में भी वर्ष 2011 के 469 के उच्च स्तर से घटकर 2015 में 171 तक की गिरावट देखी गई। इससे पता चलता है कि नक्सल समूहों और पुलिस के खिलाफ अभियान में कोई कमी नहीं आई है। संचालन भी तेजी से सफल हो रहा है।

हालाँकि ऐसे हमलों की संख्या में कमी आई है, माओवादियों द्वारा किए गए हमले बहुत तीव्र और क्रूर रहे हैं। ऐसा ही एक शक्तिशाली हमला मई 2013 में छत्तीसगढ़ के जगदलपुर जिले में वाहनों के काफिले पर किया गया था, जिसमें 28 लोगों की मौत हो गई थी। मारे गए लोगों में छत्तीसगढ़ के एक पूर्व मंत्री और एक पूर्व लोकसभा सदस्य और कुछ अन्य राजनीतिक हस्तियाँ शामिल थीं। नक्सली सावधानी से ऐसे लक्ष्य का चयन करते हैं, जो उच्च मूल्य का हो और जिसमें सुरक्षा

कम हो। एक ही स्थान पर कई हाई-प्रोफाइल नेताओं की उपस्थिति के कारण यह विशेष काफिला एक आदर्श लक्ष्य था और हमले की जगह का चयन किया गया था, जो एक संवेदनशील क्षेत्र था। हाल के दिनों में, ओडिशा, बिहार, छत्तीसगढ़ और झारखंड में हत्याओं या गिरफ्तारी या आत्मसमर्पण के कारण मध्य और शीर्ष स्तर के नेताओं की संख्या में नक्सलियों की ताकत में कमी देखी गई है।

आंध्र प्रदेश नक्सल समस्या से निपटने में अपेक्षाकृत सफल रहा है और केंद्र सरकार अन्य नक्सल प्रभावित राज्यों को उनके दृष्टिकोण पर विचार करने का सुझाव देती रही है। आंध्र ने अनिवार्य रूप से उचित सुरक्षा उपायों, राजनीतिक प्रतिक्रिया का इस्तेमाल किया और नक्सलवाद के प्रसार का मुकाबला करने के लिए बड़े पैमाने पर विकास योजनाओं का शुभारंभ किया। सुरक्षा उपायों में आत्मसमर्पण और पुनर्वास, विशेष रूप से बनाए गए बल (ग्रेहाउंड्स) द्वारा खुफिया-आधारित संचालन, नागरिक पुनर्वास, पुलिस पुनर्वास और सामूहिक लामबंदी जैसी पीड़ित आश्वासन नीति शामिल थी। राज्य के राजनीतिक दल शुरू में नक्सली चुनौती के प्रति इतने संवेदनशील नहीं थे। 1990 के दशक के उत्तरार्ध में यह बदल गया और एक आम सहमति बनी कि चुनौती का सामना करना ही होगा। शुरू किया गया पहला बड़े पैमाने पर विकास कार्यक्रम दूरस्थ क्षेत्र विकास कार्यक्रम था और दूसरे को दूरस्थ और आंतरिक क्षेत्र विकास कार्यक्रम कहा जाता था। कई अन्य योजनाएँ जैसे जलयागनम और इंदिरम्मा भी शुरू की गईं।

सरकार ने देश भर में 128 संगठनों की पहचान की है, जो माकपा के लिए सक्रिय संगठन हो सकते हैं, जो नक्सल विद्रोही आंदोलन का नेतृत्व कर रहे हैं। इंटेलिजेंस ब्यूरो (आई.बी.) के मुताबिक, इनमें से कुछ संगठन 16 राज्यों में मौजूद हैं। इसमें वे राज्य शामिल हैं, जो नक्सली हिंसा या प्रभाव से अप्रभावित या लगभग अप्रभावित हैं। उदाहरण के लिए, दिल्ली, गुजरात, हरियाणा और पंजाब में कोई हिंसक नक्सली गतिविधियाँ नहीं देखी गई हैं, लेकिन इन संगठनों की यहाँ मौजूदगी

16 जनवरी, 2019 को पुलिस शहीदी स्मारक, चाणक्यपुरी, नई दिल्ली में डॉ. हनीफ कुरैशी, पुलिस महानिरीक्षक, शहीदों को श्रद्धांजलि देते हुए

है। गुड़गाँव (मारुति मानेसर संयंत्र में हिंसा) में औद्योगिक अशांति की घटना के बाद, प्रतिबंधित भाकपा-माओवादियों के कई प्रमुख संगठनों ने कंपनी और सरकार के प्रबंधन के खिलाफ प्रदर्शन आयोजित किए। संगठनों में मेहनतकश मजदूर मोर्चा, डेमोक्रेटिक स्टूडेंट्स यूनियन, पीपुल्स डेमोक्रेटिक फ्रंट ऑफ इंडिया और राजनीतिक कैदियों की रिहाई के लिए समिति शामिल थी। यह भविष्य में उत्पन्न होने वाली नक्सल गतिविधि की क्षमता और खतरे को इंगित करता है।

जम्मू और कश्मीर

जम्मू और कश्मीर में उग्रवाद की उत्पत्ति पाकिस्तान के भारत में राज्यों के विलय को स्वीकार करने से इनकार करने में है। पाकिस्तान ने राज्य के क्षेत्र के कुछ हिस्सों पर अवैध रूप से कब्जा करना जारी रखा है। पाकिस्तान और भारत के बीच तय हुआ कि जम्मू-कश्मीर का मुद्दा कुछ अन्य मुद्दों के साथ दोनों देशों के बीच द्विपक्षीय तरीके से तय किया जाएगा। हालाँकि, पाकिस्तान भी उस प्रतिबद्धता को निभाने में विफल रहा है। अपनी सैन्य खुफिया शाखा, आई.एस.आई. (इंटर सर्विसेज इंटेलिजेंस) के माध्यम से, पाकिस्तान ने भारत पर आतंकवादी हमले शुरू करने और जम्मू-कश्मीर को 'मुक्त' करने के लिए जिहादियों और अन्य लोगों का इस्तेमाल किया है। उन्होंने इस उद्देश्य के लिए कट्टरपंथी इसलामी समूहों, ड्रग सिंडिकेट और नकली मुद्रा का इस्तेमाल किया है। वह पाकिस्तान में अफगान मॉडल को दोहराना चाहता है और कश्मीर की स्थिति को बिगाड़ना चाहता है।

शहीदों की याद में पुलिस लाईन, कैथल में बना पुलिस स्मारक जिसमें प्रत्येक वर्ष शहीदों को श्रद्धांजलि दी जाती है

भारत सरकार राज्य सरकार के साथ सीमा पार से

घुसपैठ को रोकने के लिए एक एकीकृत दृष्टिकोण निष्पादित करती है जिसमें सीमावर्ती बुनियादी ढाँचे को मजबूत करना, अंतरराष्ट्रीय सीमा/नियंत्रण रेखा के साथ बहु-स्तरीय और बहु-स्तरीय तैनाती, घुसपैठ मार्गों को अवरुद्ध करना, सीमा पर बाड़ का निर्माण, बेहतर तकनीकी शामिल हैं। निगरानी, उन्नत खुफिया और परिचालन समन्वय तथा राज्य के भीतर आतंकवादियों के खिलाफ कारवाई। सरकार ने शांति भंग करने के उग्रवादियों के प्रयासों का मुकाबला करने के लिए विभिन्न उपाय अपनाए हैं। सरकार ने युवाओं को उग्रवाद से दूर करने के लिए रोजगार के अवसर प्रदान करने सहित, मुख्यधारा में लाने के लिए नीतियों को भी प्रोत्साहित किया है।

शहीदों की याद में पुलिस लाईन, गुरुग्राम में पुलिस स्मारक बनाया गया जिसमें प्रत्येक वर्ष शहीदों को श्रद्धांजलि दी जाती है व याद किया जाता है

डॉ. सी. रंगराजन की अध्यक्षता में गठित विशेषज्ञ समूह की सिफारिशों के आधार पर, भारत सरकार ने भारत के विभिन्न कॉरपोरेट्स व गृह मंत्रालय के बीच साझेदारी की प्रकृति में जम्मू और कश्मीर 'उड़ान' के लिए विशेष उद्योग पहल योजना शुरू की। यह योजना राष्ट्रीय कौशल विकास निगम (एन.एस.डी.सी.) द्वारा सार्वजनिक निजी भागीदारी (पी.पी.पी.) मोड में कार्यान्वित की जा रही है। कार्यक्रम का उद्देश्य जम्मू-कश्मीर के बेरोजगार युवाओं को कौशल प्रदान करना और उनकी रोजगार क्षमता को बढ़ाना है, जो स्नातक, स्नातकोत्तर या तीन वर्षीय इंजीनियरिंग डिप्लोमाधारक हैं।

उत्तर-पूर्व

उत्तर-पूर्व भारत में अरुणाचल प्रदेश, असम, मणिपुर, मेघालय, मिजोरम, नागालैंड, त्रिपुरा और सिक्किम राज्य शामिल हैं। इन राज्यों को सात बहनें भी कहा जाता है, जैसा कि नीचे दिए गए मानचित्र में दिखाया गया है। यह भारत के भूमि सतह क्षेत्र का 8.06% है और लगभग 3.7% आबादी का घर है। इस क्षेत्र में कई उग्रवादी

समूह सक्रिय हैं, जैसे असम में यूनाइटेड लिबरेशन फ्रंट ऑफ असम (उल्फा) और नेशनल डेमोक्रेटिक फ्रंट ऑफ बोडोलैंड (एन.डी.एफ.बी.), पीपुल्स लिबरेशन आर्मी (पी.एल.ए.), यूनाइटेड नेशनल लिबरेशन फ्रंट (यू.एन.एल.एफ.), पीपुल्स रिवोल्यूशनरी पार्टी ऑफ असम कांगलीपाक (PREPAK) और मणिपुर में मणिपुर पीपुल्स लिबरेशन फ्रंट। त्रिपुरा में ऑल त्रिपुरा टाइगर फोर्स है और मेघालय में अचिक नेशनल वालंटियर काउंसिल (ए.एन.वी.सी.) और हाइनीवट्रेप नेशनल लिबरेशन काउंसिल (एच.एन.एल.सी.) है। इन समूहों को गैरकानूनी गतिविधियों (रोकथाम) अधिनियम, 1967 (1967 का 37) के तहत प्रतिबंधित कर दिया गया है।

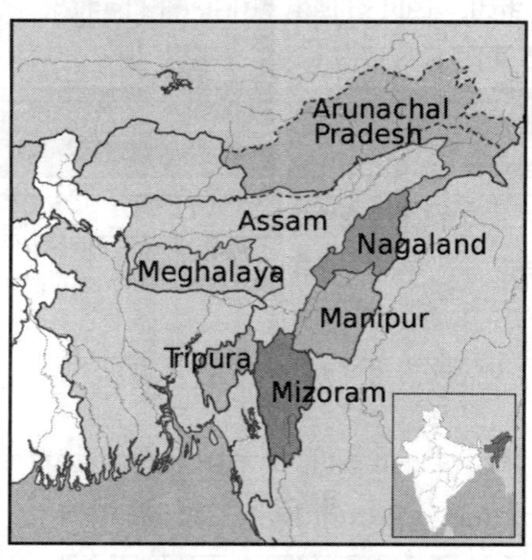

ये समूह अकसर हिंसा में लिप्त होते हैं और नागरिकों के साथ-साथ पुलिस और सैन्य बलों को भी निशाना बनाते हैं। सशस्त्र बल (विशेष शक्तियाँ) अधिनियम 1958 को भारत सरकार द्वारा क्षेत्र में सेना को कार्यात्मक क्षमता प्रदान करने के लिए लागू किया गया है। इलाके में स्थानीय पुलिस के अलावा केंद्रीय अर्धसैनिक बलों को भी तैनात किया गया है। सरकार ने त्वरित ढाँचागत विकास शुरू किया है; इसने रोजगार और सुशासन पैदा करने की कोशिश की है। चूँकि यह क्षेत्र सुदूर है और इसकी अनूठी विशेषताएँ हैं, इसलिए विकेंद्रीकरण पर जोर दिया गया है।

कई समूहों ने स्थानीय आबादी की अनूठी स्थिति के कारण स्वायत्तता की माँग की है। सरकार ने इन माँगों का जवाब दिया है और इस दिशा में कदम उठाए हैं। उदाहरण के लिए, बोडो प्रादेशिक परिषद (बी.टी.सी.) भारत सरकार, असम सरकार और तत्कालीन बोडो लिबरेशन टाइगर्स (बी.एल.टी.) के बीच 10 फरवरी,

2003 को हस्ताक्षरित समझौता ज्ञापन के परिणामस्वरूप बनाई गई थी। सरकार ने विकास उद्देश्यों के लिए परिषद् द्वारा उपयोग किए जानेवाले धन को जारी किया है।

पुलिस हमलों में सैद्धांतिक अंतर्दृष्टि

जम्मू-कश्मीर, उत्तर-पूर्व और नक्सलवाद से संबंधित तीन प्रमुख क्षेत्रों के अलावा, देश के अधिकांश अन्य हिस्सों में पुलिसकर्मियों पर हमले जारी हैं। इन हमलों के कुछ कारण समाज में ही पाए जा सकते हैं और प्रासंगिक सैद्धांतिक अंतर्दृष्टि द्वारा प्रकट किए जा सकते हैं। हम पुलिस पर हमले के तीन संभावित कारणों की जाँच करेंगे, अर्थात् आर्थिक अभाव, सामाजिक अव्यवस्था और प्रतिरोध सिद्धांत के कारण तनाव।

शहीदों की याद में पुलिस लाइन नूह (मेवात) में पुलिस शहीदी स्मारक बनाया गया जिसमें प्रत्येक वर्ष शहीदों को श्रद्धांजलि देकर याद किया जाता है

आर्थिक अभाव और तनाव

मुंशी प्रेमचंद ने टिप्पणी की थी कि 'गरीबी एक अभिषेक है', या 'गरीबी एक अभिशाप है'। खराब आर्थिक स्थिति श्रम बल की भागीदारी दर को कम करती है और गरीबों के लिए अपना और अपने परिवार का समर्थन करना मुश्किल बना देती है। यद्यपि वित्तीय समस्याएँ गरीबों को अधिक गंभीर रूप से प्रभावित करती हैं, उनका प्रभाव समाज के सभी वर्गों द्वारा महसूस किया जाता है। गरीबी सामान्य रूप से अपराध दर को सकारात्मक रूप से प्रभावित करती है और इसलिए पुलिस पर हमले

को भी प्रभावित करना चाहिए (बैटन और विल्सन, 2006)। पिछले अध्ययनों में आर्थिक अभाव और पुलिस हत्याओं पर मिश्रित परिणाम मिले हैं। उदाहरण के लिए, अमेरिका में राज्य-स्तरीय आँकड़ों के विश्लेषण में पुलिस हत्याओं, गरीबी और बेरोजगारी के बीच संबंध पाया गया (पीटरसन एंड बेली, 1988)। हालाँकि, अन्य अध्ययनों में ऐसा कोई संबंध नहीं पाया गया है (जैकब्स एंड कारमाइकल, 2002)।

पुलिस हत्याओं से जुड़े कारणों पर सबसे व्यापक अध्ययनों में से एक बैटन और विल्सन (2006) द्वारा किया गया है। उन्होंने 1947 से 1998 तक ड्यूटी पर मारे गए पुलिस अधिकारियों पर वार्षिक राष्ट्रीय स्तर के अमेरिकी डेटा की जाँच करने के लिए अर्थमितीय और समय श्रृंखला प्रतिगमन तकनीकों का उपयोग किया। उन्होंने राष्ट्रीय कानून प्रवर्तन अधिकारी स्मारक कोष से प्राप्त आँकड़ों का उपयोग करके पुलिस हत्या दरों की गणना की। उन्होंने पाया कि पुलिस हत्या दर आर्थिक अभाव और असमानता से महत्त्वपूर्ण रूप से जुड़ी हुई थी। ऐसा लगता है कि गरीबी क्रोध, तनाव और हताशा उत्पन्न करती है, जिसके परिणामस्वरूप उच्च स्तर की हिंसा और आक्रामकता होती है। चूँकि पुलिस सरकार के सबसे अधिक दिखाई देनेवाले हथियारों में से एक है, इसलिए हिंसा अकसर उन्हीं की ओर निर्देशित होती है। हालाँकि भारत में इस तरह का कोई अध्ययन नहीं किया गया है, एक प्रारंभिक विश्लेषण से पता चलता है कि जिन क्षेत्रों में हमले की उच्च दर की सूचना मिली है, वे भी उच्च अपराध दर और उच्च आर्थिक अभाव के क्षेत्र हैं।

16 जनवरी, 2019 को हरियाणा पुलिस द्वारा राष्ट्रीय पुलिस स्मारक, चाणक्यपुरी, नई दिल्ली में शहीदों की याद में एक कार्यक्रम आयोजित किया गया। इस अवसर पर माननीय मुख्यमंत्री श्री मनोहर लाल, द्वारा डॉ. हनीफ कुरैशी, भा.पु.से., पुलिस महानिरीक्षक की शहीदों पर लिखित पुस्तक 'मार्टियर्स ऑफ हरियाणा पुलिस' का विमोचन किया गया

सामाजिक अव्यवस्था

सामाजिक अव्यवस्था की अवधारणा के मूल समर्थकों, शॉ और मैके (1942) ने तर्क दिया कि निम्न सामाजिक-आर्थिक स्थिति, आवासीय अस्थिरता और जातीय विषमता ने सामुदायिक अव्यवस्था को जन्म दिया, जिसके परिणामस्वरूप आपराधिक उप-संस्कृति हुई, जो उन क्षेत्रों में अपराध की उच्च दर के लिए जिम्मेदार थी। बाद के काम ने स्पष्ट रूप से सामाजिक अव्यवस्था को सामान्य मूल्यों को महसूस करने और अनौपचारिक सामाजिक नियंत्रण बनाए रखने में एक समुदाय की अक्षमता के रूप में परिभाषित किया (बर्सिक, 1988)। उन्होंने समुदायों को दोस्ती और रिश्तेदारी नेटवर्क और सहयोगी संबंधों के जटिल सेट के रूप में पहचाना। जो समुदाय असंगठित हैं, उन्होंने दोस्ती और सहयोगी नेटवर्क को बाधित या कमजोर कर दिया है और इसलिए कमजोर समाजीकरण है। मजबूत संबंध सामाजिक पूँजी की ओर ले जाते हैं (पुतनाम, 2000), जो बेहतर अनौपचारिक सामाजिक नियंत्रण और कम अपराध की ओर ले जाता है। दूसरे शब्दों में, संबंध सामाजिक पूँजी के संसाधन का प्रतिनिधित्व करते हैं।

इस संबंध में, डब्ल्यू.जे. विल्सन (1987) ने गरीबी की एकाग्रता के प्रभावों और हिंसा की दरों पर अमेरिकी शहरी आंतरिक शहर के परिणामी सामाजिक परिवर्तन पर प्रकाश डाला है। उनका तर्क है कि 1970 के दशक की शुरुआत में

21 अक्तूबर, 2018 को पुलिस शहीदी स्मारक, चाणक्यपुरी, नई दिल्ली में माननीय प्रधानमंत्री श्री नरेंद्र मोदी, नेशनल पुलिस म्यूजियम का निरीक्षण करते हुए

अमेरिकी शहरों के गैर-औद्योगीकरण ने नस्लीय रूप से अलग-थलग समुदायों में अत्यंत गरीब, अश्वेत और महिला-प्रधान परिवारों की बढ़ती एकाग्रता को जन्म दिया। जैसे-जैसे पलायन जारी रहा, आंतरिक शहर में रहनेवालों के लिए रोल मॉडल गायब हो गए और इन वास्तव में वंचित समुदायों को सामाजिक अलगाव की विशेषता थी। अभावों की इस अत्यधिक सघनता ने एक विशिष्ट सामाजिक-सांस्कृतिक परिवेश का निर्माण किया। निवासियों के पास नौकरियों तक कम पहुँच है और पारंपरिक रोल मॉडल के लिए कम जोखिम है। संरचनात्मक सामाजिक अव्यवस्था और सांस्कृतिक-सामाजिक अलगाव दोनों समान पारिस्थितिक कारणों से उत्पन्न होते हैं—केंद्रित नुकसान, पारिवारिक व्यवधान और आवासीय अस्थिरता।

देश सेवा में प्राणों को न्योछावर करनेवाले शहीदों की याद में चाणक्यपुरी, नई दिल्ली में यह शहीदी स्मारक बनाया गया व 21 अक्तूबर, 2018 इस शहीदी स्मारक को भारत के माननीय प्रधानमंत्री श्री नरेंद्र मोदी ने इसे देश को समर्पित किया

हरियाणा में, ग्रामीण अर्थव्यवस्था बदल रही है, क्योंकि कृषि कम लाभकारी हो गई है। भूमि जोत का आकार उत्तरोत्तर कम होता गया है और भावी पीढ़ियों के लिए बहुत कम कीमती है। इसने गरीब और सीमांत किसानों को असमान रूप से प्रभावित किया है, जो कृषि क्षेत्र में काफी संकट में हैं। वे तेजी से बढ़ती सेवा अर्थव्यवस्था में प्रवास करने में भी असमर्थ रहे हैं, जहाँ नौकरियाँ अत्यधिक विशिष्ट हैं और उनके लिए प्रतिस्पर्धा करने में असमर्थ हैं। स्वचालन के बढ़ते उपयोग ने विनिर्माण उद्योगों में श्रम शक्ति की वृद्धि को रोक दिया है। इसने ग्रामीण हरियाणा

के सबसे हाशिए के वर्गों के लिए गरीबी के स्तर को बढ़ा दिया है। अनुसंधान ने गरीबी और परिणामों जैसे अपराध, शारीरिक स्वास्थ्य, किशोर गर्भावस्था आदि के बीच लगातार संबंध दिखाया है।

शहीदों की याद में पुलिस लाईन, पंचकुला में पुलिस स्मारक बनाया गया जिसमें प्रत्येक वर्ष शहीदों को श्रद्धांजलि दी जाती है व याद किया जाता है

हरियाणा के नव-विकसित शहरी केंद्रों जैसे फरीदाबाद, गुड़गाँव, पंचकुला और सोनीपत की स्थिति ने भी पुलिस अधिकारियों पर अपराधों और हमलों की दरों में वृद्धि की है। कृषि का पारंपरिक व्यवसाय तेजी से खो रहा है, क्योंकि औद्योगिक विकास के लिए भूमि का अधिग्रहण किया गया है। भूमि की दरें बहुत अधिक होने के कारण मालिकों को अतिरिक्त नकदी प्राप्त होती है। इसने बहुत सारी समस्या पैदा कर दी है, जहाँ स्थानीय लोगों के लिए कोई नौकरी या व्यवसाय नहीं है, लेकिन उनके पास पर्याप्त पैसा है, शायद पर्याप्त से अधिक। पैसे ने स्थानीय लड़कों के लिए बड़ी कार प्राप्त की, लेकिन अन्य मुद्दों को भी लाया जैसे कि अधिकार, ड्रग्स, शराब के साथ समस्या, लेकिन सबसे महत्त्वपूर्ण बात यह है कि बड़े पैमाने पर समुदाय द्वारा अनौपचारिक सामाजिक नियंत्रण का प्रयोग किया जाता है। सामाजिक संबंधों के कमजोर होने से सामाजिक पूँजी में कमी आई है और हिंसक अपराधों की प्रवृत्ति बढ़ी है।

डिटरेन्स

प्रतिरोध दंड या प्रतिशोध के भय का उपयोग करके कार्यों या व्यवहार को रोकने के बारे में एक मनोवैज्ञानिक निर्माण है। यह दो प्रकार का होता है। पहला प्रकार है सामान्य निरोध। यह एक ऐसी नीति है जिसमें एक अभियुक्त को सार्वजनिक दृष्टि से दंड मिलता है ताकि भविष्य में अन्य व्यक्तियों को विचलन से रोका जा सके। दूसरा प्रकार विशिष्ट निरोध है, जो व्यक्तिगत विचलन पर ध्यान केंद्रित करता है और

उसके व्यवहार को एक विशिष्ट तरीके से मानता है। व्यक्ति को पुनरावृत्ति करने से हतोत्साहित करने के लिए दंड दिया जाता है। हालाँकि, अपराध विज्ञानी अपराध को नियंत्रित करने की रणनीति के रूप में निरोध की सफलता पर सहमत नहीं हैं। उनमें से कुछ प्रतिरोध को एक पुरातन उपकरण के रूप में देखते हैं, जो अवैज्ञानिक और आदिम है, जबकि अन्य का कहना है कि यह आपराधिक न्याय प्रणाली का एक अविभाज्य हिस्सा है।

पुलिस शहीदी दिवस के अवसर पर पुलिस लाइन, पंचकुला में बने पुलिस शहीदी स्मारक पर श्री मनोज यादव, पुलिस महानिदेशक, शहीदों को श्रद्धांजलि देते हुए

निवारक सिद्धांतों के अनुसार मनुष्य तार्किक है, तर्कसंगत प्राणी जो निर्णय लेते हैं, वे वैकल्पिक विकल्पों से जुड़े अनुमानित लागतों और लाभों के सापेक्ष भार के मूल्यांकन पर आधारित होते हैं। इस प्रकार, सजा के मामले में बढ़ती लागत अपराध को रोकना माना जाता है। लागत औपचारिक प्रतिबंध (दंड) या सामाजिक नियंत्रण जैसे अनौपचारिक प्रतिबंध हो सकते हैं। बेली और पीटरसन (1987) ने फाँसी और मौत की सजा के निवारक प्रभावों का विश्लेषण किया है, लेकिन निरोध और पुलिस हत्याओं के बीच कोई संबंध नहीं पाया। दूसरी ओर, कमिंसकी और मार्वेल (2002) को मौत की सजा के प्रभाव के लिए कोई समर्थन नहीं मिला, लेकिन उन्होंने देखा कि जेल की आबादी के आकार ने पुलिस हत्याओं को नकारात्मक रूप से प्रभावित किया, जो कि प्रतिरोध सिद्धांत के लिए कुछ समर्थन का सुझाव देता है। पुलिस अधिकारी हत्याओं के अपने अध्ययन में बैटन और विल्सन (2006) ने पाया कि कैद 1947–1971 तक पुलिस हत्या दर में गिरावट के साथ जुड़ा था।

घटना स्तर जोखिम कारक

राष्ट्रीय स्तर के मुद्दों (नक्सलवाद और उग्रवाद) या सामुदायिक स्तर के सहसंबंधों (आर्थिक अभाव, सामाजिक अव्यवस्था और प्रतिरोध) के संबंध में पुलिस हमलों और हत्याओं का विश्लेषण ऊपर किया गया है। हालाँकि, इन स्थितियों और स्थानों में नागरिकों और पुलिस के बीच सभी बातचीत के परिणामस्वरूप पुलिस पर हमले नहीं होते हैं। उदाहरण के लिए, उन जगहों पर जहाँ नक्सलवाद मौजूद है, नागरिकों और पुलिस के बीच सभी बातचीत हिंसक नहीं होती हैं। सामाजिक रूप से असंगठित समुदायों में नागरिकों के साथ पुलिस की अधिकांश बातचीत व्यवस्थित होती है और कुछ ही स्थितियाँ हिंसक हो जाती हैं। इसलिए, बातचीत के बारे में कुछ होना चाहिए या स्थिति में कुछ स्थानीय कारक जो नागरिक और पुलिस के बीच संपर्क को हमले के स्तर तक बढ़ाते हैं। सांख्यिकीय विश्लेषण और प्रौद्योगिकी में नए विकास ने अपराधियों को अपराध की घटनाओं की अधिक बारीकी से जाँच करने में मदद की है। उदाहरण के लिए, भौगोलिक सूचना प्रणाली और स्थानिक सांख्यिकीय मॉडलिंग उपकरण अपराधियों को अंतरिक्ष और समय के संबंध में पहले की तुलना में अधिक सटीक रूप से अपराध के कारणों की जाँच करने में सहायता करते हैं।

एक ऐसा कारक जिस पर विचार किया जा सकता है, वह है पुलिस पर हमला करनेवाले अपराधी की उम्र। इस क्षेत्र में किए गए शोध से पता चलता है कि छोटे अपराधियों के गिरफ्तारी का विरोध करने या आदेशों का पालन करने से इनकार करने की अधिक संभावना है। यह निष्कर्ष आयु अपराध ग्राफ के अनुरूप

16 जनवरी, 2019 को पुलिस शहीदी स्मारक, चाणक्यपुरी, नई दिल्ली में शहीदी दिवस पर डी.ए.वी. पुलिस पब्लिक स्कूल, गुरुग्राम के बच्चों द्वारा देशभक्ति गीत प्रस्तुत किया गया

है। आयु अपराध ग्राफ देशों और संस्कृति में सार्वभौमिक है। यह ग्राफिक रूप से अपराध विज्ञान में सबसे सार्वभौमिक रूप से स्वीकृत निष्कर्षों में से एक का प्रतिनिधित्व करता है कि आपराधिक व्यवहार उम्र के साथ बढ़ता है जब तक कि यह किशोरावस्था में चरम पर नहीं होता है और फिर धीरे-धीरे वयस्कता में कम हो जाता है।

कोहेन और फेल्सन (1979) का मानना था कि व्यक्तियों की नियमित गतिविधियों की प्रकृति आपराधिक अवसर को प्रभावित करती है और इसलिए विशेष रूप से अपराध प्रवृत्तियों को प्रभावित करती है, अपराधों के एक वर्ग में, उन्होंने प्रत्यक्ष-संपर्क हिंसक, हिंसक अपराध कहा, जैसा कि देखा गया है। उन्होंने तीन तत्त्वों की पहचान की, जो एक आपराधिक घटना के लिए अत्यधिक संभावित बनने के लिए स्थान और समय में अभिसरण होना चाहिए। तीन घटनाएँ हैं—1. प्रेरित अपराधी, 2. उपयुक्त लक्ष्य, और 3. सक्षम अभिभावकों की अनुपस्थिति। वे किसी अपराधी के आपराधिक व्यवहार के लिए अभिप्रेरणा या प्रवृत्ति के कारणों के प्रश्न में नहीं गए, जिसे उन्होंने दिए गए अनुसार लिया। उन्होंने विश्लेषण किया कि कैसे सामाजिक गतिविधियाँ अपराधियों को उनके उद्देश्यों को कारवाई में बदलने का अवसर प्रदान करती हैं। किसी विशिष्ट समय और स्थान पर उल्लंघन होने की संभावना को संभावित अपराधियों के अभिसरण और सक्षम अभिभावकों की अनुपस्थिति में उपयुक्त लक्ष्यों के रूप में लिया जा सकता है। कोहेन और फेल्सन का आपराधिक अवसर ढाँचा पुलिस पर हमलों के लिए कुछ स्पष्टीकरण प्रदान कर सकता है और इसका उपयोग पुलिस अधिकारियों पर हमलों को रोकने के लिए भी किया जा सकता है।

पुलिस स्मृति-दिवस पर पुलिस लाइन, गुरुग्राम में देश पर प्राण न्योछावर करनेवाले शहीदों को याद किया गया व प्रत्येक वर्ष शहीदों को श्रद्धांजलि देकर याद किया जाता है

हरियाणा पुलिस के शहीद

हरियाणा पुलिस का मिशन आम आदमी की मदद करना, उसे सुरक्षा प्रदान करना और उसके सहयोग से एक शांतिपूर्ण और कानून का पालन करनेवाला समुदाय बनाना है। हरियाणा पुलिस कानून के शासन को बनाए रखने, अपराध को रोकने और कानून व्यवस्था बनाए रखने के लिए प्रतिबद्ध है। यह यहाँ कमजोरों, वंचितों की रक्षा करने और लोगों की सेवा करने के लिए है। हरियाणा पुलिस को जनहितैषी बनाने, पुलिस की विश्वसनीयता बढ़ाने और भ्रष्टाचार पर लगाम लगाने के लिए हर स्तर पर व्यवस्था में पारदर्शिता पर जोर दिया जाता है।

हरियाणा पुलिस ने अतीत में बहादुरी के साथ आतंकवाद का मुकाबला किया है और सभी प्रकार की चुनौतियों के खिलाफ प्रभावी ढंग से कार्य करना जारी रखा है। कभी-कभी जब कोई पुलिस अधिकारी अपना घर छोड़ देता है, तो वह नहीं जानता कि क्या उम्मीद की जाए। फिर भी वह ड्यूटी के आह्वान के लिए आगे बढ़ता है। उदाहरण के लिए, हरियाणा सशस्त्र पुलिस के हेड कांस्टेबल अजायब सिंह, जो 31 अगस्त 1995 को हरियाणा सिविल सचिवालय, चंडीगढ़ में हुए बम हमले में तत्कालीन मुख्यमंत्री पंजाब, श्री बेअंत सिंह के साथ शहीद हो गए थे। हरियाणा पुलिस को इसका खामियाजा भुगतना पड़ा। अपने पड़ोसी राज्य पंजाब से आतंकवाद। हरियाणा के कई पुलिस अधिकारियों ने आतंकवाद से लड़ते हुए सर्वोच्च बलिदान दिया है। उदाहरण के लिए, फरवरी 1992 में बरारा, अंबाला में आतंकवादियों से लड़ते हुए शहीद हुए चार बहादुर पुलिस अधिकारी। ये बहादुर दिल हेड कांस्टेबल महावीर सिंह, कांस्टेबल रघुबीर सिंह, कांस्टेबल गुरमेज सिंह और कांस्टेबल सूरज भान थे। तब से आतंकवाद पृष्ठभूमि में फीका पड़ गया है, लेकिन पुलिस अधिकारियों का दैनिक जीवन में असामाजिक तत्त्वों और सशस्त्र बदमाशों से निपटना जारी है।

16 जनवरी, 2019 को राष्ट्रीय पुलिस स्मृति-दिवस पर चाणक्यपुरी, नई दिल्ली में हरियाणा पुलिस द्वारा आयोजित कार्यक्रम मे हरियाणा के माननीय मुख्यमंत्री श्री मनोहर लाल शहीदी स्मारक पर पुष्प अर्पित करते हुए

16 जनवरी, 2019 को पुलिस शहीदी स्मारक, चाणक्यपुरी, नई दिल्ली में शहीदी दिवस पर हरियाणा पुलिस के जवान द्वारा परेड की गई

पुलिस तेजी से एक बहुआयामी और जीवन-धमकीवाली नौकरी बन गई है जिसमें विशेष संचालन की आवश्यकता होती है। चाहे वह उटावर, मेवात के कांस्टेबल उमर मोहम्मद का मामला हो, जिन्होंने फरवरी 2008 में असामाजिक तत्त्वों से लड़ते हुए सर्वोच्च बलिदान दिया था, या सहायक उप-निरीक्षक ओम प्रकाश का मामला हो, जो पलवल से मथुरा जिला अदालतों में विचाराधीन कैदियों को ले जाते समय शहीद हो गए थे। फरवरी 2011 में, पुलिस अधिकारी शामिल जोखिमों को समझते हैं, लेकिन उन्हें सौंपे गए कठिन कार्यों को करने के लिए आगे बढ़ते हैं। ऐसे कई अन्य अधिकारी हैं, जो खतरनाक परिस्थितियों या मौत का सामना करते हैं, जो पुलिस नाके को चलाने, गश्त करने, छापे मारने, अवैध खनन की जाँच करने, वी.आई.पी. की रक्षा करने, विधानसभा की रक्षा करने, लुटेरों से लड़ने, या उन्हें सौंपे गए अन्य कर्तव्यों का पालन करने के अपने नियमित पुलिस कर्तव्यों का पालन करते हैं।

हरियाणा का बड़ा हिस्सा अब राष्ट्रीय राजधानी क्षेत्र दिल्ली में है, जहाँ आतंकवादियों और राष्ट्रविरोधी तत्त्वों का खतरा मौजूद है। अन्य खतरों में गैंगस्टर और असामाजिक तत्त्वों की गतिविधियाँ शामिल हैं। हरियाणा पुलिस का प्रशिक्षण और कार्य संस्कृति पुरुषों को चुनौतियों का सामना करने के लिए तैयार करती है और सबसे बड़े खतरे के सामने संकोच नहीं करने के लिए तैयार करती है। नवंबर 1966 में हरियाणा के गठन के बाद से, कुल 81 पुलिसकर्मियों ने कर्तव्य की पंक्ति

में सर्वोच्च बलिदान दिया है। इन बहादुर दिलों पर हरियाणा के लोगों को गर्व है। आज हम राज्य में जो सुरक्षा का वातावरण देखते हैं, वह इन वीरों के कर्तव्य की भावना के कारण है।

हरियाणा सरकार अपने कर्तव्यों के दौरान शहीदों और घायल पुलिसकर्मियों को सम्मानित करती है। पुलिसकर्मियों के लिए उपलब्ध सामान्य बीमा योजनाओं के अलावा, हरियाणा सरकार ने जनवरी 2000 में असामाजिक तत्त्वों से लड़ते हुए या प्राकृतिक आपदाओं के दौरान सार्वजनिक जीवन और संपत्ति को बचानेवाले पुलिस अधिकारियों की विधवा/आश्रितों को 5 लाख रुपए मंजूर किए। या अन्य परिस्थितियाँ। इसी प्रकार उपरोक्त कार्यों में शामिल घायल अधिकारियों को 3 लाख रुपए स्वीकृत किए गए। 2006 और 2010 में इस राशि को बढ़ाकर क्रमशः 7.5 लाख रुपए और फिर 10 लाख रुपए कर दिया गया था। फिलहाल सरकार ने शहीद की विधवा/आश्रित को 20 लाख रुपए और शहीद के माता-पिता को 5-5 लाख रुपए देने की घोषणा की है। इस प्रकार शहीद के परिवार को कुल 30 लाख रुपए का भुगतान किया जाता है। हालाँकि, शहीद द्वारा किए गए बलिदान का कोई मूल्य नहीं जोड़ा जा सकता। यह उन लोगों के लिए सम्मान और प्रशंसा की भावना है, जो कर्तव्य की पंक्ति में सर्वोच्च बलिदान करते हैं ताकि हममें से बाकी लोग शांति से रह सकें। अगर ऐसे बहादुर दिल नहीं होते, तो समाज में एक सुरक्षित जीवन जीना असंभव होता।

16 जनवरी, 2019 को राष्ट्रीय पुलिस स्मृति-दिवस पर चाणक्यपुरी, नई दिल्ली में हरियाणा पुलिस द्वारा आयोजित कार्यक्रम मे माननीय मुख्यमंत्री श्री मनोहर लाल द्वारा शहीदी स्मारक पर श्रद्धांजलि दी गई

शहीदों को याद करने से देशभक्ति और देश से जुड़ाव की भावना जागृत होती है। जिन वीरों ने सर्वोच्च बलिदान दिया है, वे शायद उस खतरे के बारे में जानते थे जिसका उन्होंने सामना किया था, फिर भी उन्होंने अपने कर्तव्य का पालन करना जारी रखा, क्योंकि किसी भी अन्य से बड़ी प्रतिबद्धता थी, अर्थात् देश का प्यार और इसके लोगों का प्यार। यह वह प्रेरणा है, जो दूसरे लोगों को आकर्षित कर सकती है और वे देश के लिए काम जारी रखने के लिए प्रेरित हो सकते हैं।

पुलिस लाइन सोनीपत में बना शहीद स्मारक जहाँ प्रत्येक वर्ष शहीदों को याद किया जाता है व श्रद्धांजलि दी जाती है

नाम	:	योगराज
रैंक और यूनिट	:	ए.एस.आई., जींद
पिता का नाम	:	श्री अमरनाथ
माता का नाम	:	श्रीमती वीराँ वाली
मूल स्थान	:	गाँव कल्ली, थाना छपार, जिला अंबाला, हरियाणा।
पता	:	मकान 672, प्रेम नगर, करनाल जिला हरियाणा।
शहादत का स्थान	:	एन.आई.टी. फरीदाबाद, जिला फरीदाबाद, हरियाणा।
जन्म तिथि	:	17 नवंबर, 1927
पुलिस विभाग में शामिल होने की तिथि	:	19 जनवरी, 1949
शहादत तिथि	:	27 सितंबर, 1976

जीवन परिचय

शहीद योगराज का जन्म 17 नवंबर, 1927 को गाँव मोगरसुल, भावुदीन मंडी के पास, तहसील फालिया-गुजरात में (वर्तमान पाकिस्तान में स्थित) हुआ था। शहीद योगराज ने अपनी प्रारंभिक शिक्षा अपने गाँव मोगरसुल से ही प्राप्त की थी। भारत-पाकिस्तान विभाजान के पश्चात् उनका परिवार अंबाला में आकर रहने लगा था। शहीद योगराज 6 फीट 3 इंच के लंबे-तगड़े जवान थे। शहीद योगराज अपनी मेहनत से 1949 में पुलिस विभाग में भर्ती हुए। योगराज ने अपना प्रशिक्षण, फिल्लौर पुलिस प्रशिक्षण केंद्र से पूर्ण किया। उन्होंने अपनी पदोन्नति के कोर्स लोअर स्कूल

कोर्स व इंटरमीडिएट स्कूल कोर्स भी फिल्लौर से ही किए थे। शहीद योगराज की पुलिस विभाग में रहते हुए नारनौंद, लौहारु, बावल, पुन्हाना झिरका, गुड़गाँव सदर, जींद व एन.आई.टी. फरीदाबाद आदि जगहों पर तैनाती रही।

परिवार

शहीद योगराज का विवाह सन् 1950 में श्रीमती निर्मला देवी से हुआ। शहीद योगराज के परिवार के अधिकतर लोग पुलिस सेवा में कार्यरत थे। शहीद योगराज के अलावा परिवार में पाँच भाई और एक बहन थी। पिसौरी लाल (भाई) हरियाणा पुलिस में कार्यरत थे व उप.नि. के पद से सेवानिवृत्त हुए थे। कस्तूरी लाल (भाई) खुद का व्यवसाय करते थे। पृथ्वीराज (भाई) हरियाणा पुलिस जी.आर.पी. से मु. सिपाही से सेवानिवृत्त हुए थे। सतपाल (भाई) हरियाणा पुलिस मधुबन से उप.नि. पद से सेवानिवृत्त हुए थे। कुलदीप राय (भाई) वकील के पद पर थे। प्राणप्यारी (बहन) शादीशुदा थी।

शहीद योगराज के परिवार में 4 पुत्रियाँ—स्नेहलता, सुमन बाला, मोहिनी, नीरू व 2 पुत्र अरविंद, राजेश हैं। शहीद योगराज के बड़े पुत्र भारतीय वायुसेना से सेवानिवृत्त हैं व छोटे राजेश का अपना खुद का व्यवसाय है। शहीद योगराज के बेटे अरविंद पिता के मार्ग पर चलकर देश व समाज की सेवा करना चाहते थे।

घटना का संक्षिप्त विवरण

शहीद योगराज नं. 22/जींद घटना के समय इंचार्ज पुलिस चौकी नं.-2, एन.आई.टी. फरीदाबाद में तैनात थे। 27 सितंबर, 1976 को एक सूचना प्राप्त हुई थी कि लगभग 400-500 व्यक्ति लाठी, बरछा और कुल्हाड़ी के साथ गाँव शर्शा के पास एकत्रित हुए हैं। पुलिस पार्टी के साथ शहीद योगराज घटनास्थल पर पहुँचे और भीड़ के बारे में पूछताछ की। एक-दो मिनट के बाद, भीड़ के कुछ लोगों ने पुलिस पार्टी पर हमला कर दिया। लोगों ने दावा किया कि वे शिवकुमार दांगी, नाथू हिंदुस्तव, वकुम फैक्टरी, लालजी गिर फैक्टरी, नंद किशोर एस्कॉर्ट फैक्टरी, ऋषि त्यागी आदि के समर्थन में एकत्रित हुए थे, जो ईस्ट इंडिया में काम कर रहे थे और भीड़ में मौजूद थे। पुलिस बल अपनी सुरक्षा में पीछे हट गया और शहीद योगराज भीड़ में डटे रहे, लेकिन इस प्रक्रिया में शहीद योगराज गिर गए। भीड़ तितर-बितर करने के बाद पुलिस पार्टी घटनास्थल पर आई। शहीद योगराज ने अपने कर्तव्यों का निर्वहन साहस के साथ किया और शहीद योगराज गंभीर चोटों के कारण वीरगति को प्राप्त हुए।

नाम : करनैल सिंह
रैंक व यूनिट : प्रधान सिपाही, कुरुक्षेत्र
पिता का नाम : श्री शोंकू राम
माता का नाम : श्रीमती किशनी देवी
जन्म स्थान : बड़ा गाँव, तहसील नारायणगढ़, जिला अंबाला।
पता : म.नं. 373, सेक्टर-3, जिला कुरुक्षेत्र
शहादत का स्थान : गाँव चकू लदाना, थाना गुहला, जिला कैथल
जन्म तिथि : 04 अगस्त, 1949
पुलिस विभाग में शामिल होने की तिथि : 12 जनवरी, 1971
शहादत की तिथि : 01 अगस्त, 1979

जीवन परिचय

शहीद करनैल सिंह का जन्म 04 अगस्त, 1949 को बड़ा गाँव, तहसील नारायणगढ़, जिला अंबाला में हुआ। शहीद करनैल सिंह के पिताजी लकड़ी का व्यापार करते थे। सयुंक्त परिवार होने की वजह से आर्थिक स्थिति कमजोर थी। शहीद करनैल सिंह ने अपने गाँव (बड़ा गाँव) से दसवीं की परीक्षा पास की। शहीद करनैल सिंह, 12 जनवरी, 1971 को हरियाणा पुलिस में भर्ती हुए थे।

परिवार

शहीद करनैल सिंह का विवाह 08 मई, 1975 को गाँव रछेड़ी, जिला अंबाला में श्रीमती सुरेंद्र कौर से हुआ। शहीद करनैल सिंहजी के तीन भाई व चार बहनें थीं।

सन् 1991 में इनका परिवार जिला कुरुक्षेत्र में आ गया। शहीद करनैल सिंह के परिवार में दो पुत्रियाँ श्रवण कौर, जसबीर कौर व एक पुत्र धर्मबीर सिंह हैं। शहीद करनैल सिंह के पुत्र को हरियाणा पुलिस में क्लर्क के पद पर 08 जनवरी, 2002 को भर्ती किया गया व अभी पुलिस मुख्यालय सै.-6, पंचकुला में तैनात हैं।

घटना का संक्षिप्त विवरण

01 अगस्त, 1979 को गाँव चकू लदाना, थाना गुहला, जिला कुरुक्षेत्र (अब जिला कैथल में) में एक जमीनी विवाद नराता राम व रामचंद्र के बीच चल रहा था। जिसके परिणामस्वरूप गाँव में दो पक्ष बन गए व आपस में भिड़ गए। उसी समय प्रबंधक थाना उपनि. अमीर सिंह, स.उ.नि. देवी सिंह, स.उ.नि. कृष्ण, मु.सि. करनैल सिंह, मु.सि. वेदप्रकाश, मु.सि. धर्मसिंह व सि. अवतार सिंह मौके पर पहुँचे। दोनों पक्ष आपस में लड़ रहे थे और लड़ते-लड़ते पुलिस पर भी हमला कर दिया। जिसमें मु.सि. करनैल सिंह की छाती में अचानक चोट लग गई। जिस कारण मु.सि. करनैल सिंह मौके पर ही शहीद हो गए।

नाम : संतोख राज
रैंक और यूनिट : सिपाही, अंबाला
पिता का नाम : श्री तेजराम
माता का नाम : श्रीमती तन्नी देवी
मूल स्थान : 7ए, हरीनगर, अंबाला कैंट, थाना महेश नगर।
पता : गाँव मदीन पुर थाना तारागढ़, पठानकोट।
शहादत का स्थान : अंबाला कैंट, जिला अंबाला, राज्य हरियाणा।
जन्म तिथि : 10 सितंबर, 1957
पुलिस विभाग में शामिल होने की तिथि : 15 अक्तूबर, 1979
शहादत की तिथि : 19 अप्रैल, 1984

जीवन परिचय

शहीद संतोख राज का जन्म 10 सितंबर, 1957 को गाँव बादीयापुर, तहसील गुरदासपुर में एक किसान के घर हुआ था। शहीद संतोख राज ने दसवीं तक की शिक्षा गाँव के सरकारी स्कूल से ही प्राप्त की थी। जन्म से ही शहीद संतोख राज की रुचि भारतीय सेना में भर्ती होने की थी। 15 अक्तूबर, 1979 को उनका हरियाणा पुलिस विभाग में चयन हुआ था व अंबाला जिले में तैनाती हुई थी। शहीद संतोख राज बचपन से ही निडर व साहसी थे।

परिवार

शहीद संतोख राज के परिवार में पाँच भाई स्व. नानक चंद, स्व. त्रिशाल कुमार, चिमनलाल, स्व. केवल कृष्ण और एक बहन स्व. राजकरनी थी। शहीद

संतोख राज अपने पिता की 5वीं संतान थे। शहीद संतोख राज शहादत के समय अविवाहित थे।

घटना का संक्षिप्त विवरण

19 अप्रैल, 1984 को सिपाही संतोख राज, ए.एस.आई. शिव सिंह के साथ अंबाला कैंट में ड्यूटी पर तैनात थे, तब उनको सूचना प्राप्त हुई कि कुछ आतंकवादी आनेवाले हैं। सिपाही संतोख राज ने सूचना प्राप्त होने पर उस स्थान पर चैकिंग करनी शुरू कर दी। अचानक आतंकवादियों ने उन पर स्वचालित हथियारों से हमला कर दिया और सिपाही संतोख राज मौके पर ही शहीद हो गए ।

नाम : जस्सा राम
रैंक और यूनिट : सिपाही, सिरसा
पिता का नाम : श्री हुकमी चंद
माता का नाम : श्रीमती कस्तूरी देवी
जन्म स्थान : गाँव भाटोल जाटान, तहसील हाँसी, जिला हिसार
पता : गाँव भाटोल जाटान, थाना सदर हाँसी, जिला हिसार
शहादत का स्थान : दरियापुर, जिला फतेहाबाद, हरियाणा।
जन्म तिथि : 05 जनवरी, 1955
पुलिस विभाग में शामिल होने की तिथि : 13 सितंबर, 1976
शहादत की तिथि : 07 जुलाई, 1987

जीवन परिचय

शहीद जस्सा राम का जन्म 5 जनवरी, 1955 को हिसार जिले की तहसील हाँसी के गाँव भाटोल जाटान में हुआ। उनके पिता व दादा का व्यवसाय मजदूरी था। शहीद जस्सा राम के परिवार की आर्थिक स्थिति बहुत ही कमजोर थी। इसलिए बचपन में उन्हें बहुत सारी कठिनाइयों का सामना करना पड़ा। शहीद जस्सा राम के परिवार के पास मजदूरी के अलावा आमदनी का कोई भी साधन नहीं था। शहीद जस्सा राम ने अपनी आर्थिक कठिनाइयों का सामना करते हुए राजकीय उच्च विद्यालय भाटोल खरकड़ा से अपनी दसवीं की परीक्षा पास की। शहीद जस्सा राम का स्वभाव बहुत ही सीधा व सरल था व सबसे मिलजुल कर रहनेवाले, मधुरभाषी और कठिन परिश्रमी थे।

परिवार

शहीद जस्सा राम की शादी सन् 1975 में श्रीमती छन्नो देवी से हुई। शहीद जस्सा राम के पाँच भाई व तीन बहनें थीं। उनके परिवार में तीन पुत्र विनोद कुमार, पवन कुमार और प्रवीन कुमार हैं। सन् 2002 में शहीद जस्सा राम के सबसे बड़े पुत्र को उनकी जगह हरियाणा पुलिस में सिपाही के पद पर भर्ती किया गया, जो वर्तमान में जिला भिवानी में कार्यरत हैं। शहीद जस्सा राम की पत्नी बड़े पुत्र के साथ सरकारी क्वार्टर में रह रही हैं। शहीद जस्सा राम का दूसरा पुत्र एल.एल.बी. करके रोहतक में वकालत कर रहा है। शहीद जस्सा राम का तीसरा पुत्र बी.एससी. करके प्राइवेट नौकरी कर रहा है।

घटना का संक्षिप्त विवरण

सिपाही जस्सा राम, जिला पुलिस सिरसा की परिवहन शाखा में बतौर चालक नियुक्त थे। सिपाही जस्सा राम 07 जुलाई, 1987 को सरकारी कार्य से बस में सवार होकर सिरसा से हिसार की तरफ जा रहे थे। शाम करीब 7:10 बजे हरियाणा राज्य परिवहन की बस, जो सिरसा से हिसार जा रही थी और एक बस दिल्ली से सिरसा की ओर जा रही थी, उसी दौरान चार उग्रवादियों ने जी.टी. रोड बाहाद रक्बा दरियापुर में दोनों बसों को रुकवाकर लूटपाट शुरू कर दी और 36 निर्दोष लोगों पर अंधाधुंध गोलियाँ चलाकर हत्या कर दी। उसी बस में सवार जस्सा राम ने अपनी जान की परवाह किए बगैर बहादुरी से उग्रवादियों को दबोचने का प्रयास किया, पर सामने से दूसरे उग्रवादी ने अंधाधुंध गोलियाँ चलाईं, जिसमें सिपाही जस्सा राम मौके पर ही शहीद हो गए।

नाम : राव रणबीर सिंह
रैंक और यूनिट : उपपुलिस अधीक्षक
पिता का नाम : श्री रती राम सूबेदार
माता का नाम : श्रीमती श्रवण देवी
मूल स्थान : गाँव दिनोद थाना सदर भिवानी, जिला भिवानी, हरियाणा।
पता : म.नं. 401, सैक्टर-14, गुड़गाँव, जिला गुड़गाँव।
शहादत का स्थान : सूरजपुर सीमेंट फैक्टरी, पिंजौर, जिला पंचकुला।
जन्म तिथि : 20 फरवरी, 1938
पुलिस विभाग में शामिल होने की तिथि : 01 अप्रैल, 1961
शहादत की तिथि : 31 मार्च, 1989

जीवन परिचय

शहीद राव रणबीर सिंह का जन्म 20 फरवरी, 1938 को गाँव दिनोद, जिला भिवानी में हुआ था। शहीद राव रणबीर सिंह के पिता भारतीय सेना से सूबेदार के पद से सेवानिवृत्त थे। बचपन में शहीद राव रणबीर सिंह ने अपनी खेती का काम सँभाला हुआ था व अपनी प्राथमिक शिक्षा गाँव दिनोद से की, उसके बाद मिडिल तक की पढ़ाई बापोड़ा से प्राप्त की। शहीद राव रणबीर सिंह ने 10+2 की पढ़ाई जिला भिवानी के टी.आई.टी. सीनियर सैकेंडरी स्कूल में की। पढ़ाई के दौरान इन्होंने स्कूल की वॉलीबॉल टीम में भाग लिया हुआ था। कॉलेज की पढ़ाई वैश्य कॉलेज, भिवानी

से की। ये स्कूल व कॉलेज की वॉलीबॉल टीम के बहुत होनहार खिलाड़ी थे। राव रणबीर सिंह ने बहुत मेहनत और लगन के साथ पढ़ाई की तथा 01 अप्रैल, 1961 को ए.एस.आई. के पद पर तैनात हुए। इन्होंने अपनी पुलिस की ट्रेनिंग फिल्लौर में की। ट्रेनिंग खत्म होने से 15 दिन पहले इनके पिता का देहांत हो गया था, लेकिन फिर भी इन्होने अपनी ट्रेनिंग लगन व बहादुरी से की। इन्होंने अपनी ड्यूटी कई स्थानों जैसे पेहवा, कुरुक्षेत्र, घरोंडा व पंचकुला में की। कई जगह पर इन्होंने थाना प्रभारी के पद पर कार्य किया था।

परिवार

शहीद राव रणबीर सिंह की शादी गाँव जमावड़ी, जिला हिसार में श्रीमती रामप्यारी से हुई। उनके छोटे भाई सेवानिवृत्त प्रो. श्री राजपाल सिंह यादव, गाँव दिनोद में सरपंच पद का कार्य सँभाले हुए हैं। शहीद राव रणबीर सिंह के परिवार में तीन पुत्रियाँ संतोष, सरोज, सुमन व दो पुत्र कृष्ण कुमार व दीपक कुमार हैं। शहीद राव रणबीर सिंह के बड़े पुत्र पुलिस महानिरीक्षक पद पर तैनात हैं। शहीद राव रणबीर सिंह का परिवार बहुत समृद्ध व खुशहाल है।

घटना का संक्षिप्त विवरण

31 मार्च, 1989 को डी.एस.पी. राव रणबीर सिंह को नियंत्रण कक्ष चंडीगढ़ से जानकारी मिली कि कुछ आतंकवादियों ने निदेशक कृषि के कार्यालय से सात लाख रुपए लूट लिये हैं, जब डी.एस.पी. सूरजपुर सीमेंट फैक्टरी के पास पहुँचे तो उन्होंने एक वैन को कालका की ओर जाते देखा। पुलिस अधिकारी ने चालक को वैन का पीछा करने का निर्देश दिया, जब पुलिस वाहन उनकी वैन से आगे निकलने का प्रयास कर रहा था तो वैन में सवार आतंकवादियों ने सरकारी वाहन पर गोलीबारी शुरू कर दी। इस फायरिंग में चालक सिपाही रामसिंह मौके पर ही शहीद हो गए और डी.एस.पी. राव रणबीर सिंह गंभीर रूप से घायल हो गए थे और पी.जी.आई. चंडीगढ़ में इलाज के दौरान शहीद हो गए। इस दुर्घटना की प्रथम सूचना रिपोर्ट नं. 35 दिनांक 31 मार्च, 1989 को थाना पिंजौर में दर्ज की गई। पी.जी.आई. चंडीगढ़ में इलाज के दौरान डी.एस.पी. राव रणबीर सिंह शहादत को प्राप्त हो गए।

नाम : राम सिंह
रैंक और यूनिट : सिपाही, अंबाला
पिता का नाम : श्री शादी राम
माता का नाम : श्रीमती नत्थी देवी
मूल स्थान : म.नं. 315/बी, पुलिस लाइन अंबाला शहर, जिला अंबाला।
पता : गाँव जाजनपुर थाना ढांड, जिला कैथल राज्य- हरियाणा।
शहादत का स्थान : सूरजपुर सीमेंट फैक्टरी, पिंजौर, जिला पंचकुला राज्य हरियाणा।
जन्म तिथि : 06 जून, 1954
पुलिस विभाग में शामिल होने की तिथि : 01 सितंबर, 1974
शहादत की तिथि : 31 मार्च, 1989

जीवन परिचय

शहीद राम सिंह का जन्म एक साधारण परिवार में दिनांक 06 जून, 1954 को गाँव जाजनपुर, थाना ढांड, जिला कैथल में हुआ। शहीद राम सिंह ने अपनी प्रारंभिक शिक्षा अपने गाँव जाजनपुर से ही प्राप्त की थी और वे पढ़ाई के साथ-साथ शारीरिक मेहनत भी करते थे। शहीद राम सिंह अपने माता-पिता की खेती में व घरेलू कार्यों में भी मदद करते थे। शहीद राम सिंह को देशभक्ति, ईमानदारी व कर्तव्यनिष्ठा के गुण अपने माता-पिता से ही प्राप्त हुए थे। शहीद राम सिंह का बैल्ट फोर्स में भर्ती होने का सपना बचपन से ही था और एक दिन शहीद राम सिंह हरियाणा पुलिस में भर्ती

हो गए। शहीद राम सिंह 01 सितंबर, 1974 को हरियाणा पुलिस में सिपाही के पद पर भर्ती हुए और सिपाही राम सिंह ने अपनी ट्रेनिंग पूरी होने के बाद पुलिस विभाग में काफी सराहनीय कार्य किए।

परिवार

शहीद राम सिंह का विवाह श्रीमती ओमपति से हुआ। शहीद राम सिंह के परिवार में एक पुत्र टिंकम सिंह व एक पुत्री रीना हैं। शहीद राम सिंह के दोनों बच्चे शादीशुदा हैं व शहीद राम सिंह का बेटा हरियाणा पुलिस में नौकरी करता है। शहीद राम सिंह का परिवार वर्तमान में अपने पैतृक गाँव में ही रहता है।

घटना का संक्षिप्त विवरण

सिपाही राम सिंह 31 मार्च, 1989 को डी.एस.पी. राव रणबीर सिंह के साथ चालक के रूप में तैनात थे। कुछ आतंकवादियों ने निदेशक कृषि के कार्यालय से सात लाख रुपए की लूट की थी। उस जानकारी पर डी.एस.पी. रणबीर सिंह अपने चालक सिपाही राम सिंह के साथ क्षेत्र में जाँच करने और पता लगाने के लिए रवाना हुए, जब उनकी जीप सूरजपुर सीमेंट फैक्टरी के पास पहुँची तो उन्होंने एक नीले रंग की मारुति वैन को कालका की ओर जाते देखा। डी.एस.पी. रणबीर सिंह द्वारा निर्देशित, उन्होंने मारुति वैन का पीछा करना शुरू कर दिया। जब पुलिस टीम वैन से आगे निकलने का प्रयास कर रही थी तो वैन में सवार आतंकवादियों ने सरकारी वाहन पर गोलीबारी शुरू कर दी। इस फायरिंग में चालक सिपाही रामसिंह गंभीर रूप से घायल हो गए और मौके पर ही शहीद हो गए। 31 मार्च, 1989 का दिन शहीद राम सिंह के गौरव व बलिदान का दिन था, जो हरियाणा पुलिस के इतिहास के पन्नों पर सुनहरे अक्षरों में लिखा गया।

नाम : ताराचंद
रैंक और यूनिट : प्रधान सिपाही
पिता का नाम : श्री हरजंस
माता का नाम : श्रीमती मनभरी
मूल स्थान : गाँव सिसाना, जिला सोनीपत, राज्य हरियाणा
पता : गाँव सिसाना, खरखोदा, जिला सोनीपत, राज्य हरियाणा
शहादत का स्थान : कोर्ट परिसर, अंबाला शहर, राज्य हरियाणा।
जन्म तिथि : 04 अप्रैल, 1941
पुलिस विभाग में शामिल होने की तिथि : 15 अप्रैल, 1960
शहादत की तिथि : 12 अप्रैल, 1989

जीवन परिचय

शहीद ताराचंद का जन्म 04 अप्रैल, 1941 को एक साधारण किसान परिवार में गाँव सिसाना, जिला सोनीपत में हुआ था। शहीद ताराचंद को शिक्षा अपने परिवार से ही प्राप्त हुई थी। उनका परिवार पहलवानी पर ज्यादा ध्यान देता था। शहीद ताराचंद अपने पिता को पहलवानी करते देख खुद भी पहलवानी करने लगे और धीरे-धीरे शहीद ताराचंद अंतरराष्ट्रीय पहलवान बन गए और काफी पदक भी जीते। शहीद ताराचंद के परिवार की इच्छा थी कि उनका बेटा किसी बैल्ट फोर्स में भर्ती हो जाए। शहीद ताराचंद 15 अप्रैल, 1960 को हरियाणा पुलिस विभाग में खेल कोटे से सिपाही पद पर भर्ती हुए और खेल-कूद के दौरान शहीद ताराचंद ने देश-विदेश में काफी पदक जीतकर हरियाणा पुलिस का नाम रोशन किया।

परिवार

शहीद ताराचंद का विवाह सन् 1960 में श्री चंदगी राम की पुत्री श्रीमती खजानी देवी से हुआ। शहीद ताराचंद के परिवार में पाँच पुत्र हैं। शहीद ताराचंद का पुत्र राजेश्वर, रोजगार विभाग में हैडक्लर्क है व दूसरा पुत्र नरेंद्र हरियाणा पुलिस में ए.एस.आई. पद पर है। शहीद ताराचंद के दो पुत्र राजपाल व अशोक खेतीबाड़ी का काम करते हैं व छोटा पुत्र संदीप एक प्राइवेट कंपनी में कार्यरत है।

घटना का संक्षिप्त विवरण

12 अप्रैल, 1989 को शहीद ताराचंद व अन्य मुलाजमान एस्कोर्ट गार्द ड्यूटी के लिए पुलिस लाइन अंबाला से जिला अदालत अंबाला में मुलजिम पेशी के लिए तैनात थे। दोपहर करीब 2 बजे ताराचंद व अन्य मुलाजमान कोर्ट के सामने पार्क में अपनी ड्यूटी पर खड़े थे। इतने में अचानक एक सफेद रंग के वाहन में चार सरदार आए और सभी के पास हथियार थे। उन्होंने एस्कोर्ट गार्द ड्यूटी पर खड़े सभी मुलाजमानों पर फायरिंग शुरू कर दी। एक गोली प्रधान सिपाही ताराचंद के सिर में लगी और प्रधान सिपाही ताराचंद मौके पर ही शहीद हो गए। 12 अप्रैल, 1989 को शहीद ताराचंद का बलिदान हरियाणा पुलिस के इतिहास के पन्नों पर सुनहरे अक्षरों में लिखा जाएगा।

नाम	:	सतबीर सिंह
रैंक और यूनिट	:	प्रधान सिपाही, यमुनानगर
पिता का नाम	:	श्री हैमराज
माता का नाम	:	श्रीमती शांति देवी
मूल स्थान	:	गाँव ऐचरा कलाँ, सफीदों, जिला जींद, हरियाणा
पता	:	गाँव ऐचरा कलाँ, सफीदों, जिला जींद, हरियाणा
शहादत का स्थान	:	गाँव मारवा खुर्द, जिला यमुनानगर, हरियाणा।
जन्म तिथि	:	02 जून, 1954
पुलिस विभाग में शामिल होने की तिथि	:	01 सितंबर, 1974
शहादत की तिथि	:	30 अगस्त, 1990

जीवन परिचय

शहीद सतबीर सिंह का जन्म 02 जून, 1954 को गाँव ऐचरा कलाँ, जिला जींद में एक किसान परिवार में हुआ था। शहीद सतबीर सिंह ने प्रारंभिक शिक्षा अपने गाँव में ही पास की थी। सतबीर सिंह खेलों में बहुत रुचि रखते थे। वह कबड्डी के बहुत अच्छे खिलाड़ी थे और कई बार खेलों में अपने गाँव का नाम रोशन किया।

शहीद सतबीर सिंह फौज या पुलिस में भर्ती होना चाहते थे। 01 सितंबर, 1974 को वे पुलिस में भर्ती हो गए। सारे परिवार व गाँव में खुशी की लहर दौड़ गई। सतबीर सिंह ने पुलिस विभाग में बड़ी ईमानदारी से नौकरी की।

परिवार

शहीद सतबीर सिंह का विवाह श्रीमती राजवंती से हुआ। शहीद सतबीर सिंह

चार भाई थे, जिनमें शहीद सतबीर सिंह सबसे बड़े थे। चारों भाइयों में आपस में बहुत प्यार था। शहीद सतबीर सिंह के परिवार में एक पुत्री अनीता व दो पुत्र अनिल कुमार व सुनिल कुमार हैं।

घटना का संक्षिप्त विवरण

30 अगस्त, 1990 को मु.सि. सतबीर सिंह, थाना बिलासपुर में तैनात थे। एक गुप्त सूचना थाना बिलासपुर में टेलीफोन पर प्राप्त हुई कि कुछ नौजवान सिख आतंकवादी असलाह के साथ गुरुद्वारा गाँव मारवा खुर्द में छिपे हुए हैं। सूचना प्राप्त होने पर मु.सि. सतबीर सिंह नं. 30/यमुनानगर, मु.सि. कर्ण सिंह नं. 60/यमुनानगर व अन्य पुलिस कर्मचारियों के साथ मौके पर रेड करने के लिए पहुँच गए और आतंकवादियों के साथ गोलीबारी में मु.सि. कर्ण सिंह नं. 60/यमुनानगर व मु.सि. सतबीर सिंह नं. 30/यमुनानगर शहीद हो गए।

नाम : कर्ण सिंह
रैंक और यूनिट : प्रधान सिपाही, यमुनानगर
पिता का नाम : श्री श्योराम
माता का नाम : श्रीमती राजवंती
मूल स्थान : गाँव माड़खेड़ी, तहसील छछरौली, जिला–यमुनानगर, हरियाणा
पता : 37/1, गोविंदपुरी रोड, जगाधरी, जिला यमुनानगर
शहादत का स्थान : गाँव मारवा खुर्द, जिला यमुनानगर, राज्य हरियाणा
जन्म तिथि : 16 जुलाई, 1956
पुलिस विभाग में शामिल होने की तिथि : 09 मार्च, 1977
शहादत की तिथि : 30 अगस्त, 1990

जीवन परिचय

शहीद कर्ण सिंह का जन्म 16 जुलाई, 1956 को गाँव माड़खेड़ी, तहसील छछरौली, जिला यमुनानगर में हुआ था। शहीद कर्ण सिंह ने दसवीं तक की शिक्षा अपने गाँव के स्कूल से ही प्राप्त की थी। इनकी खेलों में बहुत रुचि थी। शहीद कर्ण सिंह कबड्डी, वॉलीबॉल व शूटिंग में राज्य स्तर पर खेले हुए थे व खेलों में अपने गाँव का नाम रोशन किया था।

शहीद कर्ण सिंह 09 मार्च, 1977 को हरियाणा पुलिस में सिपाही के पद पर भर्ती हुए। शहीद कर्ण सिंह ने पुलिस विभाग में बड़ी ईमानदारी से नौकरी की।

परिवार

शहीद कर्ण सिंह का विवाह श्रीमती शकुंतला देवी से हुआ। शहीद कर्ण सिंह के पाँच भाई व एक बहन थी। शहीद कर्ण सिंह पाँचों भाइयों में सबसे बड़े थे। पाँचों बहन-भाइयों में आपस में काफी प्रेम था। शहीद कर्ण सिंह के परिवार में दो पुत्रियाँ सविता, मनजीत कौर व एक पुत्र विरेंद्र कुमार हैं।

घटना का संक्षिप्त विवरण

30 अगस्त, 1990 को मु.सि. कर्ण सिंह, थाना बिलासपुर में तैनात थे। एक गुप्त सूचना, थाना बिलासपुर में टेलीफोन पर प्राप्त हुई। कुछ नौजवान सिख आतंकवादी असलाह के साथ गुरुद्वारा गाँव मारवा खुर्द में छिपे हुए हैं। सूचना प्राप्त होने पर मु.सि. कर्ण सिंह नं. 60/यमुनानगर व मु.सि. सतबीर सिंह नं. 30/यमुनानगर अन्य पुलिस कर्मचारियों के साथ मौके पर रेड करने के लिए पहुँच गए और आतंकवादियों के साथ गोलीबारी में मु.सि. कर्ण सिंह नं. 60/यमुनानगर व मु.सि. सतबीर सिंह नं. 30/यमुनानगर शहीद हो गए।

नाम : बिजेंद्र सिंह
रैंक और यूनिट : मुख्य सिपाही, कैथल
पिता का नाम : श्री सुबा राम
माता का नाम : श्रीमती नहाली देवी
मूल स्थान : गाँव गोच्छी, थाना बेरी जिला झज्जर, राज्य हरियाणा
पता : गाँव गौंच्छी, थाना बेरी, जिला झज्जर
शहादत का स्थान : डेरा बली सिंह थाना गुल्ला, जिला कैथल हरियाणा
जन्म तिथि : 03 सितंबर, 1952
पुलिस विभाग में शामिल होने की तिथि : 16 नवंबर, 1970
शहादत की तिथि : 07 जुलाई, 1991

जीवन परिचय

शहीद बिजेंद्र सिंह का जन्म 03 सितंबर, 1952 को गाँव गौंच्छी, थाना बेरी, जिला झज्जर में हुआ था। शहीद बिजेंद्र सिंह ने अपनी 9वीं तक की शिक्षा राजकीय उच्च माध्यमिक विद्यालय गोच्छी से उत्तीर्ण की। शहीद बिजेंद्र सिंह पढ़ाई के साथ-साथ खेलों में भी रुचि लेते थे। इन्होंने आगे चलकर कबड्डी में कई प्रशंसा-पत्र हासिल किए।

शहीद बिजेंद्र सिंह 16 नवंबर, 1970 को 18 वर्ष 2 महीने की आयु में हरियाणा पुलिस में बतौर सिपाही के पद पर नियुक्त हुए। शहीद सिपाही बिजेंद्र सिंह को सन् 1977 में गणतंत्र दिवस जींद में आदेशक श्री बी.एस. संधु, भा.पु.से. के

द्वारा श्रेणी–3 योग्यता प्रमाण–पत्र दिया गया। शहीद सिपाही बिजेन्द्र सिंह को थाना लाड़वा, रादौर थानेसर के मुकदमें में गैंग को काबू करने के कारण श्रेणी–3 योग्यता प्रमाण–पत्र दिया गया।

परिवार

शहीद बिजेंद्र सिंह का विवाह 19 मई, 1975 को श्रीमती बिमला देवी के साथ हुआ। शहीद बिजेंद्र सिंह के छह भाई–बहन थे। शहीद बिजेंद्र सिंह के परिवार में एक पुत्र अनिल कुमार व एक पुत्री नीलम देवी हैं। 21 फरवरी, 2003 को शहीद बिजेंद्र सिंह के पुत्र अनिल कुमार को हरियाणा पुलिस विभाग में सिपाही पद पर भर्ती किया गया।

घटना का संक्षिप्त विवरण

07 जुलाई, 1991 को सुबह 7.15 मु.सि. बिजेंद्र सिंह 42/कैथल पुलिस पार्टी के साथ आबकारी तलाशी के लिए डेरा बनी सिंह में गए, जहाँ बली सिंह और उसके सहयोगी हाजिर थे और एक ड्रम लाहन चरी के खेतों में पड़ा था और उन्होंने मु.सि. बिजेंद्र को पाँच हजार रुपए की पेशकश तलाशी न लेने के लिए की, लेकिन मु.सि. बिजेंद्र सिंह ने अपने फर्ज को निभाते हुए पैसे लेने से मना कर दिया और बली सिंह से पूछा की डेरे के पीछे कौन है तो बली सिंह ने बताया कि वहाँ पर तो अमृतधारी सिख है, लेकिन वो तो डेरे के अंदर था। बिजेंद्र सिंह ने ज्वार के खेत में तलाशी लेनी शुरू कर दी, जहाँ आतंकवादी छिपे हुए थे। तलाशी के दौरान आतंकवादियों ने ए.के.–47 राइफल से पुलिस पार्टी पर फायर कर दिया और गोली लगने से मु.सि. बिजेंद्र सिंह घायल होकर जमीन पर गिर गए। उसके बाद सिपाही ऋषि प्रकाश ने मोटरसाइकिल लेकर रामथली चौकी इंचार्ज ए.एस.आई. रामदयाल व डी.एस.पी. साहब को सूचना दी, फिर वहाँ जाकर देखा तो मु.सि. बिजेंद्र सिंह वीरगति को प्राप्त हो चुके थे। शहीद मुख्य सिपाही बिजेंद्र सिंह ने कर्तव्य पालना में अपना जीवन बलिदान कर दिया।

नाम	:	ओमप्रकाश
रैंक और यूनिट	:	सिपाही, तृतीय वाहिनी एच.ए.पी.
पिता का नाम	:	श्री दरिया सिंह
माता का नाम	:	श्रीमती रतनी देवी
जन्म तिथि	:	07 सितंबर, 1965
पुलिस विभाग में शामिल होने की तिथि	:	29 सितंबर, 1989
शहादत की तिथि	:	25 जुलाई, 1991
मूल स्थान	:	गाँव बैधावड़, थाना बरवाला, जिला हिसार, राज्य हरियाणा
पता	:	गाँव बैधावड़, थाना बरवाला, जिला हिसार, राज्य हरियाणा
शहादत का स्थान	:	फग्गू नाका सिरसा जिला सिरसा, राज्य हरियाणा

जीवन परिचय

शहीद ओमप्रकाश का जन्म 07 सितंबर, 1965 को गाँव बैधावड़, जिला हिसार में साधारण किसान के परिवार में हुआ था। शहीद ओमप्रकाश को बचपन से ही समाजसेवा, देशसेवा व कर्तव्यपालन जैसे सदगुण परिवार से ही विरासत में मिले। शहीद ओमप्रकाश बचपन से ही कुशल बुद्धि के, चंचल और मेहनती थे। शहीद ओमप्रकाश ने प्रारंभिक शिक्षा गाँव के राजकीय माध्यमिक विद्यालय से आरंभ की थी और सन् 1983 में दसवीं की परीक्षा पास की व 1985 में बारहवीं की परीक्षा राजकीय वरिष्ठ उच्च विद्यालय बरवाला से पास की। शहीद ओमप्रकाश बहुमुखी

प्रतिभा के धनी थे। शिक्षा के साथ-साथ उन्होंने खेलों में उत्कृष्ट प्रदर्शन किया व कबड्डी के उच्चकोटि के खिलाड़ी थे। देशप्रेम से ओत-प्रोत शहीद ओमप्रकाश के दिल में हरियाणा पुलिस में भर्ती होने और समाजसेवा करने की इच्छा जागी।

शहीद ओमप्रकाश 29 सितंबर, 1989 को हरियाणा पुलिस विभाग में तृतीय वाहिनी एच.ए.पी. में सिपाही पद पर भर्ती हुए। अपनी सेवा के दौरान ईमारदारी व कर्तव्यनिष्ठा का आदर्श प्रस्तुत किया। शहीद ओमप्रकाश की पत्नी ने उनकी याद में गाँव के राजकीय वरिष्ठ माध्यमिक विद्यालय बैधावड़ में पुस्तकालय का निर्माण करवाया। शहीद ओमप्रकाश का जीवन आनेवाली पीढ़ी के लिए प्रेरणा का स्रोत है। पुलिस विभाग शहीद ओमप्रकाश के बलिदान को हमेशा याद रखेगा।

परिवार

शहीद ओमप्रकाश का विवाह श्रीमती कैलो देवी से हुआ था। शहीद ओमप्रकाश के परिवार में दत्तक पुत्र सुनील सिवाच है। सुनील सिवाच भी शहीद ओमप्रकाश के जीवन से प्रेरणा लेते हुए समाजसेवा से जुड़े कार्यों में महत्त्वपूर्ण भूमिका अदा कर रहे हैं।

घटना का संक्षिप्त विवरण

सिपाही ओमप्रकाश को तृतीय वाहिनी हिसार से गाँव बड़ागुड़ा, जिला सिरसा में अस्थायी ड्यूटी पर भेजा गया था और गाँव फग्गू पुलिस नाका पर तैनात किया गया था। 25 जुलाई, 1991 की रात को अचानक कुछ आतंकवादियों ने नाका पर स्वचालित हथियारों से हमला किया और सिपाही ओमप्रकाश ने दुश्मन का मुँहतोड़ जवाब दिया तथा हाथ व पैर में गोली लगने के बावजूद दुश्मन से अंतिम साँस तक लड़ते रहे। बाद में ज्यादा जख्मी होने के कारण कर्तव्य पालना में अपना जीवन बलिदान कर दिया।

नाम :	सज्जन सिंह
रैंक और यूनिट :	सिपाही, तृतीय वाहिनी एच.ए.पी.
पिता का नाम :	श्री मेवा राम
माता का नाम :	श्रीमती दरबारी
जन्म तिथि :	12 जनवरी, 1963
पुलिस विभाग में शामिल होने की तिथि :	04 अक्तूबर, 1989
शहादत की तिथि :	26 जुलाई, 1991
मूल स्थान :	गाँव किरोरी, थाना अग्रोहा, जिला हिसार, राज्य हरियाणा
पता :	गाँव किरोरी, थाना अग्रोहा, जिला हिसार, राज्य हरियाणा
शहादत का स्थान :	फग्गू नाका सिरसा, जिला सिरसा, राज्य हरियाणा

जीवन परिचय

शहीद सज्जन सिंह का जन्म 12 जनवरी, 1963 को गाँव किरोड़ी, जिला हिसार में एक साधारण किसान के घर में हुआ था। शहीद सज्जन सिंह ने समाजसेवा, देशसेवा व कर्तव्य पालन जैसे सदगुण अपने माता-पिता से ही सीखे थे। उनके पिता एक साधारण किसान थे, इसलिए शहीद सज्जन सिंह भी अपने पिता के साथ खेतों में भी कार्य करवाते थे। शहीद सज्जन सिंह हर कार्य में मेहनती थे और बचपन से ही चंचल व सरल स्वभाव के थे। इसलिए वह अपने परिवार के सभी बच्चों में प्रिय थे।

शहीद सज्जन सिंह ने अपनी प्रारंभिक शिक्षा गाँव किरोड़ी के सरकारी स्कूल से शुरू की थी। उन्होंने दसवीं की पढ़ाई 1985-86 में राजकीय उच्च विद्यालय श्यामसुख हिसार से उत्तीर्ण की थी। शहीद सज्जन सिंह पढ़ाई के साथ-साथ खेलों में भी रुचि रखते थे। शहीद सज्जन सिंह का बचपन से ही पुलिस में भर्ती होने का सपना था। सज्जन सिंह ने अपनी बचपन की इच्छा 04 अक्तूबर, 1989 को हरियाणा पुलिस विभाग में सिपाही के पद पर भर्ती होकर पूरी की। सज्जन सिंह हरियाणा पुलिस की तृतीय वाहिनी एच.ए.पी. में भर्ती हुए थे।

परिवार

शहीद सज्जन सिंह का विवाह श्रीमती सुमित्रा देवी से हुआ था। शहीद सज्जन सिंह के परिवार में एक पुत्र आशीष कुमार हैं। शहीद सज्जन सिंह की पत्नी शिक्षा विभाग में लिपिक के पद पर कार्यरत हैं।

घटना का संक्षिप्त विवरण

सिपाही सज्जन सिंह को तृतीय वाहिनी हिसार से गाँव बड़ागुड़ा जिला सिरसा में अस्थायी ड्यूटी पर भेजा गया था और गाँव फग्गू पुलिस नाका पर पंजाब की तरफ से आनेवाले उग्रवादियों को रोकने के लिए तैनात किया गया था। 25 जुलाई, 1991 की रात को अचानक कुछ उग्रवादियों ने अँधेरे का फायदा उठाते हुए नाका पर स्वचालित हथियारों से हमला किया तो सिपाही सज्जन सिंह ने दुश्मन का मुँहतोड़ जवाब दिया और ड्यूटी पर कर्तव्य की पालना करते हुए शहीद हो गए।

नाम : महेंद्र सिंह
रैंक और यूनिट : सिपाही, सिरसा
पिता का नाम : श्री दलीप सिंह
माता का नाम : श्रीमती रेशमा देवी
जन्म तिथि : 01 जनवरी, 1965
पुलिस विभाग में शामिल होने की तिथि : 01 अगस्त,1985
शहादत की तिथि : 26 जुलाई, 1991
मूल स्थान : गाँव इंदाछोई, थाना सदर टोहाना, जिला फतेहाबाद, राज्य हरियाणा
पता : गाँव इंदाछोई, थाना सदर टोहाना, जिला फतेहाबाद, राज्य हरियाणा
शहादत का स्थान : फग्गू नाका सिरसा, जिला सिरसा, राज्य हरियाणा

जीवन परिचय

शहीद महेंद्र सिंह का जन्म 01 जनवरी, 1965 को गाँव इंदाछोई, थाना सदर टोहाना, जिला फतेहाबाद में हुआ। शहीद महेंद्र सिंह के तीन भाई व तीन बहनें थीं। उनके पिताजी खेतीबाड़ी का व्यवसाय करते थे। उनके परिवार की आर्थिक स्थिति अच्छी नहीं थी, इसलिए उन्हें बचपन में बहुत सी कठिनाइयों का सामना करना पड़ा। शहीद महेंद्र सिंह बचपन से ही सरल स्वभाव व कठोर परिश्रमी थे। उन्होंने अपनी दसवीं तक की पढ़ाई राजकीय उच्च विद्यालय टोहाना, भिवानी से पास की।

शहीद महेंद्र सिंह बचपन से ही खेलों में रुचि रखते थे और कबड्डी और कुश्ती खेला करते थे।

शहीद सिपाही महेंद्र सिंह 01 अगस्त, 1985 को हरियाणा पुलिस विभाग में भर्ती हुए व उनकी तैनाती सिरसा में थी। सिपाही महेंद्र सिंह के शहीद होने के बाद उनके पिता दलीप सिंह सन् 2002 में व माता श्रीमती रेशमा देवी का देहांत सन् 2018 में हो गया था। शहीद महेंद्र सिंह का छोटा भाई दलबीर सिंह हरियाणा पुलिस में यूनिट हिसार में तैनात है व एक भाई गाँव इंदाछोई में खेतीबाड़ी का काम करता है।

परिवार

सन् 1988 में, 23 वर्ष की आयु में शहीद महेंद्र सिंह का विवाह गाँव कुलाना, जिला हिसार में श्रीमती लिछमा देवी से हुआ। शहीद महेंद्र सिंह के परिवार में एक पुत्र सुभाष है। सन् 2014 में हरियाणा सरकार ने शहीद महेंद्र सिंह के पुत्र को पिता की जगह हरियाणा पुलिस में सिपाही के पद पर भर्ती किया। शहीद महेंद्र सिंह के पुत्र की यूनिट सिरसा है व पंचकुला में परिवहन शाखा में ड्यूटी कर रहा है। वर्तमान में शहीद महेंद्र सिंह की पत्नी श्रीमती लिछमा देवी को पेंशन भत्ता मिल रहा है और वे अपने बेटे सुभाष के साथ गाँव इंदाछोई में रह रही हैं।

घटना का संक्षिप्त विवरण

सिपाही महेंद्र सिंह पुलिस चौकी रोड़ी, जिला सिरसा में तैनात थे, जिन्हें गाँव फग्गू पुलिस नाका पर तैनात किया गया था। उनके साथ सि. ओमप्रकाश 3/340 और सि. सज्जन सिंह 3/429 भी ड्यूटी पर तैनात थे। यह नाका उग्रवादियों की गतिविधियों पर कड़ी निगरानी रखने के लिए सड़क चौराहा कालावाली—रोड़ी गाँव फग्गू में लगाया हुआ था। 26 जुलाई, 1991 को करीब 11:15 रात्रि को ड्यूटी से फारिग होकर मुलाजमान विश्राम के लिए कमरे में जा रहे थे, तभी घात लगाए उग्रवादियों ने मुलाजमान पर अंधाधुंध गोलियाँ चलानी शुरू कर दी, जिसमें सि. महेंद्र सिंह 860/SRS, सि. ओमप्रकाश 3/340 व सि. सज्जन सिंह 3/429 ने अपनी जान की परवाह किए बगैर उग्रवादियों से मुकाबला किया और गोली लगने के कारण शहीद हो गए।

नाम : कृपाल सिंह
रैंक और यूनिट : सिपाही, अंबाला
पिता का नाम : श्री निहाल सिंह
माता का नाम : श्रीमती प्यारी देवी
मूल स्थान : गाँव हरीगढ़, किंग थाना चीका, जिला कैथल, राज्य हरियाणा
पता : कैथल, जिला कैथल, राज्य हरियाणा
शहादत का स्थान : एयर ड्रम गार्ड पिंजौर जिला पंचकूला, राज्य हरियाणा
जन्म तिथि : 15 मई, 1963
पुलिस विभाग में शामिल होने की तिथि : 15 मार्च, 1989
शहादत की तिथि : 26 जनवरी, 1992

जीवन परिचय

शहीद कृपाल सिंह का जन्म 15 मई, 1963 को एक साधारण परिवार में गाँव हरीगढ़, जिला कैथल में हुआ था। शहीद कृपाल सिंह ने पाँचवीं तक की शिक्षा गाँव के प्राइमरी स्कूल से उत्तीर्ण की, दसवीं की परीक्षा आर.के.एस.डी. कॉलेज से और बारहवीं की परीक्षा डी.ए.वी. कॉलेज, चीका से उत्तीर्ण की थी। गरीबी के कारण शहीद कृपाल सिंह पढ़ाई के साथ-साथ चीका अनाज मंडी में मुनीम की नौकरी भी करते थे। शहीद कृपाल सिंह पढ़ाई के साथ-साथ शारीरिक मेहनत भी करते थे और पूरे परिवार की इच्छा थी कि ये किसी बैल्ट फोर्स में भर्ती हों। शहीद कृपाल सिंह बचपन से ही चंचल व कठोर परिश्रमी थे और

खेलों में रुचि रखते थे। शहीद कृपाल सिंह 15 मार्च, 1989 को एच.ए.पी. में भर्ती हुए।

परिवार

शहीद कृपाल सिंह की शादी श्रीमती रामरती से हुई थी। शादी के तीन महीने बाद ही शहीद कृपाल सिंह वीरगति को प्राप्त को गए थे। शहीद कृपाल सिंह की पत्नी की पंचायती समझौते के तौर पर शहीद कृपाल सिंह के भाई जसपाल के साथ शादी कर दी गई।

घटना का संक्षिप्त विवरण

हरियाणा पुलिस में भर्ती होने के बाद शहीद कृपाल सिंह हवाई अड्डा बसौला पिंजौर जिला पंचकुला में गार्ड ड्यूटी पर तैनात थे। 26 जनवरी, 1992 को शाम 6:30 बजे अपने कुछ साथियों के साथ ड्यूटी पर कार्यरत थे, उस समय दो नौजवान लड़के हवाई अड्डा बसौला पिंजौर में आए और अपने साथ लाए हथियारों से गार्ड ड्यूटी पर तैनात कृपाल सिंह पर गोलियाँ चलानी शुरू कर दीं। गोलियाँ लगने के कारण सिपाही कृपाल सिंह ने मौके पर ही दम तोड़ दिया और अपने प्राण मातृभूमि पर न्योछावर कर दिए।

नाम	:	राजबीर सिंह
रैंक और यूनिट	:	प्रधान सिपाही, अंबाला
पिता का नाम	:	श्री इंद्र सिंह
माता का नाम	:	श्रीमती विधा देवी
मूल स्थान	:	यमुनानगर, जिला यमुनानगर, राज्य हरियाणा
पता	:	गाँव राजहेड़ी, थाना रादौर, जिला यमुनानगर राज्य, हरियाणा
शहादत का स्थान	:	सहजादपुर, जिला अंबाला, राज्य हरियाणा
जन्म तिथि	:	05 अप्रैल, 1956
पुलिस विभाग में शामिल होने की तिथि	:	21 सितंबर, 1982
शहादत की तिथि	:	01 फरवरी, 1992

जीवन परिचय

शहीद राजबीर सिंह का जन्म 05 अप्रैल, 1956 को गाँव राजहेड़ी, जिला यमुनानगर के मध्यम किसान परिवार में हुआ। शहीद राजबीर सिंह ने दसवीं तक की परीक्षा गाँव के स्कूल से ही उत्तीर्ण की थी। शहीद राजबीर सिंह जन्म से ही साहसी, निडर व शांत स्वभाव के थे। देशभक्ति की भावना उनमें कूट-कूटकर भरी हुई थी। 21 सितंबर, 1982 को इनका हरियाणा पुलिस में चयन हुआ था।

परिवार

शहीद राजबीर सिंह का विवाह पुलिस विभाग में नियुक्ति से पहले सन् 1980

में गाँव बड़गाँव, सहारनपुर में श्री कृष्णलाल की पुत्री श्रीमती कमलेश देवी से हुआ। शहीद राजबीर सिंह के तीन भाई थे, बड़े भाई का नाम राजपाल, मँझले का राजबीर व छोटे भाई का नाम धर्मबीर था। शहीद राजबीर सिंह के परिवार में दो पुत्र चंद्रपाल, रमन व एक पुत्री सुमन हैं। शहीद राजबीर सिंह के पुत्र चंद्रपाल को सन् 1993 में एक्सग्रशिया स्कीम के तहत हरियाणा पुलिस में बतौर सिपाही पद पर भर्ती किया गया, जिनकी मृत्यु 2003 में इंटरमीडिएट कोर्स के दौरान सड़क दुर्घटना में हो गई। शहीद राजबीर सिंह का दूसरा पुत्र रमन भी हरियाणा पुलिस में ई.एच.सी. पद पर नियुक्त है व पुत्री सुमन शादीशुदा है।

घटना का संक्षिप्त विवरण

01 फरवरी, 1992 को प्रधान सिपाही राजबीर सिंह एक अधिकारी के साथ बतौर अंगरक्षक नियुक्त था तो थाना सहजादपुर क्षेत्र में आतंकवादियों ने उस अधिकारी की कार पर गोलीबारी कर दी। जिस हमले में अधिकारी, अधिकारी की पत्नी, बेटा व प्रधान सिपाही राजबीर सिंह भी मौके पर ही शहीद हो गए। प्रधान सिपाही राजबीर सिंह ने बहादुरी से डटकर मुकाबला करके अधिकारी व उसके परिवारजनों को बचाने की कोशिश में अपना जीवन बलिदान कर दिया।

नाम : गुरमेज सिंह
रैंक और यूनिट : सिपाही, अंबाला
पिता का नाम : श्री शमशेर सिंह
माता का नाम : श्रीमती महिंद्र कौर
मूल स्थान : चनार्थल, जिला कुरुक्षेत्र, राज्य हरियाणा
पता : गाँव चनार्थल, जिला कुरुक्षेत्र, राज्य हरियाणा
शहादत का स्थान : पुलिस चौकी बराडा, जिला अंबाला, राज्य हरियाणा
जन्म तिथि : 23 मार्च, 1956
पुलिस विभाग में शामिल होने की तिथि : 15 सितंबर, 1980
शहादत की तिथि : 06 फरवरी, 1992

जीवन परिचय

शहीद गुरमेज सिंह का जन्म 23 मार्च, 1956 को गाँव चनार्थल, जिला कुरुक्षेत्र में हुआ था। शहीद गुरमेज सिंह के पिता गाँव में खेतीबाड़ी का काम करते थे। शहीद गुरमेज सिंह ने अपनी पढ़ाई पड़ोस के गाँव चडूनी में की थी। गुरमेज सिंह अपने पिताजी के साथ खेती में बहुत हाथ बँटाते थे और अपने पिता के साथ कंधे-से-कंधा मिलाकर काम करते थे। शहीद गुरमेज सिंह दसवीं तक की परीक्षा पास करके 15 सितंबर, 1980 को पुलिस विभाग में भर्ती हुए थे।

परिवार

शहीद गुरमेज सिंह का विवाह श्रीमती अमरजीत कौर से हुआ था। शहीद गुरमेज सिंह के परिवार में एक पुत्र कुलवंत सिंह व दो पुत्रियाँ सुखविंद्र कौर व राजवंत कौर हैं। शहीद गुरमेज सिंह के पुत्र कुलवंत सिंह हरियाणा पुलिस विभाग में भर्ती हैं व दोनों पुत्रियाँ शादीशुदा हैं।

घटना का संक्षिप्त विवरण

सिपाही गुरमेज सिंह पुलिस चौकी बराड़ा, जिला अंबाला में तैनात थे। 06 फरवरी, 1992 को नियंत्रण कक्ष अंबाला से जानकारी मिली कि कुछ आतंकवादी बराडा में देखे गए हैं। आतंकवादियों को गिरफ्तार करने के लिए एक पुलिस पार्टी में प्रधान सिपाही महावीर सिंह, प्रधान सिपाही सूरजभान, सिपाही रघुबीर सिंह और सिपाही गुरमेज सिंह शामिल थे। चैकिंग के दौरान आतंकवादियों का पीछा किया गया, जिसमें आतंकवादियों ने पुलिस टीम पर हमला कर दिया और आतंकवादियों से मुठभेड़ में सिपाही गुरमेज सिंह ने अपना जीवन बलिदान कर दिया।

नाम : महाबीर सिंह
रैंक और यूनिट : प्रधान सिपाही, अंबाला
पिता का नाम : श्री प्रीत सिंह
माता का नाम : श्रीमती भरतु देवी
मूल स्थान : म.नं.-600, रमेश नगर, जिला करनाल, राज्य हरियाणा
पता : गाँव बिर्चपुर, डाकखाना बिजना, जिला करनाल, राज्य हरियाणा
शहादत का स्थान : पुलिस चौकी बराड़ा, जिला अंबाला, राज्य हरियाणा
जन्म तिथि : 30 मई, 1958
पुलिस विभाग में शामिल होने की तिथि : 29 दिसंबर, 1978
शहादत की तिथि : 06 फरवरी, 1992

जीवन परिचय

शहीद महाबीर सिंह का जन्म 30 मई, 1958 को गाँव बिर्चपुर, डाकखाना बिजना, जिला करनाल में एक साधारण किसान के घर में हुआ। शहीद महाबीर सिंह ने प्रारंभिक शिक्षा गाँव के स्कूल से प्राप्त की थी व बाद में स्नातक (बी.ए) की पढ़ाई करनाल कॉलेज से पूरी की थी। शहीद महाबीर सिंह बचपन से ही बहुत शांत व धैर्यवान थे और उन्हें दौड़ने का बहुत शौक था। 29 दिसंबर, 1978 को शहीद महाबीर सिंह सिपाही पद पर भर्ती हुए थे। प्रशिक्षण के बाद इनकी तैनाती अंबाला में हुई।

परिवार

शहीद महाबीर सिंह का विवाह श्रीमती सतवंती देवी से हुआ था। शहीद महाबीर सिंह के परिवार में एक पुत्र रूपिंदर सिंह व एक पुत्री पूनम है। शहीद महाबीर सिंह की पुत्री शादीशुदा है व पुत्र अपना खुद का प्रॉपर्टी का व्यवसाय करता है।

घटना का संक्षिप्त विवरण

प्रधान सिपाही महाबीर सिंह, पुलिस चौकी बराड़ा, जिला अंबाला में तैनात थे। 06 फरवरी, 1992 को नियंत्रण कक्ष अंबाला से जानकारी मिली कि कुछ आतंकवादी बराड़ा में देखे गए हैं। आतंकवादियों को गिरफ्तार करने के लिए एक पुलिस पार्टी में प्रधान सिपाही महावीर सिंह, प्रधान सिपाही सूरजभान, सिपाही रघुबीर सिंह और सिपाही गुरमेज सिंह शामिल थे। चैकिंग के दौरान आतंकवादियों का पीछा किया गया, जिसमें आतंकवादियों ने पुलिस टीम पर हमला कर दिया और आतंकवादियों से मुठभेड़ में प्रधान सिपाही महाबीर सिंह ने अपना जीवन बलिदान कर दिया।

नाम : रघबीर सिंह
रैंक और यूनिट : सिपाही, अंबाला
पिता का नाम : श्री गुरदयाल
माता का नाम : श्रीमती जसमेरो देवी
मूल स्थान : यमुना नगर, जिला यमुना नगर, राज्य हरियाणा
पता : गाँव गुड़ियाना, थाना रादौर, जिला यमुना नगर, राज्य हरियाणा
शहादत का स्थान : पुलिस चौकी बराड़ा, जिला अंबाला, राज्य हरियाणा
जन्म तिथि : 06 मार्च, 1956
पुलिस विभाग में शामिल होने की तिथि : 19 फरवरी, 1976
शहादत की तिथि : 06 फरवरी, 1992

जीवन परिचय

शहीद रघबीर सिंह का जन्म 06 मार्च, 1956 में गाँव गुंडियाना, थाना रादौर, जिला यमुनानगर में हुआ था। शहीद रघबीर सिंह ने दसवीं तक की पढ़ाई अपने गाँव गुडियाना में की थी। स्कूल की पढ़ाई के समय ये वॉलीबॉल और कबड्डी के खिलाड़ी भी रहे। शहीद रघबीर सिंह वॉलीबॉल और कबड्डी की टीम के कप्तान भी थे। शहीद रघबीर सिंह ने खेल में कई मेडल भी प्राप्त किए। शहीद रघबीर सिंह 19 फरवरी, 1976 को पुलिस विभाग में सिपाही पद पर भर्ती हुए थे व भिन्न-भिन्न स्थानों, जैसे सढोरा, यमुनानगर व पथरेड़ी चौकी में अपनी पुलिस की ड्यूटी की।

अब शहीद रघबीर सिंह का पूरा परिवार बराड़ा, जिला अंबाला में रह रहा है और उनके पूरे परिवार को उनकी शहादत पर गर्व है।

परिवार

शहीद रघबीर सिंह के तीन भाई व एक बहन हैं। शहीद रघबीर सिंह के बड़े भाई बलवंत सिंह शुगर मिल में कार्य करते हैं तथा दोनों छोटे भाई लाभ सिंह व रामकरण खेतीबाड़ी का काम करते हैं। इनकी बहन श्रीमती सावित्री देवी घरेलू महिला हैं। शहीद रघबीर सिंह के दो पुत्र निर्मल सिंह व धर्मबीर सिंह हैं। शहीद रघबीर सिंह के बड़े बेटे हरियाणा पुलिस में ए.एस.आई. पद पर थाना सढोरी में कार्यरत हैं।

घटना का संक्षिप्त विवरण

सिपाही रघबीर सिंह पुलिस चौकी बराड़ा, जिला अंबाला में तैनात था। 06 फरवरी, 1992 को नियंत्रण कक्ष अंबाला से जानकारी मिली कि कुछ आतंकवादी बराड़ा में देखे गए हैं। आतंकवादियों को गिरफ्तार करने के लिए एक पुलिस पार्टी में सिपाही रघबीर सिंह, प्रधान सिपाही महावीर सिंह, प्रधान सिपाही सूरजभान और सिपाही गुरमेज सिंह शामिल थे। चैकिंग के दौरान आतंकवादियों ने पुलिस टीम पर हमला कर दिया और आतंकवादियों के साथ मुठभेड़ में सिपाही रघबीर सिंह ने अपना जीवन बलिदान कर दिया।

नाम : सूरजभान
रैंक और यूनिट : प्रधान सिपाही, अंबाला
पिता का नाम : श्री धर्म सिंह
मूल स्थान : करनाल, जिला करनाल, राज्य हरियाणा
पता : गाँव दादपुर, थाना सदर करनाल, जिला करनाल, राज्य हरियाणा
शहादत का स्थान : पुलिस चौकी बराड़ा, जिला अंबाला, राज्य हरियाणा
जन्म तिथि : 01 अक्तूबर, 1954
पुलिस विभाग में शामिल होने की तिथि : 29 दिसंबर, 1978
शहादत की तिथि : 06 फरवरी, 1992

जीवन परिचय

शहीद सूरजभान का जन्म 01 अक्तूबर, 1954 को गाँव दादपुर, थाना सदर करनाल, जिला करनाल में एक मध्यम परिवार में हुआ था। शहीद सूरजभान ने अपनी प्रारंभिक शिक्षा गाँव के स्कूल से ही प्राप्त की व बाद में दसवीं की शिक्षा राजकीय स्कूल, करनाल से प्राप्त की। 29 दिसंबर, 1978 को शहीद सूरजभान का चयन हरियाणा पुलिस में हुआ। बचपन से ही पुलिस में भर्ती होना इनकी इच्छा थी। ट्रेनिंग के बाद इनकी तैनाती जिला अंबाला में हुई।

परिवार

शहीद सूरजभान का विवाह सन् 1974 में श्रीमती कृष्णा देवी से हुआ। शहीद

सूरजभान के एक भाई व छह बहनें थी। शहीद सूरजभान के परिवार में दो पुत्र बलविंद्र व सलिंद्र हैं। शहीद सूरजभान का बड़ा पुत्र हरियाणा पुलिस विभाग में भर्ती है, जबकि छोटा पुत्र अपना खुद का कार्य करता है।

घटना का संक्षिप्त विवरण

प्रधान सिपाही सूरजभान, पुलिस चौकी बराड़ा, जिला अंबाला में तैनात था। 06 फरवरी, 1992 को नियंत्रण कक्ष अंबाला से जानकारी मिली कि कुछ आतंकवादी बराड़ा में देखे गए हैं। आतंकवादियों को गिरफ्तार करने के लिए एक पुलिस पार्टी में प्रधान सिपाही सूरजभान, प्रधान सिपाही महावीर सिंह, सिपाही रघबीर सिंह और सिपाही गुरमेज सिंह शामिल थे। चैकिंग के दौरान आतंकवादियों ने पुलिस टीम पर हमला कर दिया और आतंकवादियों से मुठभेड़ में प्रधान सिपाही सूरजभान ने अपना जीवन बलिदान कर दिया।

नाम : प्रीताराम

रैंक और यूनिट : प्रधान सिपाही, कुरुक्षेत्र

पिता का नाम : श्री नथा राम

माता का नाम : श्रीमती सरदी देवी

मूल स्थान : गाँव रामपुर, थाना मुलाना, जिला अंबाला, राज्य हरियाणा

पता : गाँव रामपुर, थाना मुलाना, जिला अंबाला

शहादत का स्थान : थाना पेहवा एरिया, जिला कुरुक्षेत्र, हरियाणा

जन्म तिथि : 25 अप्रैल, 1951

पुलिस विभाग में शामिल होने की तिथि : 15 अप्रैल, 1973

शहादत की तिथि : 25 अप्रैल, 1992

जीवन परिचय

शहीद प्रीताराम का जन्म 25 अप्रैल, 1951 को गाँव रामपुर, थाना मुलाना, जिला अंबाला में हुआ। शहीद प्रीताराम के पिता खेती करते थे। बड़ा परिवार था, पर कमाई का खेती के अलावा कोई और जरिया नहीं था। इसलिए इनके परिवार की आर्थिक स्थिति बहुत खराब थी। इन्होंने दसवीं तक की पढ़ाई गाँव रामपुर के सरकारी स्कूल से की व स्नातक एस.डी. कॉलेज अंबाला से उत्तीर्ण किया। 15 अप्रैल, 1973 को शहीद प्रीताराम हरियाणा पुलिस में भर्ती हुए। शहीद प्रीताराम कुरुक्षेत्र युनिट में तैनात हुए।

परिवार

शहीद प्रीताराम का विवाह सन् 1978 में गाँव रसूलपुर, यमुनानगर की श्रीमती ग्यान देवी से हुआ। शहीद प्रीताराम की तीन बहनें व पाँच भाई थे। शहीद प्रीताराम के परिवार में तीन पुत्र प्रदीप कुमार, निर्मल सिंह, प्रमोद कुमार व एक पुत्री सरोज बाला हैं। 24 अप्रैल, 2002 को शहीद प्रीताराम के बड़े पुत्र प्रदीप कुमार को हरियाणा पुलिस में सिपाही के पद पर भर्ती किया गया, जो आज मुख्य सिपाही के पद पर हैं और जिला पंचकुला में तैनात हैं।

घटना का संक्षिप्त विवरण

प्रधान सिपाही प्रीताराम थाना पेहवा जिला कुरुक्षेत्र में तैनात थे। 25 अप्रैल, 1992 को रात्रि गश्त के दौरान कुछ असामाजिक तत्त्वों ने पुलिस पार्टी पर हमला कर दिया। जिसमें मुख्य सिपाही प्रीताराम बुरी तरह से जख्मी हो गए और बाद में अपने कर्तव्य को निभाते हुए वीरगति को प्राप्त हो गए। जिस संबंध में मंजीत सिंह पुत्र बलकार सिंह निवासी पेहवा के खिलाफ अभियोग संख्या 146, 25 अप्रैल, 1992 धारा 307, 336, 332, 353, 302 भा.द.स. व 25/54/59 सस्त्र अधिनियम थाना पेहवा में अंकित हुआ।

नाम :	सत्यवान
रैंक और यूनिट :	सिपाही, पंचम वाहिनी एच.ए.पी.
पिता का नाम :	श्री शेर सिंह
माता का नाम :	स्व. रामरती देवी
मूल स्थान :	गाँव मिताथल, थाना सदर भिवानी, जिला भिवानी, राज्य हरियाणा
पता :	गाँव मिताथल, थाना सदर भिवानी, जिला भिवानी
शहादत का स्थान :	गाँव खालसा, थाना पेहवा, जिला कुरुक्षेत्र, राज्य हरियाणा
जन्म तिथि :	31 मार्च, 1967
पुलिस विभाग में शामिल होने की तिथि :	04 अक्तूबर, 1989
शहादत की तिथि :	22 मई, 1992

जीवन परिचय

शहीद सत्यवान का जन्म 31 मार्च, 1967 को गाँव मिताथल, थाना सदर, भिवानी जिले में एक ब्राह्मण परिवार में हुआ। शहीद सत्यवान ने अपनी प्रारंभिक शिक्षा गाँव के ही सरकारी स्कूल से शुरू की व दसवीं की पढ़ाई राजकीय हाई स्कूल, मिताथल से उत्तीर्ण की। परिवार की आर्थिक स्थिति ठीक न होने के कारण वह आगे पढ़ाई नहीं कर सके। शहीद सत्यवान एक मिलनसार व हँसमुख प्रतिभा के धनी थे। शहीद सत्यवान की कबड्डी खेलने में काफी रुचि थी। शहीद सत्यवान 4 अक्तूबर, 1989 को हरियाणा पुलिस में सिपाही पद पर तैनात हुए।

इसके पश्चात् 02 जनवरी, 1992 को पुलिस थाना पेहवा जिला कुरुक्षेत्र में इनका तबादला हो गया।

परिवार

शहीद सत्यवान का विवाह 19 मई, 1984 को गाँव टोढ़ी, भिवानी में श्रीमती खुजानी देवी से हुआ। शहीद सत्यवान के चार भाई हैं। बड़े भाई रवि मार्केट कमेटी भिवानी में कार्यरत हैं, छोटे भाई कृष्ण हरियाणा पुलिस में जींद में ए.एस.आई. के पद पर तैनात हैं, तीसरे भाई बलजीत बी.एस.एफ. से सेवानिवृत्त हैं और छोटे भाई मुरारी खेती करते हैं। शहीद सत्यवान के परिवार में दो पुत्रियाँ उर्मिला व बीनू हैं।

घटना का संक्षिप्त विवरण

प्रबंधक थाना पेहवा के कथन अनुसार सिपाही सत्यवान नं. 5/423 एच.ए.पी. व अन्य श्री हरभजन सिंह गाँव खालसा, थाना पेहवा, जिला कुरुक्षेत्र की सुरक्षा ड्यूटी पर तैनात थे। 22 मई, 1992 को जब पुलिस पार्टी ड्यूटी पर तैनात थी तो कुछ आतंकवादियों ने पुलिस पार्टी पर हमला कर दिया। जिस कारण सिपाही सत्यवान मौके पर ही अपने कर्तव्य को निभाते हुए वीरगति को प्राप्त हुए।

नाम : रामेश्वर दास

रैंक और यूनिट : सिपाही, कुरुक्षेत्र

पिता का नाम : श्री देवी सिंह

माता का नाम : श्रीमती राजकौर

मूल स्थान : गाँव करसिंधू, थाना उचाना, जिला जींद, राज्य हरियाणा

पता : म.नं. 554, नजदीक सिविल अस्पताल, बरवाला, जिला हिसार

शहादत का स्थान : गाँव खालसा, थाना पेहवा, जिला कुरुक्षेत्र, राज्य हरियाणा

जन्म तिथि : 12 जून, 1954

पुलिस विभाग में शामिल होने की तिथि : 21 नवंबर, 1974

शहादत की तिथि : 22 मई, 1992

जीवन परिचय

शहीद रामेश्वर दास का जन्म 12 जून, 1954 को गाँव करसिंधू, थाना उचाना, जिला जींद में हुआ। शहीद रामेश्वर दास के पिताजी गाँव में खेती का काम करते थे। शहीद रामेश्वर दास के छह भाई और दो बहनें थीं। शहीद रामेश्वर दास ने दसवीं कक्षा तक की पढ़ाई गाँव के स्कूल से ही उत्तीर्ण की थी। शहीद सिपाही रामेश्वर दास 21 नवंबर, 1974 को हरियाणा पुलिस में बतौर सिपाही भर्ती हुए।

परिवार

शहीद सिपाही रामेश्वर दास का विवाह सन् 1978 में श्रीमती चंद्रमुखी, गाँव बरनाला, जिला हिसार से हुआ। इनके परिवार में तीन पुत्र देशवीर, प्रमोद, सुनील व एक पुत्री सीमा हैं। शहीद रामेश्वर दास के पुत्र देशवीर को 03 फरवरी, 2002 को हरियाणा पुलिस में भर्ती किया गया, जो जिला हाँसी में बतौर मु. सिपाही पद पर तैनात हैं।

घटना का संक्षिप्त विवरण

सिपाही रामेश्वर दास नं. 29/कुरुक्षेत्र थाना पेहवा, जिला कुरुक्षेत्र में तैनात थे। 22 मई, 1992 को एक पुलिस पार्टी किसान गुरदीप सिंह जाति जाट निवासी गाँव खालसा जिला कुरुक्षेत्र की सुरक्षा में तैनात थे। श्री तेलूराम जाति हरिजन गाँव खालसा के कथन अनुसार दो सिख युवकों ने खेतों की तरफ से आकर पुलिस पार्टी पर हमला कर दिया और असलाह लूट लिया। जिसमें मुठभेड़ के दौरान सिपाही रामेश्वर दास अपने कर्तव्य को निभाते हुए मौके पर ही वीरगति को प्राप्त हुए। जिस संबंध में अभियोग संख्या 170, 22 मई, 1992 धारा 302, 392, 34 भा.द.स. व 25/54/59 शस्त्र अधिनियम व 5/6 टी.डी. एक्ट थाना पेहवा में अंकित हुआ।

नाम :	बलजीत सिंह
रैंक और यूनिट :	निरीक्षक, रोहतक
पिता का नाम :	श्री चुहड़ सिंह
माता का नाम :	श्रीमती प्रसन्नी देवी
मूल स्थान :	गाँव शेरपुर, थाना छछरौली, जिला यमुनानगर, राज्य हरियाणा
पता :	गाँव शेरपुर, थाना छछरौली, जिला यमुनानगर
शहादत का स्थान :	गाँव मतोली, जिला पटियाला, पंजाब
जन्म तिथि :	01 नवंबर, 1947
पुलिस विभाग में शामिल होने की तिथि :	15 जुलाई, 1974
शहादत की तिथि :	31 मई, 1992

जीवन परिचय

शहीद बलजीत सिंह का जन्म गाँव शेरपुर, थाना छछरौली, जिला यमुनानगर में 01 नवंबर, 1947 को हुआ था। शहीद बलजीत सिंहजी ने राजकीय उच्च विद्यालय छछरौली से दसवीं की शिक्षा ग्रहण की थी व स्नातक एम.एल.एन. कॉलेज, यमुनानगर से किया था। शहीद बलजीत सिंह कॉलेज में हॉकी और कबड्डी के अच्छे खिलाड़ी थे। शहीद बलजीत सिंह 15 जुलाई, 1974 को पुलिस विभाग में प्रोबेशनर सहायक उपनिरीक्षक के पद पर भर्ती हुए थे। इनके अदम्य साहस और कर्तव्यपरायणता के फलस्वरूप 14 नवंबर, 1983 को इन्हें पुलिस शौर्य पदक से

भी नवाजा गया। इन्हें पुलिस विभाग में विभिन्न कार्यों के लिए 500 से अधिक प्रथम श्रेणी प्रशंसा पत्र एवं काफी नकद राशि से भी पुरस्कृत किया गया। आतंकवाद के समय इन्होंने खतरनाक आतंकवादी, उद्घोषित अपराधी व अंतरराष्ट्रीय अपराधिक गुट पकड़े थे।

परिवार

शहीद बलजीत सिंह का विवाह श्रीमती उर्मिला देवी से हुआ था। शहीद बलजीत सिंह के दो पुत्र सुरेंद्र पाल सिंह, देवेंद्र पाल सिंह व दो पुत्रियाँ प्रवीन, प्रणिता हैं। शहीद बलजीत सिंह के बड़े पुत्र भा.पु.से. हरियाणा कैडर में सेवारत हैं व छोटे पुत्र खेतीबाड़ी का काम करते हैं।

घटना का संक्षिप्त विवरण

31 मई, 1992 को एक पुलिस पार्टी निरीक्षक विजेंद्र सिंह नं. 140/आर.आर., निरीक्षक बलजीत सिंह नं. ए/23, स.उ.नि. रघुनंदन नं. 77/आर.आर. व सि. नारायण सिंह नं. 137/करनाल एक उद्घोषित अपराधी पालाराम, जो आतंकवादी गतिविधियों में शामिल था। जिसने कई आतंकवादी हमलों को अंजाम दिया था, के गाँव में छापेमारी की गई। छापेमारी के दौरान अपराधी पालाराम नहीं मिला और अन्य अपराधी जरनैल उर्फ जस्सा ने पुलिस पार्टी पर अंधाधुंध फायरिंग कर दी। जिसमें निरीक्षक विजेंद्र सिंह नं. 140/आर.आर., निरीक्षक बलजीत सिंह नं. ए/23, स.उ.नि. रघुनंदन नं. 77/आर.आर. व सि. नारायण सिंह नं. 137/करनाल को गोली लगी। जो अपने कर्तव्य को निभाते हुए मौके पर ही वीरगति को प्राप्त हो गए।

नाम	:	विजेंद्र सिंह
रैंक और यूनिट	:	निरीक्षक, रोहतक
पिता का नाम	:	श्री रिछपाल सिंह
माता का नाम	:	श्रीमती छनो देवी
मूल स्थान	:	गाँव आसन, जिला रोहतक, राज्य हरियाणा
पता	:	म.नं. 215/21 नजदीक हैफेड फीड, रोहतक
शहादत का स्थान	:	गाँव मतोली, जिला पटियाला, पंजाब
जन्म तिथि	:	14 जुलाई, 1953
पुलिस विभाग में शामिल होने की तिथि	:	04 सितंबर, 1972
शहादत की तिथि	:	31 मई, 1992

जीवन परिचय

शहीद विजेंद्र सिंह का जन्म गाँव आसन, जिला रोहतक में 14 जुलाई, 1953 को हुआ। शहीद विजेंद्र सिंह ने दसवीं तक की पढ़ाई राजकीय उच्च विद्यालय कंसाला जिला रोहतक से पूरी की। शहीद विजेंद्र सिंह 04 सितंबर, 1972 को पुलिस विभाग में बतौर सिपाही पद पर भर्ती हुए। शहीद विजेंद्र सिंह के अच्छे कार्यों तथा कुशल व्यवहार के चलते समय-समय पर पुलिस विभाग द्वारा पदोन्नत किया गया और जल्दी ही शहीद विजेंद्र सिंह निरीक्षक पद तक पहुँच गए। उनको पुलिस विभाग द्वारा सेवा के दौरान 124 प्रशंसा पत्र उनकी सर्वश्रेष्ठ सेवाओं के लिए प्रदान किए गए, जो उनके जीवन में आज तक उल्लेखनीय है।

परिवार

शहीद निरीक्षक विजेंद्र सिंह का विवाह सन् 1977 में श्री धनीराम की पुत्री श्रीमती सावित्री देवी से हुआ व इनके परिवार में एक पुत्र नवीन कुमार व दो पुत्रियाँ सुमन व सोनिया हैं। उनकी शहीदी के मद्देनजर हरियाणा सरकार द्वारा शहीद विजेंद्र सिंह के पुत्र को पुलिस विभाग में भर्ती किया गया और शहीद विजेंद्र सिंह के नाम से सुखपुरा चौक से हैफेड के पास उनके मकान तक के मार्ग का नाम वीर शहीद विजेंद्र सिंह मार्ग रखा गया।

घटना का संक्षिप्त विवरण

31 मई, 1992 को एक पुलिस पार्टी निरीक्षक विजेंद्र सिंह नं. 140/आर.आर., निरीक्षक बलजीत सिंह नं. ए/23, स.उ.नि. रघुनंदन नं. 77/आर.आर. व सि. नारायण सिंह नं. 137/करनाल एक उद्घोषित अपराधी पालाराम, जो आतंकवादी गतिविधियों में शामिल था। जिसने कई आतंकवादी हमलों को अंजाम दिया था, के गाँव में छापामारी की गई। छापामारी के दौरान अपराधी पालाराम नहीं मिला और अन्य अपराधी जरनैल उर्फ जस्सा ने पुलिस पार्टी पर अंधाधुंध फायरिंग कर दी। जिसमें निरीक्षक विजेंद्र सिंह नं. 140/आर.आर., निरीक्षक बलजीत सिंह नं. ए/23, स.उ.नि. रघुनंदन नं. 77/आर.आर. व सि. नारायण सिंह नं. 137/करनाल को गोली लगी। जो अपने कर्तव्य को निभाते हुए मौके पर ही वीरगति को प्राप्त हो गए।

नाम : रघुनंदन
रैंक और यूनिट : स.उ. निरीक्षक, रोहतक
पिता का नाम : श्री लक्ष्मी नारायण
माता का नाम : श्रीमती कृष्णा देवी
मूल स्थान : मौहल्ला नलापुर, नारनौल, जिला महेंद्रगढ़, राज्य हरियाणा
पता : म.नं. 27, मौहल्ला नलापुर, नजदीक जैन मंदिर
शहादत का स्थान : गाँव मतोली, जिला पटियाला, पंजाब
जन्म तिथि : 06 जनवरी, 1947
पुलिस विभाग में शामिल होने की तिथि : 12 अक्तूबर, 1966
शहादत की तिथि : 31 मई, 1992

जीवन परिचय

शहीद रघुनंदन का जन्म 06 फरवरी, 1947 को गाँव नलापुर मौहल्ला, नारनौल, जिला महेंद्रगढ़ में हुआ व शहीद रघुनंदन के परिवार में इनके अलावा दो भाई हैं। शहीद रघुनंदन ने दसवीं की पढ़ाई राजकीय उच्च विद्यालय नारनौल, जिला महेंद्रगढ़ से पूरी की। शहीद रघुनंदन, 12 अक्तूबर, 1966 को पुलिस विभाग में बतौर सिपाही पद पर भर्ती हुए। शहीद रघुनंदन अपने स्कूल टाइम में बास्केटबॉल खेलते थे, जो राज्य के अच्छे खिलाड़ियों में से एक थे। शहीद रघुनंदन ने बाद में हरियाणा पुलिस में भी अपनी रुचि दिखाई और पुलिस सेवा के दौरान अच्छे खिलाड़ी रहे। उनके अच्छे कार्यों के चलते समय-समय पर

पुलिस विभाग द्वारा पदोन्नत किया गया और वह जल्दी ही सहायक उपनिरीक्षक पद तक पहुँच गए।

उनको पुलिस विभाग द्वारा सेवा के दौरान 57 प्रशंसा पत्र उनकी सर्वश्रेष्ठ सेवाओं के लिए प्रदान किए गए, जो उनके जीवन में आज तक उल्लेखनीय है।

परिवार

शहीद रघुनंदन का विवाह श्रीमती कृष्णा देवी से हुआ। शहीद रघुनंदन के परिवार में तीन पुत्र प्रदीप, संदीप, अमित व चार पुत्रियाँ सुनिता, अनिता, मिनाक्षी व पायल हैं। शहीद रघुनंदन के बड़े पुत्र पुलिस विभाग में बतौर मुख्य सिपाही पद पर नियुक्त हैं, मँझले पुत्र संदीप, जो दिमागी रूप से कमजोर हैं व छोटे पुत्र अमित अपना खुद का व्यवसाय करते हैं।

घटना का संक्षिप्त विवरण

31 मई, 1992 को एक पुलिस पार्टी निरीक्षक विजेंद्र सिंह नं. 140/आर.आर., निरीक्षक बलजीत सिंह नं. ए/23, स.उ.नि. रघुनंदन नं. 77/आर.आर. व सि. नारायण सिंह नं. 137/करनाल एक उद्घोषित अपराधी पालाराम, जो आतंकवादी गतिविधियों में शामिल था, जिसने कई आतंकवादी हमलों को अंजाम दिया था, के गाँव में छापामारी की गई। छापामारी के दौरान अपराधी पालाराम नहीं मिला और अन्य अपराधी जरनैल उर्फ जस्सा ने पुलिस पार्टी पर अंधाधुंध फायरिंग कर दी। जिसमें निरीक्षक विजेंद्र सिंह नं. 140/आर.आर., निरीक्षक बलजीत सिंह नं. ए/23, स.उ.नि. रघुनंदन नं. 77/आर.आर. व सि. नारायण सिंह नं. 137/करनाल को गोली लगी, जो अपने कर्तव्य को निभाते हुए मौके पर ही वीरगति को प्राप्त हो गए।

नाम :	नारायण सिंह
रैंक और यूनिट :	सिपाही, करनाल
पिता का नाम :	श्री बाबर सिंह
मूल स्थान :	गाँव मुकीमपुर, थाना राई, जिला सोनीपत, राज्य हरियाणा
पता :	गाँव मुकीमपुर, थाना राई, जिला सोनीपत
शहादत का स्थान :	पातड़ा तहसील, पंजाब
जन्म तिथि :	02 नवंबर, 1951
पुलिस विभाग में शामिल होने की तिथि :	22 फरवरी, 1971
शहादत की तिथि :	31 मई, 1992

जीवन परिचय

शहीद नारायण सिंह का जन्म 02 नवंबर, 1951 को गाँव मुकीमपुर, थाना राई, जिला सोनीपत में हुआ। शहीद नारायण सिंह ने अपनी पढ़ाई राजकीय प्राइमरी स्कूल मुकीमपुर से की हैं। शहीद नारायण सिंह फुटबॉल के अच्छे खिलाड़ी थे। शहीद नारायण सिंह 22 फरवरी, 1971 को पुलिस विभाग में सिपाही पद पर भर्ती हुए।

परिवार

शहीद नारायण सिंह का विवाह श्रीमती संतोष कुमारी से हुआ। शहीद नारायण सिंह की पत्नी कैंसर की बीमारी से पीड़ित हैं, जिनका इलाज हरियाणा सरकार द्वारा राजीव गांधी कैंसर अस्पताल, दिल्ली में चल रहा है। शहीद नारायण सिंह की दो पुत्रियाँ रेणू बाला व पूजा हैं। शहीद नारायण सिंह की बड़ी पुत्री हरियाणा सरकार

द्वारा सिपाही के पद पर पुलिस विभाग में भर्ती की गईं, जिनकी ड्यूटी आई.जी. कार्यालय, रोहतक में है व दोनों पुत्रियाँ शादीशुदा हैं।

घटना का संक्षिप्त विवरण

31 मई, 1992 को पुलिस पार्टी निरीक्षक विजेंद्र सिंह नं. 140/आर.आर., निरीक्षक बलजीत सिंह नं. ए/23, स.उ.नि. रघुनंदन नं. 77/आर.आर. व सि. नारायण सिंह नं. 137/करनाल एक उद्घोषित अपराधी पालाराम, जो आतंकवादी गतिविधियों में शामिल था, जिसने कई आतंकवादी हमलों को अंजाम दिया था, के गाँव में छापेमारी की गई। छापेमारी के दौरान अपराधी पालाराम नहीं मिला और अन्य अपराधी जरनैल उर्फ जस्सा ने पुलिस पार्टी पर अंधाधुंध फायरिंग कर दी। जिसमें निरीक्षक विजेंद्र सिंह नं. 140/आर.आर., निरीक्षक बलजीत सिंह नं. ए/23, स.उ.नि. रघुनंदन नं. 77/आर.आर. व सि. नारायण सिंह नं. 137/करनाल को गोली लगी, जो अपने कर्तव्य को निभाते हुए मौके पर ही वीरगति को प्राप्त हो गए।

नाम	:	गुलजार सिंह
रैंक और यूनिट	:	सिपाही, चतुर्थ वाहिनी एच.ए.पी.
पिता का नाम	:	श्री करतार सिंह
माता का नाम	:	श्रीमती हरबंस कौर
मूल स्थान	:	गाँव हाबड़ी, तहसील पुंडरी, जिला कैथल, हरियाणा
पता	:	13/8 मौहल्ला पठानवाला, थाना सदर हिसार जिला हिसार, हरियाणा
शहादत का स्थान	:	पुलिस चौकी महमूदपुर, थाना गुहला, कैथल
जन्म तिथि	:	06 मई, 1965
पुलिस विभाग में शामिल होने की तिथि	:	25 नवंबर, 1991
शहादत की तिथि	:	23 अक्तूबर, 1992

जीवन परिचय

शहीद गुलजार सिंह का जन्म 06 मई, 1965 को एक साधारण परिवार में गाँव हाबड़ी, तहसील पुंडरी जिला कैथल में हुआ था। शहीद गुलजार सिंह ने दसवीं तक की शिक्षा हाबड़ी प्राइमरी स्कूल से ग्रहण की। बारहवीं कक्षा की पढ़ाई सनातन धर्म सरकारी स्कूल पुंडरी व स्नात्तक की पढ़ाई सरकारी विश्वविद्यालय, करनाल से ग्रहण की। शहीद गुलजार सिंह बचपन से ही पढ़ाई व खेलों में भी रुचि रखते थे और स्कूल व गाँव की खेल प्रतियोगिता में बढ़-चढ़कर भाग लेते थे। शहीद गुलजार सिंह का लंबी कूद में खंड स्तरीय की प्रतियोगिता में प्रथम स्थान आया था। 25 नवंबर, 1991 को इनका पुलिस विभाग में बतौर सिपाही के पद पर चयन हुआ। पुलिस

विभाग में शहीद गुलजार सिंह की छवि बहुत ही अच्छी थी। वे स्वाभिमानी एवं दृढ़ निश्चयी व्यक्ति थे। आज भी उनके गाँव में हाबड़ी में शहीद गुलजार सिंह के नाम पर खेल प्रतियोगिता होती है।

परिवार

शहीद गुलजार सिंह के परिवार में एक बड़ी बहन सुखविंदर कौर व पाँच भाई नरेंद्र सिंह, सिकंदर सिंह, देवेंद्र सिंह, सुखपाल सिंह व जोगा सिंह हैं। शहीद गुलजार सिंह परिवार में सबसे छोटे थे। शहीद गुलजार सिंह जब शहीद हुए, तब वह अविवाहित थे, जिसके उपरांत सरकार ने उनके बड़े भाई को बतौर सिपाही चतुर्थ वाहिनी एच.ए.पी. में भर्ती किया, जो हाल में बतौर सहायक उपनिरीक्षक के पद पर एच.ए.पी. मधुबन में तैनात हैं।

घटना का संक्षिप्त विवरण

23 अक्तूबर, 1992 की रात्रि स.उ.नि. पालाराम, सि. गुलजार सिंह नं. 4/425 एच.ए.पी. व अन्य पाँच सिपाहियों के साथ सरकारी जीप नं. एच.आर.-07-0481 में गश्त पर थे। पुलिस पार्टी पर घात लगाए आतंकवादियों ने अचानक हमला करके अंधाधुंध फायरिंग कर दी। स.उ.नि. पालाराम नं. 111/यमुनानगर के पेट में गोली लगी, जिसको समाना सरकारी अस्पताल में दाखिल कराया गया और इलाज के दौरान 23 अक्तूबर, 1992 को उनकी मृत्यु हो गई व सि. गुलजार सिंह नं. 4/425 एच.ए.पी. को भी गोली लगी, जो अपने कर्तव्य को निभाते हुए मौके पर ही शहीद हो गए।

नाम :	**पालाराम**
रैंक और यूनिट :	स.उ. निरीक्षक, यमुनानगर
पिता का नाम :	श्री शिवलाल
माता का नाम :	श्रीमती हरकौर
मूल स्थान :	गाँव बिहोली, थाना बापौली, जिला पानीपत, राज्य हरियाणा
पता :	म.नं. 113 मोती नगर, करनाल, जिला करनाल
शहादत का स्थान :	गाँव महमुदपुर, थाना गुहला, जिला कैथल
जन्म तिथि :	02 अक्तूबर, 1953
पुलिस विभाग में शामिल होने की तिथि :	23 नवंबर, 1971
शहादत की तिथि :	27 अक्तूबर, 1992

जीवन परिचय

शहीद पालाराम का जन्म 02 अक्तूबर, 1953 को गाँव बिहोली थाना समालखा जिला पानीपत में एक किसान परिवार में हुआ था। उनके पिता भारतीय सेना से सेवानिवृत्त थे व खेतीबाड़ी का काम करते थे। पालाराम के परिवार में दो और छोटे भाई थे, तीनों भाइयों में आपस में बहुत प्यार था। शहीद पालाराम ने अपनी दसवीं की शिक्षा गाँव के स्कूल बिहोली से ग्रहण की और बारहवीं की शिक्षा समालखा स्कूल से ग्रहण की। शहीद पालाराम अपने स्कूल में जूनियर नेशनल वॉलीबॉल के खिलाड़ी थे। सन् 1970-71 में शहीद पालाराम ने जूनियर नेशनल वॉलीबॉल में पदक भी जीता। शहीद पालाराम कबड्डी के भी अच्छे खिलाड़ी थे।

शहीद पालाराम खिलाड़ी होने के कारण आर्मी या पुलिस में भर्ती होना चाहते थे। 23 नवंबर, 1971 को शहीद पालाराम हरियाणा पुलिस में भर्ती हो गए। शहीद पालाराम के पुलिस में भर्ती होने से पूरा परिवार खुश हुआ, क्योंकि शहीद पालाराम का पूरा परिवार ही देशसेवा में लगा हुआ था। शहीद पालाराम के चाचा भी आर्मी में सूबेदार थे, इसलिए परिवार के खून में ही देशभक्ति थी।

परिवार

शहीद पालाराम का विवाह श्रीमती शकुंतला देवी से हुआ था। शहीद पालाराम के दो भाई ओमप्रकाश व गरुबीर सिंह हैं। शहीद पालाराम के परिवार में दो पुत्रियाँ शीला देवी, राजो देवी व एक पुत्र निहाल सिंह हैं। शहीद पालाराम के पुत्र हरियाणा पुलिस में स.उ. निरीक्षक पद पर तैनात हैं।

घटना का संक्षिप्त विवरण

23 सितंबर, 1992 की रात्रि स.उ.नि. पालाराम, सि. गुलजार सिंह नं. 4/425 एच.ए.पी. व अन्य पाँच सिपाही के साथ सरकारी जीप नं. एच.आर.–07–0481 में गश्त पर थे। पुलिस पार्टी पर घात लगाए आतंकवादियों ने अचानक हमला करके अंधाधुंध फायरिंग कर दी। स.उ.नि. पालाराम नं. 111/यमुनानगर के पेट में गोली लगी, जिसको समाना सरकारी अस्पताल में दाखिल कराया गया और इलाज के दौरान 27 अक्तूबर, 1992 को उनकी मृत्यु हो गई।

नाम : दले सिंह

रैंक और यूनिट : सिपाही, कुरुक्षेत्र

पिता का नाम : श्री नाथू राम

माता का नाम : श्रीमती शांति देवी

मूल स्थान : गाँव मंगाली (मोहबत) जिला हिसार, राज्य हरियाणा

पता : ढाणी जाटान, गाँव मंगाली, जिला हिसार

शहादत का स्थान : गाँव पीपली खेड़ा, जिला कुरुक्षेत्र

जन्म तिथि : 05 अप्रैल, 1963

पुलिस विभाग में शामिल होने की तिथि : 21 सितंबर, 1989

शहादत की तिथि : 15 मार्च, 1993

जीवन परिचय

शहीद दले सिंह का जन्म 05 अप्रैल, 1963 को गाँव मंगाली (मोहबत) जिला हिसार में हुआ। शहीद दले सिंह के परिवार में तीन भाई व दो बहनें हैं। शहीद दले सिंह के पिता खेती करते थे। शहीद दले सिंह ने दसवीं कक्षा तक की पढ़ाई गाँव के सरकारी स्कूल से ही की थी। 8 सितंबर, 1989 को हरियाणा पुलिस में शहीद दले सिंह बतौर सिपाही पद पर भर्ती हुए।

शहीद दले सिंह थाना झाँसा जिला कुरुक्षेत्र में तैनात थे। 15 मार्च, 1993 को सिपाही दले सिंह कर्तव्य पालन करते हुए वीरगति को प्राप्त हो गए। शहीद सिपाही दले सिंह को मरणोपरांत राश्ट्रपति पदक से सम्मानित किया गया।

परिवार

शहीद दले सिंह का विवाह श्रीमती मुन्नी देवी गाँव गौरन पुरा, भिवानी से सन् 1982 में हुआ। इनके परिवार में एक पुत्र पवन कुमार व दो पुत्रियाँ सुनिता व नीतू हैं। शहीद दले सिंह के पुत्र पवन कुमार को 26 अगस्त, 2014 को हरियाणा पुलिस में बतौर सिपाही पद पर भर्ती किया गया, जो जिला भिवानी में तैनात हैं।

घटना का संक्षिप्त विवरण

15 मार्च, 1993 को एक गुप्त सूचना मिली कि आतंकवादी हरप्रीत सिंह, निरंजन सिंह इत्यादि गाँव डेरा सल्पानी के पास देखे गए हैं, जिनको पकड़ने के लिए थाना झाँसा एरिया में श्री मोहम्मद अकील, भा.पु.से., सहायक पुलिस अधीक्षक व श्री सुभाष यादव, ह.पु.से., तत्कालीन उपपुलिस अधीक्षक, पेहवा के नेतृत्व में एक पुलिस पार्टी बनाई गई, उस पुलिस पार्टी ने आतंकवादियों को घेर लिया। मुठभेड़ के दौरान आंतकवादियों ने पुलिस पार्टी पर फायर किया। जिसमें सि. दलेल सिंह नं. 527/कुरुक्षेत्र मौके पर कर्तव्य पालन करते हुए वीरगति को प्राप्त हो गए और आतंकवादी नत्था सिंह, हरप्रीत सिंह, भुट्ट सिंह व निरंजन सिंह भी मारे गए थे। जिस संबंध में अभियोग संख्या 30, 15 मार्च, 1992 धारा 302, 307 भा.द.स. व 25/54/59 शस्त्र अधिनियम व 3/4/5/6 टी.डी. एक्ट थाना झाँसा में अंकित हुआ।

नाम : **सुबे सिंह**
रैंक और यूनिट : स.उ. निरीक्षक, हिसार
पिता का नाम : श्री दीनाराम
माता का नाम : श्रीमती बिड़दी देवी
मूल स्थान : गाँव बासदूदा, थाना खोल, जिला रेवाड़ी, राज्य हरियाणा
पता : गाँव बासदूदा, थाना खोल, जिला रेवाड़ी, राज्य हरियाणा
शहादत का स्थान : ढाणी बिनजा लांबा गाँव गासवा, थाना रतिया, जिला हिसार
जन्म तिथि : 04 फरवरी, 1951
पुलिस विभाग में शामिल होने की तिथि : 18 दिसंबर, 1971
शहादत की तिथि : 30 मार्च, 1993

जीवन परिचय

शहीद सुबे सिंह का जन्म 04 फरवरी, 1951 को रेवाड़ी जिले के छोटे से गाँव बासूदा में एक किसान परिवार में हुआ था। शहीद सुबे सिंह के दादाजी श्री मंगल सिंह एक गरीब किसान थे, जिनके पास करीब 5 एकड़ भूमि थी। शहीद सुबे सिंह अपने सात भाई-बहनों में सबसे बड़े पुत्र थे। शहीद सुबे सिंह अपने पिता की खेतीबाड़ी में काफी मदद करते थे और पढ़ाई में भी उत्कृष्ट थे। शहीद सुबे सिंह ने पढ़ाई गाँव कुंड के जनता सीनियर सेकेंडरी स्कूल से की थी। शहीद सुबे सिंह ने 11वीं कक्षा में विज्ञान संकाय से पढ़ाई की थी तथा उसी दौरान वे हरियाणा पुलिस

में 18 दिसंबर, 1971 को बतौर सिपाही पद पर भर्ती हो गए। शहीद सुबे सिंह में पुलिस में बहुत ईमानदारी और कर्तव्यनिष्ठा से परिपूर्ण कार्य किए। शहीद सुबे सिंह अपने परिश्रम के बल पर कुछ ही दिनों में हवलदार व उसके बाद सहायक उपनिरीक्षक के पद पर पहुँच गए। पुलिस विभाग में सेवा करते हुए 30 मार्च, 1993 को आतंकवादियों के साथ लड़ते हुए वीरगति को प्राप्त हुए। उनकी बहादुरी को देखते हुए हरियाणा सरकार ने हिसार जिले में उनके नाम का शहीद स्मारक भी बनवाया और उन्हें शहीद का दर्जा भी दिया।

परिवार

शहीद सुबे सिंह की शादी श्रीमती कौशल्या देवी से हुई, जो एक गृहिणी हैं। शहीद सुबे सिंह के परिवार में पुत्र सतेंद्र कुमार तथा पुत्री मंजु देवी हैं। शहीद सुबे सिंह के पुत्र जी.एस.टी. विभाग में अधीक्षक के पद पर तैनात हैं व पुत्री शिक्षा विभाग में अध्यापिका हैं।

घटना का संक्षिप्त विवरण

30 मार्च, 1993 को आतंकवादियों के साथ हिसार पुलिस का इलाका धानी लंबा गाँव गासवा, थाना रतिया, जिला हिसार में मुठभेड़ हो गई। जिसमें खतरनाक आतंकवादी बलविंदर सिंह उर्फ बुल्ट मारा गया और मुठभेड़ के दौरान स.उ.नि. सुबे सिंह नं. 461/हिसार को गोली लगी। जो 30 मार्च, 1993 को ही कर्तव्य पालन करते हुए वीरगति को प्राप्त हो गए।

नाम : प्रेम सिंह
रैंक और यूनिट : सिपाही, पानीपत
पिता का नाम : स्व. श्री अमर सिंह
माता का नाम : श्रीमती मेवा देवी
मूल स्थान : गाँव हाट, जिला जींद, राज्य हरियाणा
पता : 452 पी, सैक्टर-6, पानीपत, हरियाणा
शहादत का स्थान : बस स्टैंड, पानीपत, जिला पानीपत, राज्य हरियाणा
जन्म तिथि : 01 सितंबर, 1950
पुलिस विभाग में शामिल होने की तिथि : 11 जून, 1970
शहादत की तिथि : 05 जुलाई, 1993

जीवन परिचय

शहीद प्रेम सिंह का जन्म 01 सितंबर, 1950 को गाँव हाट, तहसील सफीदों, जिला जींद में हुआ। शहीद प्रेम सिंह की प्रारंभिक शिक्षा पैतृक गाँव में ही हुई थी। परिवार में शहीद प्रेम सिंह के अलावा दो भाई महेंद्र सिंह, रणवीर सिंह व तीन बहनें हैं। बचपन से ही शहीद प्रेम सिंह को दूसरों की सेवा करने व धार्मिक कार्य करने का शौक था। वे अपने गाँव के हटकेश्वर तीर्थधाम में बहुत ही भक्तिभाव से लोगों की सेवा करते थे। शहीद प्रेम सिंह को खेलों में भी रुचि थी व हॉकी व शूटिंग अव्वल दर्जे की करते थे।

शहीद प्रेम सिंह 11 जून, 1970 को पुलिस विभाग में भर्ती हुए। शहीद प्रेम सिंह ने पुलिस विभाग में आने के बाद भी खेलों को नहीं छोड़ा और कई पदक अपने नाम

लिखे। शहीद प्रेम सिंह को अच्छी नौकरी करने के लिए 27 बार अलग-अलग तरह के प्रशंसा पत्रों से भी सम्मानित किया।

परिवार

शहीद सिपाही प्रेम सिंह की शादी श्रीमती मधुबाला से हुई। शहीद सिपाही प्रेम सिंह के दो पुत्र हैं, जिनका नाम विशाल व कुशल है जो अपना खुद का व्यवसाय करते हैं। शहीद सिपाही प्रेम सिंह के शहीद होने के पश्चात् इनकी पत्नी को अध्यापिका की नौकरी दी गई, जो अब सेवानिवृत्त होकर अपने पुत्रों के साथ रहती हैं।

घटना का संक्षिप्त विवरण

सन् 1992-93 में आतंकवाद काफी फैला हुआ था, जिसके चलते अधिकारियों ने सिपाही प्रेम सिंह नं. 300/पानीपत को स्पेशल हरियाणा रोडवेज कुरुक्षेत्र डिपो के लिए नियुक्त कर रखा था। 05 जुलाई, 1993 को सिपाही प्रेम सिंह व उसके साथी एक बस को चैक कर रहे थे। बस में दो नौजवान बैठे थे, जिनमें एक का नाम बाद में अमित पंजाब से मालूम हुआ, ने अपने बैग से पिस्तौल निकालकर सिपाही प्रेम सिंह की कनपटी पर रख दी और दूसरे लड़के को छोड़ने को कहा, लेकिन सिपाही प्रेम सिंह ने निडरता से अपने कर्तव्य को निभाया। उसी दौरान खतरनाक अपराधी ने उनके सिर पर रिवॉल्वर का उपयोग करके गोली आर-पार निकाल दी और फायर करते हुए भागने लगे। ईश्वर सिंह ड्राइवर ने भी उन्हें पकड़ने की कोशिश की, परंतु उन्होंने ईश्वर सिंह ड्राइवर को भी गोली मार दी, जो उनके कान के पास लगी। सिपाही प्रेम सिंह गोली नजदीक से लगने के परिणामस्वरूप शहीद हो गए। बाद में अपराधी को पकड़ा गया। जो अपराधी के खिलाफ एक अभियोग संख्या 510, 05 जुलाई, 1993 धारा 302, 307 भा.द.सं., शस्त्र अधानियम और 3/4 टी.डी. अधिनियम अंकित किया गया था।

नाम : अजायब सिंह

रैंक और यूनिट : मुख्य सिपाही, प्रथम वाहिनी एच.ए.पी.
पिता का नाम : श्री गुरमेज सिंह
माता का नाम : श्रीमती परसेन कौर
मूल स्थान : गाँव सरावा, थाना सढौरा, जिला यमुनानगर, राज्य हरियाणा
पता : गाँव सरावा, थाना सढौरा, जिला यमुनानगर
शहादत का स्थान : हरियाणा सिविल सचिवालय, चंडीगढ़
जन्म तिथि : 07 मार्च, 1965
पुलिस विभाग में शामिल होने की तिथि : 15 फरवरी, 1984
शहादत की तिथि : 31 अगस्त, 1995

जीवन परिचय

शहीद अजायब सिंह का जन्म 07 मार्च, 1965 को एक साधारण परिवार में गाँव सरावा, थाना सढौरा, जिला यमुनानगर में हुआ। शहीद अजायब सिंह की प्रारंभिक शिक्षा अपने पैतृक गाँव में हुई थी और दसवीं की परीक्षा गाँव के सरकारी स्कूल, सरावा से ही पास की थी। शहीद अजायब सिंह को स्कूल शिक्षा के साथ-साथ अच्छे संस्कार भी मिले हुए थे। शहीद अजायब सिंह को खेलकूद का भी शौक था व देशप्रेम की भावना कूट-कूटकर भरी थी। शहीद अजायब सिंह बैल्ट फोर्स में भर्ती होना चाहते थे और माता-पिता की भी यही इच्छा थी।

शहीद अजायब सिंह 15 फरवरी, 1984 को हरियाणा पुलिस में सिपाही के पद पर भर्ती हुए और ट्रेनिंग पास होने के बाद प्रथमवाहिनी एच.ए.पी. में नियुक्त

थे। हरियाणा पुलिस प्रथमवाहिनी एच.ए.पी. की ड्यूटी मुख्यमंत्री आवास, चंडीगढ़ में लगी हुई थी।

परिवार

शहीद अजायब सिंह का विवाह बलविंदर कौर से हुआ। शहीद अजायब सिंह के परिवार में पुत्र तवन पाल व पुत्री हरसमीत कौर हैं। शहीद अजायब सिंह के पुत्र अपने पिता की जगह 26 अगस्त, 2014 को हरियाणा पुलिस में भर्ती किए गए व पुत्री शादीशुदा हैं।

घटना का संक्षिप्त विवरण

31 अगस्त, 1995 को मुख्य सिपाही अजायब सिंह नं. 1/137 एच.ए.पी. वी.वी.आई.पी. गेट हरियाणा सिविल सचिवालय, चंडीगढ़ में ड्यूटी पर था। पंजाब के माननीय मुख्यमंत्री सैशन आए हुए थे और कुछ उग्रवादियों ने अपनी कार में बारूद भरकर मुख्यमंत्री की कार के साथ खड़ा कर दिया और जब शाम को माननीय मुख्यमंत्रीजी चलने लगे तो उग्रवादियों ने बारूद भरी कार को उड़ा दिया। धमाका इतना जोरदार था कि आसपास के इलाके को भी अपनी चपेट में ले लिया। बम ब्लास्ट में मुख्य सिपाही अजायब सिंह मौके पर ही कर्तव्य पालन में शहीद हो गए और श्री बेअंत सिंह, तत्कालीन मुख्यमंत्री पंजाब भी मौके पर ही मारे गए।

नाम	: **विजयभान**
रैंक और यूनिट	: सिपाही, अंबाला
पिता का नाम	: श्री प्रेम सिंह
माता का नाम	: श्रीमती रक्षा देवी
मूल स्थान	: जिला जींद, राज्य हरियाणा
पता	: गाँव बालाचोर, थाना नवाब शहर, राज्य पंजाब
शहादत का स्थान	: मटेडी चौक, थाना नग्गल, जिला अंबाला, राज्य हरियाणा
जन्म तिथि	: 15 फरवरी, 1970
पुलिस विभाग में शामिल होने की तिथि	: 19 दिसंबर, 1988
शहादत की तिथि	: 15 दिसंबर, 1995

जीवन परिचय

शहीद विजयभान का जन्म 15 फरवरी, 1970 को पंजाब के गाँव बालाचोर में हुआ था। शहीद विजयभान के भाई का नाम श्री भानुप्रताप था, जिनका देहांत 2018 में हो चुका है। इनकी दो बहनें अनीता व सुनीता हैं। विजयभान ने अपनी दसवीं तक की पढ़ाई अपने पैतृक गाँव बालाचोर में की व बारहवीं की पढ़ाई अपने मामाजी के गाँव पंगोली में की थी। 19 दिसंबर, 1988 को शहीद विजयभान हरियाणा पुलिस में भर्ती हो गए। ट्रेनिंग के समय से ही शहीद विजयभान बहुत ही निर्भीक थे, जब भी शहीद विजयभान के घर में बातचीत होती थी तो वे कहते थे कि सबसे पहले मैं जाऊँगा।

परिवार

शहीद विजयभान का विवाह श्रीमती प्रीति ठाकुर से हुआ था। शहीद विजयभान की पत्नी श्रीमती प्रीति ठाकुर, कार्यालय पुलिस महानिरीक्षक पंचकुला में क्लर्क के पद पर तैनात हैं। शहीद विजयभान के परिवार में उनकी दो पुत्रियाँ उर्वशी व वर्षा हैं।

घटना का संक्षिप्त विवरण

14/15 दिसंबर, 1995 की रात सिपाही विजयभान मटेडी चौक पर ए.एस. आई. महेंद्र सिंह के साथ तैनात थे। एक ट्रैक्टर-ट्रॉली अंबाला की ओर जा रहा था तो पुलिस अधिकारियों ने ट्रैक्टर पर बैठे लोगों पर संदेह किया। चैकिंग के दौरान पाया कि ट्रैक्टर में आनेवाले व्यक्ति आतंकवादी थे, जब पुलिस अधिकारियों ने ट्रैक्टर को रोकने का आदेश दिया तो आतंकवादियों ने गोलीबारी शुरू कर दी। कर्तव्य पालन करते हुए सिपाही विजयभान ने मौके पर अपना जीवन बलिदान कर दिया।

नाम : गुरदास सिंह
रैंक और यूनिट : सिपाही, सिरसा
पिता का नाम : श्री बलदेव सिंह
माता का नाम : श्रीमती नसीब कौर
मूल स्थान : गाँव नौरंग, तहसील डबवाली, जिला सिरसा राज्य हरियाणा
पता : गाँव नौरंग, तहसील डबवाली, जिला सिरसा
शहादत का स्थान : राजीव मैरिज पैलेस, शहर डबवाली, जिला सिरसा
जन्म तिथि : 06 अप्रैल, 1970
पुलिस विभाग में शामिल होने की तिथि : 07 नवंबर, 1988
शहादत की तिथि : 28 दिसंबर, 1995

जीवन परिचय

शहीद गुरदास सिंह का जन्म 06 अप्रैल, 1970 को गाँव नौरंग, तहसील डबवाली, जिला सिरसा में हुआ। उनके पिता का नाम श्री बलदेव सिंह, दादाजी का श्री मुकुंद सिंह और माताजी का नाम श्रीमती नसीब कौर है। वे मजहबी सिख जाति से संबंध रखते थे। उनके एक भाई व तीन बहनें थीं। उनके पिताजी व दादाजी का व्यवसाय मजदूरी था और इनके दादाजी गाँव नौरंग के नंबरदार भी थे। इनके दादाजी के देहांत के बाद इनके पिताजी नंबरदार रहे। शहीद गुरदास सिंह की आर्थिक स्थिति बहुत ज्यादा खराब थी। उनका परिवार मजदूरी करके अपना गुजारा करता था। उन्होंने अपनी आठवीं तक की पढ़ाई राजकीय माध्यमिक पाठशाला नौरंग और

दसवीं की पढ़ाई एस.एस.एन. आर्य हाई स्कूल से की। शहीद गुरदास सिंह 07 नवंबर, 1988 को हरियाणा पुलिस में बतौर सिपाही पद पर भर्ती हुए। इनकी यूनिट जिला सिरसा थी और वे डबवाली कांड में लोगों की जान बचाते हुए वीरगति को प्राप्त हुए। मरणोपरांत उनकी पत्नी व उनके परिवार को एक लाख रुपए की सांत्वना राशि दी गई व इनकी पत्नी को 30 नवंबर, 1999 को ऑल इंडिया पुलिस ड्यूटी मिट की क्लोजिंग पर प्रधानमंत्री श्री अटल बिहारी वाजपेयीजी ने जीवन रक्षणार्थ पदक प्रदान किया। शहीद गुरदास सिंह के शहीद होने के बाद 27 अप्रैल, 2004 को उनके पिताजी का भी देहांत हो गया।

परिवार

शहीद गुरदास सिंह की शादी मकोरद साहब तहसील मुनक में श्रीमती सतपाल कौर से हुई थी। शहीद गुरदास सिंह के परिवार में एक पुत्री हैं जिनका नाम सुखमन जीत कौर है। शहीद गुरदास सिंह की पत्नी सतपाल कौर की पंचायती समझौते के तौर पर शहीद गुरदास सिंह के छोटे भाई प्रकाश सिंह के साथ शादी कर दी गई। पेंशन भत्ता शहीद गुरदास सिंहजी की बेटी को मिल रहा है और वह अपनी दादी के साथ गाँव नौरंग में रहती है। सुखमन जीत कौर बी.ए. की पढ़ाई कर रही है और अपने पिताजी के पेंशन भत्ते पर ही पूरे परिवार का गुजारा कर रही है। शहीद गुरदास सिंह की मृत्यु के बाद परिवार की हालत बहुत ही दयनीय हो गई है और उनका छोटा भाई प्रकाश सिंह मजदूरी करके पूरे परिवार को सँभालता है।

घटना का संक्षिप्त विवरण

23 दिसंबर, 1995 को दोपहर करीब 1.30 बजे एक हादसा हुआ। राजीव मैरिज पैलेस, शहर डबवाली में डी.ए.वी. पब्लिक स्कूल में एक सालाना प्रोग्राम मनाया जा रहा था और इनाम वितरित किए जा रहे थे, वहाँ एक सिंथेटिक टेंट लगाया हुआ था। प्रोग्राम में लगे जरनेटर की वायरिंग से शॉर्ट सर्किट हुआ और टेंट में आग लग गई, जिसने टेंट के मुख्य द्वार को रोक दिया। टेंट में लगी आग से करीब 1500 लोगों की अपने आप को बचाने के लिए एक ही रास्ते से बाहर जाने की कोशिश कर रहे थे। करीब 400 लोग जलने के कारण मृत्यु हो गई व 160 बुरी तरह से जख्मी हो गए थे। बचाव अभियान के दौरान सिपाही गुरदास नं. 721/सिरसा काफी जख्मी हो गए थे और इलाज के लिए उन्हें एम.सी.एच. रोहतक ले जाया गया और 28 दिसंबर, 1995 को वे वीरगति को प्राप्त हुए।

नाम : भागीरथ
रैंक और यूनिट : सिपाही, सिरसा
पिता का नाम : श्री जोरा राम
माता का नाम : श्रीमती बीबी देवी
मूल स्थान : गाँव जोतवाली, तह. मंडी डबवाली, जिला सिरसा, हरियाणा
पता : गाँव कुआवाली ढाणी, थाना पीली बंगा, जिला गंगा नगर, राजस्थान
शहादत का स्थान : राजीव मैरिज पैलेस, शहर डबवाली, जिला सिरसा
जन्म तिथि : 06 अप्रैल, 1964
पुलिस विभाग में शामिल होने की तिथि : 27 सितंबर, 1989
शहादत की तिथि : 24 दिसंबर, 1995

जीवन परिचय

शहीद भागीरथ का जन्म 06 अप्रैल, 1964 को गाँव जोतवाली, तहसील मंडी डबवाली, जिला सिरसा में हुआ। शहीद भागीरथ के पाँच भाई व तीन बहनें थीं। उनके पिता व दादाजी का व्यवसाय मजदूरी था। बड़ा परिवार होने के कारण उनकी आर्थिक स्थिति बहुत ज्यादा खराब थी, क्योंकि मजदूरी के अलावा घर चलाने का कोई भी साधन नहीं था। शहीद भागीरथ ने अपनी दसवीं तक की पढ़ाई आर्थिक कठिनाइयों का सामना करते हुए गाँव जोतावली के राजकीय उच्च माध्यमिक पाठशाला लोहगढ़ से की। शहीद सिपाही भागीरथ को बचपन से ही खेलों का शौक

था और वे कबड्डी खेला करते थे। कबड्डी में राजकीय उच्च माध्यमिक विद्यालय लोहगढ़ की तरफ से जिला स्तरीय प्रतियोगिता भी खेल चुके थे। शहीद भागीरथ खेल के साथ-साथ प्रकृति प्रेमी थे और काफी मात्रा में उन्होंने पेड़ भी लगवाए थे, जो आज भी राजकीय उच्च माध्यमिक विद्यालय लोहगढ़ में मौजूद हैं। शहीद भागीरथ 27 सितंबर, 1989 को 25 वर्ष की आयु में हरियाणा पुलिस में भर्ती हुए थे और इनकी यूनिट सिरसा थी।

परिवार

शहीद भागीरथ का विवाह सन् 1987 में गाँव धमड़िया जिला गंगानगर राजस्थान की श्रीमती उमा देवी से हुआ। शहीद भागीरथ के परिवार में दो पुत्र बलदेव व सुनील हैं। मरणोपरांत शहीद भागीरथ की पत्नी व परिवार को एक लाख रुपए की सांत्वना राशि दी गई व इनकी पत्नी को 30 नवंबर, 1999 को ऑल इंडिया पुलिस ड्यूटी मिट की क्लोजिंग पर प्रधानमंत्री श्री अटल बिहारी वाजपेयीजी ने जीवन रक्षणार्थ मेडल प्रदान किया। शहीद भागीरथ के माता-पिता दोनों का देहांत हो चुका है। पेंशन भत्ता शहीद भागीरथजी की पत्नी को मिल रहा है और वह अपने दोनों पुत्रों के साथ डबवाली में रहती हैं। परिवार की स्थिति खराब होते हुए भी उमा देवी ने अपने पुत्रों को अच्छी शिक्षा दिलाई है। बड़ा पुत्र बलदेव एम. टेक की पढ़ाई कर रहा है और छोटा पुत्र सुनील बी.ए. की पढ़ाई कर रहा है।

घटना का संक्षिप्त विवरण

23 दिसंबर, 1995 को दोपहर करीब 1.30 बजे एक हादसा हुआ। राजीव मैरिज पैलेस, शहर डबवाली में डी.ए.वी. पब्लिक स्कूल में एक सालाना प्रोग्राम मनाया जा रहा था और इनाम वितरित किए जा रहे थे। वहाँ एक सिंथेटिक टेंट लगाया हुआ था। प्रोग्राम में लगे जरनेटर की वायरिंग से शॉर्ट सर्किट हुआ और टेंट में आग लग गई, जिसने टेंट के मुख्य द्वार को रोक दिया। टेंट में लगी आग से करीब 1500 लोग अपने आप को बचाने के लिए एक ही रास्ते से बाहर जाने की कोशिश कर रहे थे। करीब 400 लोगों की जलने के कारण मृत्यु हो गई व 160 बुरी तरह से जख्मी हो गए थे। बचाव अभियान के दौरान सिपाही भागीरथ नं. 254/सिरसा काफी जख्मी हो गए थे और इलाज के लिए उन्हें सी.एम.सी., लुधियाना ले जाया गया और 24 दिसंबर, 1995 को वे वीरगति को प्राप्त हुए।

नाम : **चंद्रहास**
रैंक और यूनिट : ए.एस.आई., गुड़गाँव
पिता का नाम : जगमाल सिंह
माता का नाम : श्रीमती सुरजकौर देवी
मूल स्थान : कँवाली, जिला रेवाड़ी, राज्य हरियाणा
पता : गाँव कंवाली, थाना खोल, जिला रेवाड़ी, हरियाणा
शहादत का स्थान : फिरोजपुर नमक, नूँह, जिला नूँह, राज्य हरियाणा
जन्म तिथि : 05 जून, 1953
पुलिस विभाग में शामिल होने की तिथि : 16 सितंबर, 1975
शहादत की तिथि : 17 मार्च, 1997

जीवन परिचय

शहीद चंद्रहास यादव का जन्म 05 जून, 1953 गाँव कँवाली, थाना खोल जिला रेवाड़ी में हुआ था। श्री चंद्रहास यादव की प्रारंभिक शिक्षा गाँव कँवाली, थाना खोल जिला रेवाड़ी में हुई थी, जिसके उपरांत श्री चंद्रहास यादव उच्च शिक्षा के लिए अहीर कॉलेज रेवाड़ी गए। बचपन से ही शहीद चंद्रहास यादव हॉकी के बड़े प्रभावी खिलाड़ी थे। गाँव कँवाली आसपास के क्षेत्र में हॉकी का हब माना जाता था। बचपन में ही श्री चंद्रहासजी गाँव, खंड, जिला व राज्य स्तर पर हॉकी टीम में चुने जाने लगे। उनकी इसी प्रतिभा को देखते हुए शहीद चंद्रहास यादव के पिताजी ने उन्हें खिलाड़ी के तौर पर हिसार कॉलेज में भेजा, जहाँ पर शहीद चंद्रहास यादव

कॉलेज स्तर पर हॉकी टीम के कप्तान चुने गए व राष्ट्रीय स्तर पर प्रतियोगिताओं में उनका चयन किया गया। सक्षम खिलाड़ी होने के कारण शहीद चंद्रहास यादव का चयन हरियाणा पुलिस में सिपाही के पद पर हुआ और उन्होंने हरियाणा पुलिस की टीम में कई वर्षों तक महत्त्वपूर्ण भूमिका निभाई।

श्री चंद्रहास यादव हरियाणा पुलिस नौकरी के तीन वर्ष पश्चात् लोअर स्कूल में दर्ज हुए। इसके उपरांत अनुसंधान अधिकारी के तौर पर काफी लंबे समय रहे। इनकी इसी प्रतिभा को देखते हुए विभागीय आधार पर कई प्रशंसा पत्र दिए गए। पुलिस विभाग में वे एक बहादुर पुलिसकर्मी के रूप में विख्यात हुए। थाना पटौदी में एक वांछित अपराधी की मृत्यु होने के कारण कुछ असामाजिक तत्त्वों ने थाने को घेर लिया व थाना प्रबंधक को बंदी बना लिया। उस समय चंद्रहास यादव छुट्टी पर थे, लेकिन जैसे ही उन्हें पता चला, वे तुरंत थाना पटौदी पहुँचे व भीड़ को तितर-बितर किया और थाना प्रबंधक को असामाजिक तत्त्वों से छुड़वाया। इस कार्य में उनकी पत्नी ने भी उनका साथ दिया, जिस पर तत्कालीन पुलिस अधीक्षक गुड़गाँव द्वारा उनको व उनकी पत्नी को प्रशंसा पत्र दिए गए।

परिवार

शहीद चंद्रहास यादव का विवाह श्रीमती रामरजी देवी से हुआ। शहीद चंद्रहास यादव तीन भाई नौवत सिंह, उदय सिंह व पवन यादव व दो बहनें कृष्णा देवी व शारदा देवी हैं। शहीद चंद्रहास यादव के परिवार में दो पुत्र विकास, विजय व एक पुत्री मिता यादव हैं।

घटना का संक्षिप्त विवरण

17 मार्च, 1997 को जब वे सोहना में थाना प्रबंधक के पद पर तैनात थे। ए.एस.आई. चंद्रहास 150/गुड़गाँव, ए.एस.आई. जय श्री, ई.एच.सी. सुभाष के साथ अभियोग संख्या 10/97 थाना सोहना में आरोपी फजरू पुत्र नकोली मेव और मेजर पुत्र फुलकुमार मेव थाना हथीन को गिरफ्तार करने प्राइवेट गाड़ी में निकले। जहाँ उनका आमना-सामना अपराधियों की गाड़ी के साथ हो गया। उन्होंने अपनी गाड़ी से अपराधियों की गाड़ी में छलाँग लगा दी व ड्राइवर साइड जाकर उसके साथ लड़ते रहे। उसी दौरान आरोपियों ने उनके ऊपर अपनी गाड़ी चढ़ा दी। ए.एस.आई. चंद्रहास ने कर्तव्य पालन करते समय मौके पर अपना जीवन बलिदान कर दिया।

नाम : भीम सिंह
रैंक और यूनिट : प्रधान सिपाही, रोहतक
पिता का नाम : श्री हरिराम
माता का नाम : श्रीमती गजंती देवी
मूल स्थान : दरियावाला, जिला जींद, राज्य हरियाणा
पता : म.नं. 237/2, रामबीर कॉलोनी, रेलवे स्टेशन के पास, जींद
शहादत का स्थान : इंद्र कॉलोनी, शहर रोहतक, जिला रोहतक, राज्य हरियाणा
जन्म तिथि : 23 मार्च, 1952
पुलिस विभाग में शामिल होने की तिथि : 18 दिसंबर, 1971
शहादत की तिथि : 19 दिसंबर, 1997

जीवन परिचय

शहीद भीम सिंह का जन्म 23 मार्च, 1952 को गाँव दरियावाला, जिला जींद, हरियाणा में हुआ। शहीद भीम सिंह के अलावा परिवार में दो भाई व एक बहन थी। शहीद भीम सिंह ने दसवीं तक की पढ़ाई जाट सीनियर सेकेंडरी स्कूल जींद से पूरी की। शहीद भीम सिंह 18 दिसंबर, 1971 को पुलिस विभाग में बतौर सिपाही के पद पर नियुक्त हुए। पुलिस विभाग में सेवा के दौरान 46 प्रशंसा पत्र सर्वश्रेष्ठ सेवाओं के लिए प्रदान किए गए, जो उनके जीवन में आज तक उल्लेखनीय हैं। शहीद भीम सिंह अपने स्कूल टाइम से ही कबड्डी के राज्य स्तर के बहुत अच्छे खिलाड़ी थे, जिन्होंने पुलिस सेवा के दौरान भी कई बार कबड्डी में अच्छा प्रदर्शन किया।

परिवार

शहीद भीम सिंह का विवाह सन् 1974 में श्री रिषाल सिंह की पुत्री श्रीमती कलावती देवी के साथ हुआ। शहीद भीम सिंह के परिवार में दो पुत्र सतेंद्र, रविंद्र व दो पुत्रियाँ सुनीता, किरण हैं। शहीद भीम सिंह का पुत्र सतेंद्र आठवीं पास है व मजदूरी करता है और दूसरे पुत्र रविंद्र ने एम.बी.ए. की हुई है तथा शहीद भीम सिंह की शहादत के उपरांत हरियाणा पुलिस में बतौर सिपाही भर्ती किया गया। शहीद भीम सिंह की दोनों पुत्रियाँ शादीशुदा हैं।

घटना का संक्षिप्त विवरण

06 दिसंबर, 1997 को जिला पुलिस रोहतक के साथ प्रधान सिपाही भीम सिंह रात्रि गश्त पर थे, तभी उनको सूचना मिली कि एक मेटाडोर करतारपुर में आएगी। उन्होंने संदिग्ध तस्करों के गिरोह को पकड़ने के लिए नाकाबंदी की। नियमित चैकिंग के दौरान प्रधान सिपाही भीम सिंह नं. 70/रोहतक ने मैटोडोर को रोकने की कोशिश की, लेकिन तस्करों ने उसे सीधे जान से मारने की नीयत से टक्कर मार दी, जिससे वह नीचे गिर गए, गिरने के कारण ड्राइवर ने गाड़ी को उनके ऊपर से ही उतार दिया। प्रधान सिपाही भीम सिंह को तुरंत पी.जी.आई.एम.एस. रोहतक में उपचार के लिए भर्ती किया। 19 दिसंबर, 1997 को इलाज के दौरान उन्होंने अपने जीवन का त्याग किया।

नाम :	**बलजीत**
रैंक और यूनिट :	सिपाही, जींद
पिता का नाम :	श्री धर्मपाल
माता का नाम :	श्रीमती छोटो देवी
मूल स्थान :	किरमारा, जिला हिसार, राज्य हरियाणा
पता :	गाँव किरमारा, थाना अगरोहा, जिला हिसार, हरियाणा।
शहादत का स्थान :	धमतान, जिला जींद राज्य, हरियाणा
जन्म तिथि :	08 अप्रैल, 1967
पुलिस विभाग में शामिल होने की तिथि :	13 मार्च, 1989
शहादत की तिथि :	10 मार्च, 1998

जीवन परिचय

शहीद बलजीत सिंह का जन्म 08 अप्रैल, 1967 को गाँव किरमारा, थाना अगरोहा, जिला हिसार में एक किसान के परिवार में हुआ था। उनके पिता एक मेहनती किसान थे। शहीद बलजीत सिंह के परिवार में इनसे बड़ा एक भाई था। दोनों भाइयों में बड़ा ही प्यार था। शहीद बलजीत सिंह ने अपनी पढ़ाई गाँव के ही सरकारी स्कूल से ही की थी व कक्षा दसवीं तक ही पढ़े थे। शहीद बलजीत सिंह पढ़ाई के साथ-साथ अपने भाई व पिता के साथ खेतीबाड़ी भी करते थे। शहीद बलजीत सिंह की खेल में भी रुचि थी व अपनी गाँव की कबड्डी टीम के अच्छे खिलाड़ी थे और कई बार पंचायती खेलों में अपने गाँव का नाम भी रोशन किया। शहीद बलजीत सिंह शरीर से हट्टे-कट्टे होने की वजह से सभी, उन्हें पुलिस या फौज में भर्ती होने

की कहते थे। सन् 1989 में शहीद बलजीत सिंह पुलिस की भर्ती देखने गए हुए थे और पहली बार में ही पुलिस में भर्ती कर लिये गए। पुलिस में नौकरी लगने से पूरे परिवार व गाँव को खुशी हुई।

परिवार

शहीद बलजीत सिंह का विवाह श्रीमती कमलेश से हुआ था। शहीद बलजीत सिंह के परिवार में दो पुत्र अशोक व प्रवीन हैं। शहीद बलजीत सिंह के दोनों पुत्र खेतीबाड़ी का काम करते हैं।

घटना का संक्षिप्त विवरण

10 मार्च, 1998 को गढ़ी पुलिस थाना के प्रबंधक थाना को जानकारी मिली कि कुछ असामाजिक तत्त्व जगमहिंदर सिंह पुत्र सुबा सिंह हरिजन गाँव धमतान साहिब के घर में अवैध हथियार के साथ उपस्थित है। प्रबंधक थाना अपने साथ स.उ.नि. धर्म सिंह, सिपाही रमेश चंद नं. 266/जींद और सिपाही बलजीत सिंह नं. 767/जींद को लेकर सरकारी जीप में गाँव धमतान साहिब के लिए रवाना हुए। बस स्टैंड धमतान साहिब पहुँचने पर उन्होंने दो युवा लड़कों को एक मोटरसाइकिल पर देखा, जो पुलिस पार्टी को देखने के बाद भागने की कोशिश कर रहे थे। उन्होंने पट्रोल पंप की तरफ अपनी मोटरसाइकिल को मोड़ दिया। चूँकि, इन युवाओं की गतिविधियाँ संदिग्ध थीं, इसलिए स.उ.नि. धर्मपाल ने उन्हें सत्यापन के लिए बुलाया। पूछताछ के दौरान उन्होंने अपना नाम बतलाया और बताया कि वे एफ.सी.आई. टोहाना में पल्लेदारी का काम कर रहे हैं। स.उ.नि. धर्म सिंह ने आरोप लगाया कि एक युवा जमानत पर बाहर है और उसने वापस रिपोर्ट नहीं की। इस पर पुलिस कर्मचारियों ने उन्हें गिरफ्तार करने की कोशिश की तो उसने भागते हुए अपने डब से पिस्तौल निकाली और सीधा फायर बलजीत सिंह पर किया। बलजीत सिंह को गोली माथे पर लगी, जो गोली लगने से जमीन पर गिर गए। सिपाही बलजीत सिंह को जख्मी हालत में सामान्य अस्पताल नरवाना लाया गया। वहाँ पहुँचते ही सिपाही बलजीत सिंह ने दम तोड़ दिया।

नाम : **लश्कर सिंह**

रैंक और यूनिट : सिपाही, फरीदाबाद

पिता का नाम : श्री कश्मीर सिंह

माता का नाम : श्रीमती सुरजीत कौर

मूल स्थान : गाँव व डाक. उरनाला खुर्द, जिला पानीपत, राज्य हरियाणा

पता : गाँव व डाक. उरनाला खुर्द, जिला पानीपत, राज्य हरियाणा

शहादत का स्थान : लक्कड़पुर, कर्णपुर कॉलोनी, थाना सूरजकुंड (NIT), फरीदाबाद।

जन्म तिथि : 30 नवंबर, 1971

पुलिस विभाग में शामिल होने की तिथि : 26 अगस्त, 1992

शहादत की तिथि : 25 दिसंबर, 1999

जीवन परिचय

शहीद लश्कर सिंह का जन्म 30 नवंबर, 1971 को पानीपत जिले के उरनाला खुर्द गाँव में हुआ। शहीद लश्कर सिंह ने अपनी प्राथमिक शिक्षा गाँव की ही सरकारी पाठशाला से की व बारहवीं तक की शिक्षा जींद जिले के सफीदों कस्बे में सरकारी विद्यालय से प्राप्त की। पढ़ाई करते-करते शहीद लश्कर सिंह का चयन सन् 1992 में हरियाणा पुलिस में बतौर सिपाही के पद पर हो गया।

परिवार

शहीद लश्कर सिंह का विवाह श्रीमती राजिंदर कौर से हुआ था। शहीद लश्कर सिंह के परिवार में पुत्री प्रभजीत कौर व पुत्र गुलाब सिंह हैं। शहीद लश्कर सिंह की पत्नी ने लिखकर दिया कि वह अनुग्रहपूर्वक नीति के अंतर्गत नौकरी नहीं लेना चाहती। पुलिस विभाग की तरफ से कुल लाभांश राशि 6,89,058/– उनकी पत्नी को दी गई व पारिवारिक पेंशन जारी की गई, ताकि परिवार को आर्थिक कठिनाइयों का सामना न करना पड़े।

घटना का संक्षिप्त विवरण

25 दिसंबर, 1999 को सिपाही लश्कर सिंह, करण पहाड़ी लक्कड़पुर, एन.आई.टी. फरीदाबाद में निरीक्षक सी.आई.ए. के साथ ड्यूटी पर थे। उन्हें सूचना मिली कि चैकिंग के दौरान समाज विरोधी तत्त्व सतेंद्र/सत्य और उनकी पार्टी, जिस पर कई लूट व डकैती के मामले दर्ज हैं, गाँव लकड़पुर में किसी वारदात को अंजाम देने के लिए आ रहा है। सूचना मिलने पर ए.एस.आई. रणधीर सिंह, सिपाही लश्कर सिंह व अन्य साथी मुलाजमान छानबीन के लिए सादे कपड़ों में गाँव लकड़पुर पहुँचे, जब अपराधी को पुलिस पार्टी ने गिरफ्तार करने की कोशिश की, लेकिन सतेंद्र/सत्य और उनकी पार्टी ने पुलिस पार्टी पर गोली चलाई। सिपाही लश्कर सिंह व सिपाही रमेश कुमार को गोली लगी और वहीं जमीन पर गिर गए, जब ए.एस. आई. रणधीर सिंह ने दोनों जवानों को चैक किया तो सिपाही लश्कर सिंह दम तोड़ चुके थे व सिपाही रमेश कुमार घायल थे। सिपाही लश्कर सिंह समाज विरोधी तत्त्वों से लड़ते हुए शहीद हो गए थे।

नाम	:	**रणबीर सिंह**
रैंक और यूनिट	:	सिपाही, चतुर्थ वाहिनी एच.ए.पी.
पिता का नाम	:	श्री नफे सिंह
माता का नाम	:	श्रीमती चाहतो देवी
मूल स्थान	:	गाँव बली कुतुबपुर, थाना गन्नौर, जिला सोनीपत, हरियाणा
पता	:	गाँव बली कुतबुपुर, थाना गन्नौर, जिला सोनीपत
शहादत का स्थान	:	सैक्टर 4/7, गुड़गाँव
जन्म तिथि	:	28 जून, 1975
पुलिस विभाग में शामिल होने की तिथि	:	21 नवंबर, 1998
शहादत की तिथि	:	04 जून, 2000

जीवन परिचय

शहीद रणबीर सिंह का जन्म 28 जून, 1975 को एक साधारण परिवार में गाँव बली कुतबुपुर, थाना गन्नौर, जिला सोनीपत में हुआ। इन्होंने अपनी दसवीं तक की पढ़ाई 1995 में अपने गाँव के ही सरकारी स्कूल से की व बारहवीं की पढ़ाई एस.एम. हिंदू स्कूल, सोनीपत से सन् 1997 में पास की। शहीद रणबीर सिंह सन् 1998 में पुलिस विभाग में सिपाही पद पर भर्ती हुए। शहीद रणबीर सिंह का व्यवहार सभी के साथ मिलनसार था।

शहीद रणबीर सिंह कबड्डी व खो-खो खेलने के शौकीन थे। शहीद रणबीर सिंह ने खो-खो प्रतियोगिता में हरियाणा स्टेट लेवल पर प्रथम स्थान प्राप्त किया।

शहीद रणबीर सिंह ग्रामीण कबड्डी प्रतियोगिता में काफी कम समय में मशहूर हो गए, क्योंकि ये ग्रामीण क्षेत्र के कबड्डी के मशहूर खिलाड़ी थे।

परिवार

शहीद रणबीर सिंह का विवाह सन् 1994 में पढ़ाई के दौरान श्रीमती सुनीता देवी गाँव बाघोत महेंद्रगढ़ से हुआ। शहीद रणबीर सिंह के तीन भाई मेहर सिंह, सतबीर सिंह व छोटा भाई कर्मबीर सिंह, जिनका देहांत हो चुका है। शहीद रणबीर सिंह के परिवार में एक पुत्री व दो पुत्र है। बड़ी पुत्री का नाम एकता है, जिनकी शादी हो चुकी है, बड़ा पुत्र जितेंद्र है, जिन्होंने अपनी स्नातक की शिक्षा पूरी कर ली है व दूसरा पुत्र, जो अभी बारहवीं कक्षा में गाँव के स्कूल में ही पढ़ रहा है।

घटना का संक्षिप्त विवरण

04 जून, 2000 को सिपाही रणबीर सिंह नं. 4/416 एच.ए.पी., मधुबन सैक्टर 4/7 गुड़गाँव नाका ड्यूटी पर था। कुछ नामालूम अपराधियों ने नाका ड्यूटी पर हमला कर दिया, जिसमें सिपाही रणबीर सिंह गोली लगने से मौके पर ही शहीद हो गए।

नाम : **सुभाष कुमार**
रैंक और यूनिट : सिपाही, झज्जर
पिता का नाम : श्री दया सिंह
माता का नाम : श्रीमती जीवनी देवी
मूल स्थान : गाँव बड़वासनी, जिला सोनीपत, हरियाणा
पता : गाँव बड़वासनी, जिला सोनीपत, हरियाणा
शहादत का स्थान : बस स्टैंड, बहादुरगढ़
जन्म तिथि : 07 मई, 1968
पुलिस विभाग में शामिल होने की तिथि : 03 दिसंबर, 1988
शहादत की तिथि : 03 सितंबर, 2001

जीवन परिचय

शहीद सुभाष कुमार का जन्म 07 मई, 1968 को गाँव बड़वासनी, जिला सोनीपत, हरियाणा में हुआ था। यह ब्राह्मण जाति से संबंध रखते थे। शहीद सुभाष कुमार ने अपनी दसवीं तक की पढ़ाई सरकारी स्कूल बड़वासनी, जिला सोनीपत से ही पूरी की। शहीद सुभाष कुमार के पिता एक ट्रक ड्राइवर थे। सिपाही सुभाष कुमार बचपन से ही हॉकी के अच्छे खिलाड़ी थे। 03 दिसंबर, 1988 को सुभाष कुमार सिपाही के पद पर भर्ती हो गए।

परिवार

शहीद सुभाष कुमार की शादी श्रीमती सरोज देवी गाँव गढ़ी बड़खालसा, सोनीपत के साथ हो गई। शहीद सुभाष कुमार का एक बड़ा भाई श्री समय सिंह व

दो बड़ी बहनें सुमित्रा देवी व धनपति देवी थीं। सिपाही सुभाष कुमार के परिवार में दो पुत्र व दो पुत्रियाँ हैं। सबसे बड़ा पुत्र सुमित कुमार, पुत्री सरिता देवी, रजनी देवी व छोटा पुत्र अंकित है। शहीद सुभाष कुमार के परिवार के पास कोई रोजगार नहीं है व दोनों लड़के बेरोजगार हैं।

घटना का संक्षिप्त विवरण

03 सितंबर, 2001 को सिपाही सुभाष कुमार नं. 477/झज्जर अपराधी सुरेंद्र सिंह को न्यायालय एस.डी.जे.एम., बहादुरगढ़ में पेश किया और वे जब पेश करके वापस उपपुलिस अधीक्षक कार्यालय बहादुरगढ़ के पास पहुँचे तो कुछ नामालूम अपराधियों ने अपराधी सुरेंद्र सिंह और सिपाही सुभाष कुमार पर फायर कर दिया, जिसमें एक गोली सिपाही सुभाष कुमार को भी लगी और अपराधी सुरेंद्र सिंह मौके पर ही मारे गए और सिपाही सुभाष कुमार पी.जी.आई.एम.एस., रोहतक में उपचार के दौरान शहीद हो गए।

नाम : मेहर सिंह
रैंक और यूनिट : सिपाही, जी.आर.पी.
पिता का नाम : श्री मंसाराम
माता का नाम : श्रीमती माया देवी
मूल स्थान : गाँव व डाक. ठाठरथ, सफींदों, जिला जींद, राज्य हरियाणा
पता : म.नं. 1001, अरबन एस्टेट, सैक्टर-6, करनाल
शहादत का स्थान : पी.एफ. नं. 2, रेलवे ट्रैक नं. 4, नजदीक वाटर टैंक, रेलवे स्टेशन, करनाल, जिला करनाल, राज्य हरियाणा
जन्म तिथि : 03 जुलाई, 1965
पुलिस विभाग में शामिल होने की तिथि : 01 अगस्त, 1985
शहादत की तिथि : 22 नवंबर, 2001

जीवन परिचय

शहीद मेहर सिंह का जन्म 03 जुलाई, 1965 को एक साधारण परिवार में गाँव ढाठरथ, सफीदों, जिला जींद में हुआ। शहीद मेहर सिंह ने दसवीं तक की शिक्षा अपने गाँव के सरकारी स्कूल से उत्तीर्ण की। शहीद मेहर सिंह ने उच्च शिक्षा प्राप्त करने के लिए दयाल सिंह कॉलेज, करनाल में दाखिला लिया व वहाँ से बारहवीं की परीक्षा उत्तीर्ण की। पढ़ाई के साथ खेलो में भी रुचि रखते थे। शहीद मेहर सिंह व उनके परिवारवाले चाहते थे कि वह बैल्ट फोर्स में भर्ती हों।

01 अगस्त, 1985 को शहीद मेहर सिंह हरियाणा पुलिस में सिपाही के पद पर भर्ती हुए और ट्रेनिंग पास करके वे जी.आर.पी. में चले गए। शहीद मेहर सिंह पुलिस थाना जी.आर.पी. करनाल में तैनात थे।

परिवार

शहीद सिपाही मेहर सिंह का विवाह श्रीमती सरोज देवी से हुआ। शहीद मेहर सिंह के परिवार में पुत्र हिमांशु व पुत्री मंजीत हैं, जो अभी पढ़ाई कर रहे हैं।

घटना का संक्षिप्त विवरण

सिपाही मेहर सिंह पुलिस थाना जी.आर.पी. करनाल में तैनात थे। 22 नवंबर, 2001 की रात को उन्हें एक पुलिस दल के साथ गश्त करने के लिए नियुक्त किया गया। गश्त करते समय उन्होंने कुछ असामाजिक तत्त्वों को देखा और चैकिंग के लिए उन्हें रोकने की कोशिश की। असामाजिक तत्त्वों ने सिपाही मेहर सिंह से लड़ना शुरू किया और लड़ाई के दौरान तेज धार चाकू मारकर गंभीर रूप से घायल कर दिया, जिन्हें इलाज के लिए सामान्य अस्पताल, करनाल ले जाया गया और इलाज के दौरान 22 नवंबर, 2001 को वे शहीद हो गए।

नाम : टेक राम
रैंक और यूनिट : सिपाही, तृतीय वाहिनी, एच.ए.पी.
पिता का नाम : श्री इंदू राम
माता का नाम : श्रीमती जीवनी देवी
मूल स्थान : गाँव चानेट, थाना सदर हाँसी, जिला हिसार, राज्य हरियाणा
पता : गाँव चानेट, जिला हिसार, राज्य हरियाणा
शहादत का स्थान : बगानवाल, थाना तोशाम, जिला भिवानी
जन्म तिथि : 03 अप्रैल, 1962
पुलिस विभाग में शामिल होने की तिथि : 30 जनवरी, 1999
शहादत की तिथि : 04 फरवरी, 2002

जीवन परिचय

शहीद टेकराम का जन्म गाँव चनौत, तहसील हाँसी, जिला हिसार के एक बहुत ही साधारण व गरीब परिवार में हुआ। शहीद टेकराम ने अपनी प्राथमिक शिक्षा गाँव के ही राजकीय माध्यमिक पाठशाला से ग्रहण की व उच्च शिक्षा के लिए पड़ोस के गाँव भाटला के राजकीय उच्च विद्यालय में हर रोज पैदल चलकर जाते थे। घर के हालात ठीक न होने के कारण अपनी आगे की पढ़ाई जारी नहीं रख सके। घर की खराब हालात के चलते शहीद टेकराम ने भारतीय सेना में नौकरी के लिए तैयारी शुरू कर दी और कड़ी मेहनत के बाद 24 मार्च, 1982 में भारतीय सेना में नौकरी लग गए। शहीद टेकराम की रुचि वॉलीबॉल खेल में थी व सेना में रहते हुए अपनी यूनिट के लिए कई इनाम जीते। शहीद टेकराम ने भारतीय सेना में कई बार अपनी

नेतृत्व गुणवत्ता का परिचय दिया और उनको सिपाही से पदोन्नत करके यूनिट का हवलदार बना दिया गया। घर की स्थिति को देखते हुए शहीद सिपाही टेकराम 16 वर्ष की सेवा करने के बाद भारतीय सेना से सेवानिवृत्त हो गए।

शहीद सिपाही टेकराम भारतीय सेना से सेवानिवृत्त होने के एक साल बाद हरियाणा पुलिस में नौकरी प्राप्त कर ली और तृतीय बटालियन में नियुक्त हो गए।

परिवार

शहीद टेकराम की शादी श्रीमती संतोष देवी से हुई। शहीद टेकराम के घर में आपके अलावा दो भाई व दो बहनें थीं। महावीर सिंह (भाई) दिल्ली में प्राइवेट कंपनी में कार्य करते हैं। सतवीर सिंह (भाई), जो कि गाँव में रहते हैं और राजमिस्त्री का कार्य करते हैं। धर्मपते (बहन) पति का नाम बीरबल सिंह है, जो कि गाँव दनौदा जिला जींद में रहते हैं, उनकी हार्डवेयर की दुकान है। परमेश्वरी (बहन) पति का नाम सुभाष चंद्र है, जो कि गाँव हंसावाला, जिला जींद में रहते हैं व भारतीय सेना से सेवानिवृत्त हैं व पेंशन प्राप्त कर रहे हैं। शहीद टेकराम के परिवार में दो पुत्र सुशील कुमार व संदीप कुमार हैं। शहीद टेकराम के दोनों बेटे स्नातक पास हैं और प्राइवेट सैक्टर में नौकरी करते हैं।

घटना का संक्षिप्त विवरण

सिपाही टेकराम तृतीय वाहिनी, एच.ए.पी. हिसार में तैनात थे और अस्थायी रूप से पुलिस थाना तोशाम, जिला भिवानी में तैनात किए गए थे। फरवरी 2002 में उन्हें एक आरोपी को गिरफ्तार करने के लिए ई.एच.सी. जगत् सिंह की पुलिस पार्टी के साथ नियुक्त किया गया था। इस प्रक्रिया के दौरान ग्रामीणों के एक बड़े समूह पुलिस पार्टी पर हमला कर दिया, जिसमें सिपाही टेकराम नं. 3/154 को चोट लगी और जमीन पर बेहोश होकर गिर गए। उन्हें इलाज के लिए सामान्य अस्पताल, तोशाम ले जाया गया, जहाँ सिपाही टेकराम वीरगति को प्राप्त हो गए।

नाम : राज सिंह
रैंक और यूनिट : प्रधान सिपाही, रोहतक
पिता का नाम : श्री हवा सिंह
माता का नाम : श्रीमती पार्वती देवी
मूल स्थान : म.नं. 265, गोहाना, जिला सोनीपत, राज्य हरियाणा
पता : म.नं. 265, गोहाना, जिला सोनीपत, राज्य हरियाणा
शहादत का स्थान : सिविल कोर्ट रोहतक, जिला रोहतक
जन्म तिथि : 06 फरवरी, 1964
पुलिस विभाग में शामिल होने की तिथि : 06 फरवरी, 1984
शहादत की तिथि : 11 जून, 2003

जीवन परिचय

शहीद राज सिंह का जन्म 6 फरवरी, 1964 को गाँव गड़वाल, जिला सोनीपत में हुआ। शहीद राज सिंह ने दसवीं तक की पढ़ाई चौ. धज्जाराम स्कूल बुटाना सोनीपत से पूरी की। शहीद राज सिंह 06 फरवरी, 1984 को पुलिस विभाग में बतौर सिपाही के पद पर भर्ती हुए। पुलिस प्रशिक्षण के बाद शहीद राज सिंह को पुलिस विभाग में सेवा के दौरान 31 प्रशंसा पत्र सर्वश्रेष्ठ सेवाओं के लिए प्रदान किए गए, जो उनके जीवन में आज तक उल्लेखनीय हैं।

परिवार

शहीद राज सिंह का विवाह श्रीमती मुकेश के साथ हुआ। शहीद राज सिंह के आठ भाई सतबीर सिंह, प्रेम सिंह, सतपाल सिंह, ईश्वर सिंह, राजबीर सिंह, बिजेंद्र सिंह, स्व. बलजीत सिंह, सतीश व दो बहनें सरोज, बिमला हैं। शहीद राज सिंह के परिवार में दो पुत्र विशाला, विपिन तथा एक पुत्री स्वीटी हैं। शहीद राज सिंह के बड़े बेटे उच्च न्यायालय चंडीगढ़ में क्लर्क पद पर तैनात हैं, छोटे पुत्र हरियाणा पुलिस में बतौर सिपाही भर्ती हैं व पुत्री शादीशुदा हैं।

घटना का संक्षिप्त विवरण

प्रधान सिपाही राज सिंह को एक अपराधी अनूप कुमार को सोनीपत से जिला सिविल कोर्ट रोहतक की अनुरक्षण के लिए नियुक्त किया गया था। कोर्ट परिसर के बाद, जब पुलिसकर्मी अदालत भवन के प्रथम तल पर अभियुक्त को न्यायाधीश के सम्मुख पेश करने की तैयारी कर रहे थे तो उन पर कुछ अज्ञात हमलावरों द्वारा गोलीबारी की गई। उस फायरिंग के दौरान आरोपी अनूप सिंह और ई.एच.सी. राजसिंह 6/रोहतक को गंभीर चोटें आईं और उन्हें अस्पताल में भर्ती कराया गया, लेकिन हालत में कोई सुधार न होने के कारण उन्होंने 11 जून, 2003 को देश के प्रति अपने प्राणों को न्योछावर कर दिया।

नाम : हंसराज
रैंक और यूनिट : उपनिरीक्षक, जींद
पिता का नाम : श्री पैडाराम
माता का नाम : श्रीमती मायावती
मूल स्थान : लुहारी राघों, जिला हिसार, राज्य हरियाणा
पता : लुहारी राघों, थाना नारनौंद, जिला हिसार, राज्य हरियाणा
शहादत का स्थान : बारोडी मोड़, गाँव भौंसला, जिला जींद, हरियाणा
जन्म तिथि : 02 नवंबर, 1954
पुलिस विभाग में शामिल होने की तिथि: 13 अप्रैल, 1973
शहादत की तिथि : 18 नवंबर, 2003

जीवन परिचय

शहीद हंसराज का जन्म 02 नवंबर, 1954 को हिसार के छोटे से गाँव लुहार राधो में कांबोज परिवार में एक गरीब किसान के घर हुआ था। इनके माता-पिता के मेहनती व परिश्रमी किसान थे। परिवार में शहीद हंसराज के अलावा छह भाई थे, जिनमें शहीद हंसराज तीसरे नंबर के थे। शहीद हंसराज बचपन से ही मेधावी, सहनशील तथा बहादुर प्रवृत्ति के इनसान थे और सदैव खेतीबाड़ी में अपने माता-पिता की मदद करते थे।

शहीद हंसराज ने अपनी दसवीं तक की पढ़ाई नारनौंद के सरकारी विद्यालय से प्राप्त की थी। दैनिक जीवन में कठिनाइयों का सामना करते हुए परीक्षा में अच्छे अंक

प्राप्त किए। पढ़ाई के साथ खेलों में शहीद हंसराज का अच्छा लगाव था और अपने विद्यालय में होनेवाली प्रत्येक गतिविधि में हिस्सा लेते थे। शहीद हंसराज मेहनत के बल पर 13 अप्रैल, 1973 को पुलिस विभाग में बतौर सिपाही के पद पर भर्ती हुए। पुलिस विभाग में रहते हुए हर जरूरतमंद इनसान की इन्होंने पूरी सहायता की। शहीद हंसराज ने पुलिस विभाग में साहसिक व कठोर परिश्रम के दम पर उपनिरीक्षक के पद तक का रैंक हासिल किया। शहीद हंसराज के मरणोपरांत उनके परिवार को राष्ट्रपति द्वारा वीरता पदक प्रदान किया गया।

परिवार

शहीद उपनिरीक्षक हंसराज का विवाह 02 फरवरी, 1982 को 28 वर्ष की आयु में श्रीमती मायादेवी से हुआ। शहीद उपनिरीक्षक हंसराज के परिवार में दो पुत्र विशाल व विकास हैं।

घटना का संक्षिप्त विवरण

18 नवंबर, 2003 को एक सूचना प्राप्त हुई कि करण सिंह उर्फ गुड्डू पुत्र केहर सिंह जाति जाट गाँव भौंसला और एक नौजवान ने संजय पुत्र फकीरचंद निवासी भौंसला पर गोली चलाई है। इस सूचना पर उपनिरीक्षक हंसराज 256/एच पुलिस अधिकारियों के साथ घटनास्थल पर पहुँच गए। मौके पर पहुँचने पर यह ज्ञात हो गया कि दो युवा लड़के गाँव बारोड़ी की तरफ भाग गए हैं। उपनिरीक्षक हंसराज ने उनका पीछा किया और उन्हें गिरफ्तार करने की कोशिश की। गिरफ्तारी से बचने के लिए उन्होंने पुलिस पार्टी पर गोलीबारी की। उपनिरीक्षक हंसराज को एक बुलेट लगी और वह चोटिल हो गए। इसके बाद वह देश की सेवा करते हुए चोटों के शिकार होने के कारण शहीद हो गए।

नाम	: **सुभाष चंद**
रैंक और यूनिट	: सिपाही, भिवानी
पिता का नाम	: श्री सोहनलाल
माता का नाम	: श्रीमती ब्रह्मा देवी
मूल स्थान	: चौधरीवाली, जिला हिसार, राज्य हरियाणा
पता	: चौधरीवाली, जिला हिसार, राज्य हरियाणा
शहादत का स्थान	: रूपाना, जिला भिवानी
जन्म तिथि	: 02 जनवरी, 1966
पुलिस विभाग में शामिल होने की तिथि	: 17 जुलाई, 1992
शहादत की तिथि	: 03 दिसंबर, 2003

जीवन परिचय

शहीद सुभाष चंद का जन्म 02 जनवरी, 1966 को गाँव चौधरीवाली, जिला हिसार में श्री सोहनलाल के घर एक किसान परिवार में हुआ। शहीद सुभाष चंद के पिताजी का मुख्य व्यवसाय कृषि था। शहीद सुभाष चंद ने शिक्षा गाँव के राजकीय प्राथमिक पाठशाला चौधरीवाली से ही प्राप्त की। शहीद सुभाष चंद पढ़ाई के साथ-साथ खेलो में भी बढ़-चढ़कर भाग लेते थे। शहीद सुभाष चंद शुरू से ही पुलिस में भर्ती होना चाहते थे। 17 जुलाई, 1992 को शहीद सुभाष चंदजी हरियाणा पुलिस में भर्ती हो गए।

परिवार

शहीद सुभाष चंद का विवाह श्रीमती सावित्री देवी से हुआ। शहीद सुभाष चंद

के भाई ओमप्रकाश सरकारी नौकरी में हैं। शहीद सुभाष चंद के परिवार में दो पुत्र सुंदर सिंह, भगत सिंह व एक पुत्री निर्मला हैं। बड़ा पुत्र एम.ए. कर रहा है, दूसरा पुत्र बी.ए. कर रहा है और पुत्री अभी बारहवीं में पढ़ रही है।

घटना का संक्षिप्त विवरण

03 दिसंबर, 2003 को एम.एच.सी. पुलिस थाना सिवानी को एक सूचना मिली कि तीन असामाजिक तत्त्वों ने एक मोटरसाइकिल को लूट लिया और श्यावादा मिरारा की ओर भाग गए। इस सूचना पर सिपाही सुभाष चंद ने नाका स्थापित किया और वाहनों की चैकिंग शुरू की। उसी समय तीन युवाओं को मोटरसाइकिल पर नाके की तरफ आते देखा गया, लेकिन नाका देखने के बाद वे मुड़ गए और मोटरसाइकिल से भाग गए। उनकी काररवाई देखने के बाद सिपाही सुभाष चंद ने अन्य पुलिस कर्मचारियों के साथ अपराधियों का पीछा करने की कोशिश की। पीछा किए जा रहे अपराधियों ने गाँव रूपाना में प्रवेश किया और आगे गली में कीचड़ होने की वजह से गली में बाइक को छोड़ दिया और पैदल भाग गए, फिर उन्होंने गाँव के आसपास के एक क्षेत्र में प्रवेश किया और सभी को पुलिस पार्टी द्वारा घेर लिया गया। अपराधी तलवंडी की तरफ भाग गए, जिनका पीछा सिपाही सुभाष चंद ने सरकारी गाड़ी से किया और आगे से उन्हें घेर लिया। सिपाही सुभाष चंद ने एक अपराधी को पकड़ लिया, जिससे अन्य दो अपराधी ने सिपाही सुभाष चंद पर गोली चला दी। गोली लगने से सिपाही सुभाष चंद बेहोश होकर जमीन पर गिर गए, उन्हें अस्पताल ले जाया गया, लेकिन वह अस्पताल पहुँचने से पहले ही शहीद हो गए।

नाम :	**राजेश कुमार**
रैंक और यूनिट :	सिपाही, गुड़गाँव
पिता का नाम :	श्री दलीप सिंह
माता का नाम :	श्रीमती गीना देवी
मूल स्थान :	गाँव व डाक. धनाना, जिला भिवानी, हरियाणा
पता :	गाँव व डाक. धनाना, जिला भिवानी, हरियाणा
शहादत का स्थान :	गुड़गाँव कोर्ट, जिला गुड़गाँव
जन्म तिथि :	10 जून, 1975
पुलिस विभाग में शामिल होने की तिथि :	04 दिसंबर, 1998
शहादत की तिथि :	10 जनवरी, 2004

जीवन परिचय

शहीद राजेश कुमार का जन्म 10 जून, 1975 को गाँव धनाना, जिला भिवानी में हुआ था। शहीद राजेश कुमार के पिता एक मेहनती किसान व मजदूर थे। शहीद राजेश कुमार के परिवार में छह भाई व बहन हैं। शहीद राजेश कुमार ने अपनी पढ़ाई गाँव धनाना के स्कूल व पास लगते गाँव सिवाड़ा में पूरी की। शहीद राजेश कुमार पढ़ाई के साथ-साथ अपने पिता के साथ मेहनत-मजदूरी भी करते थे। शहीद राजेश कुमार अपने गाँव की कबड्डी टीम के सदस्य और अच्छे एथलीट भी थे। सन् 1995-96 में अपने गाँव के सरकारी अस्पताल के सामने रोड के पार पानी का एक तालाब था, जिसमें एक सरकारी रोडवेज जा गिरी। शहीद सिपाही राजेश कुमार वहाँ से 100 मी. की दूरी पर थे। उन्होंने बहादुरी से अपनी जान की परवाह किए बगैर सभी सवारियों को बारी-बारी से बाहर निकाला, जिससे गाँववालों ने उन्हें सम्मानित किया।

एक दिन उनके खेत के पासवाली नहर में एक बैलगाड़ी गिर गई, जिसमें एक छोटा बच्चा व एक बुजुर्ग सवार थे। उनके 'बचाओ-बचाओ' पुकारने पर शहीद राजेश कुमार ने नहर में कूदकर उन दोनों का बचा लिया। शहीद राजेश कुमार मेहनत-मजदूरी के साथ-साथ कुछ समय समाज सेवा को भी देते थे, जैसे बहुत से बुजुर्गों की आँख बनवाना व वापस उन्हें घर छोड़कर आना व बहुत से पौधे सड़क किनारे लगवाना। शहीद राजेश कुमार 04 दिसंबर, 1998 को हरियाणा पुलिस में सिपाही के पद पर भर्ती हुए। बड़ी मेहनत व लगन से उन्होंने यह मुकाम हासिल किया। उसके बाद 26 फरवरी, 2000 को उनके पिताजी का देहांत कैंसर की बीमारी से हो गया व परिवार की जिम्मेदारी उनके कंधों पर आ गई। सन् 2003 में शहीद सिपाही राजेश कुमार की ड्यूटी एस्कोर्ट कमांड में लगी। उस समय काफी अपराधियों को बुराई का रास्ता छोड़ने के लिए समझाना उनका ध्येय था। इनकी याद में गाँव धनाना में हर वर्ष परिवार की तरफ से शहीदी दिवस के रूप में कुछ सामाजिक आयोजन किए जाते हैं। भारत सरकार ने शहीद राजेश कुमार की कुरबानी पर उन्हें राष्ट्रपति अवार्ड दिया व परिवार को पेंशन दी, जिससे परिवार का पालन-पोषण हो सके।

परिवार

11 अप्रैल, 1990 को शहीद राजेश कुमार की शादी श्रीमती अनीता देवी गाँव भावड़ जिला सोनीपत से हुई। इनके परिवार में दो पुत्र कमल व भारत हैं। सरकार ने शहीद सिपाही राजेश कुमार के छोटे भाई को पुलिस में भर्ती किया, जो आज हरियाणा पुलिस की आई.आर.बी. बटालियन में हैं। वे अपने पूरे परिवार व अपने शहीद भाई के परिवार की जिम्मेदारी सँभालते हैं।

घटना का संक्षिप्त विवरण

10 जनवरी, 2004 को एक विचाराधीन आरोपी हेमंत को जिला जेल भिवानी से जिला कोर्ट गुड़गाँव में पेश करने गए। न्यायालय गुड़गाँव में पेश करने के बाद न्यायालय नं. 3 के बरामदे में अचानक उन्होंने देखा कि बाहर खड़े दो संदिग्ध चादर ओढ़े इनकी ओर आए। उन संदिग्ध व्यक्तियों ने हेमंत पर गोली चलाई। सिपाही राजेश कुमार ने बहादुरी दिखाते हुए साथी सिपाही प्रह्लाद, जो दोषी को पकड़े हुए था, को धकेलते हुए अपने आप को आगे किया और अपनी कारबाइन से अपराधियों पर फायर किया तो वे भाग निकले। उनमें से एक अपराधी ने पीछे से दो गोली सिपाही राजेश कुमार की पीठ पर मारी, जिसके कारण वो नीचे जमीन पर गिर गए, फिर भी हँसते-हँसते कहते गए, भाई प्रह्लाद, एक भी जिंदा न बचने पाए। बहादुर सिपाही ने शहीद होकर इस घटना के दौरान अपना जीवन बलिदान कर दिया।

नाम	: **हरनाम सिंह**
रैंक और यूनिट	: उपनिरीक्षक, रोहतक
पिता का नाम	: श्री रामचंद
माता का नाम	: श्रीमती माया देवी
मूल स्थान	: गाँव नानकपुर, थाना सदर सिरसा, जिला सिरसा, राज्य हरियाणा
पता	: गाँव नानकपुर, थाना सदर सिरसा, जिला सिरसा
शहादत का स्थान	: थाना बवानी खेड़ा एरिया, जिला भिवानी, हरियाणा
जन्म तिथि	: 04 अगस्त, 1959
पुलिस विभाग में शामिल होने की तिथि	: 14 फरवरी, 1995
शहादत की तिथि	: 06 दिसंबर, 2004

जीवन परिचय

शहीद हरनाम सिंह का जन्म 04 अगस्त, 1959 को गाँव नानकपुर, थाना सदर सिरसा, जिला सिरसा में हुआ था। शहीद हरनाम सिंह ने दसवीं तक की पढ़ाई आर.एस.डी. स्कूल जिला सिरसा से तथा बी.एससी. की पढ़ाई नेशनल कॉलेज से तथा बी.एड. की पढ़ाई कुरुक्षेत्र महाविद्यालय से पूरी की। इसके बाद शहीद हरनाम सिंह गाँव भंभुर, जिला सिरसा में बतौर गणित अध्यापक नियुक्त हुए और वहाँ पर उन्होंने 2-3 साल तक कार्य किया। शहीद हरनाम सिंह 14 फरवरी, 1995 को पुलिस विभाग में सहायक उपनिरीक्षक के पद पर भर्ती हुए। पुलिस प्रशिक्षण के बाद उन्हें रेलवे विभाग में स्थानांतरित कर दिया गया। पुलिस सेवा के दौरान

अच्छे कार्यों के चलते शहीद हरनाम सिंह को जल्दी ही पदोन्नत करके उपनिरीक्षक बनाकर एस.एच.ओ. बवानी खेड़ा, भिवानी नियुक्त किया गया। शहीद हरनाम सिंह को पुलिस विभाग द्वारा ढेर सारे प्रशंसा पत्र उनकी सर्वश्रेष्ठ सेवाओं के लिए प्रदान किए गए।

परिवार

शहीद हरनाम सिंह का विवाह रेशमा से हुआ था। शहीद हरनाम सिंह के परिवार में पुत्र गौरव, जो कि बी.टेक. करके अपनी खेतीबाड़ी का कार्य सँभाल रहे हैं तथा एक पुत्री अनु हैं, जो कि बी.टेक पास एक गृहिणी हैं, जिनकी शादी विजय कुमार, गाँव चंदलाना जिला कैथल के साथ हुई, जो कि खेतीबाड़ी का कार्य करते हैं। शहीद हरनाम सिंह के दो भाई जीत राम व मलकीत सिंह गाँव में रहते हैं और खेतीबाड़ी का कार्य करते हैं व तीन बहनें शिमला बाई, परमजीत व सुदेश कौर हैं।

घटना का संक्षिप्त विवरण

06 दिसंबर, 2004 को उप नि. हरनाम सिंह नं. 39/आर., प्रबंधक थाना बवानी खेड़ा, जिला भिवानी को एक वीटी प्राप्त हुई कि तीन नामालूम नौजवान लड़कों ने बंदूक की नोक पर ग्रामीण बैंक से पैसा छीन लिया है और गाँव भालावास की तरफ भाग गए। वीटी प्राप्त होने के बाद प्रबंधक थाना हरनाम सिंह पुलिस पार्टी के साथ अपराधियों की तलाश के लिए एरिया में चले गए। उन्होंने देखा कि तीन नौजवान लड़के मोटरसाइकिल पर जा रहे हैं। प्रबंधक थाना हरनाम सिंह ने उनका पीछा किया, जिस पर उन लड़कों ने पुलिस पार्टी पर फायर कर दिया। प्रबंधक थाना हरनाम सिंह ने भी उन अपराधी लड़कों पर फायर किया। फायरिंग के दौरान गोली लगने से जीप का अगला टायर फट गया और जीप साथ लगते कीकर के पेड़ों से टकरा गई और सभी पुलिस कर्मचारी जख्मी हो गए। प्रबंधक थाना हरनाम सिंह ने कर्तव्य पालन करते समय मौके पर ही अपना जीवन बलिदान कर दिया।

नाम : सतबीर सिंह

रैंक और यूनिट : सिपाही, मेवात

पिता का नाम : श्री छोटूराम

माता का नाम : श्रीमती वेद कौर

मूल स्थान : गाँव जाजरू, डाक. सागरपुर, जिला फरीदाबाद, राज्य हरियाणा

पता : गाँव जाजरू, डाक. सागरपुर, जिला फरीदाबाद, हरियाणा

शहादत का स्थान : जिला मेवात (नूँह), हरियाणा

जन्म तिथि : 20 जून, 1969

पुलिस विभाग में शामिल होने की तिथि: 11 अगस्त, 1992

शहादत की तिथि : 25 मई, 2006

जीवन परिचय

शहीद सतबीर सिंह का जन्म 20 जून, 1969 को गाँव जाजरू, डाक. सागरपुर, जिला फरीदाबाद में हुआ था। शहीद सतबीर सिंह ने दसवीं कक्षा तक की शिक्षा झाड़सेतली स्कूल से की। शहीद सतबीर सिंह को स्कूल समय से ही कबड्डी खेलने का शौक था।

शहीद सतबीर सिंह 11 अगस्त, 1992 को हरियाणा पुलिस में सिपाही पद पर भर्ती हुए। ट्रेनिंग के उपरांत जिला मेवात में जिला पुलिस में कार्यरत रहे।

परिवार

शहीद सतबीर सिंह की शादी श्रीमती सुनीता देवी से हुई, जो मुंडाहेड़ा गुड़गाँव की रहनेवाली हैं। शहीद सतबीर सिंह के अलावा उनके परिवार में पाँच भाई और थे। शहीद सतबीर सिंह के परिवार में दो पुत्री कुशमलता, मंजू व दो पुत्र विकास, दिनेश हैं। शहीद सतबीर सिंह के सभी पुत्र व पुत्रियाँ अभी पढ़ाई कर रहे हैं।

घटना का संक्षिप्त विवरण

25 मई, 2006 को, एक गुप्त सूचना प्राप्त हुई थी कि जुबेर, नसीम, काला पुत्रान खुट्टा जाति मेव निवासी घासेड़ा और सरीफ वगैरह अवारा पशुओं को अवैध रूप से बिना नंबर के डम्फरों में भर रहे हैं। स.उ.नि. प्रभु दयाल इंचार्ज गौरक्षक दल की अध्यक्षता में पुलिस दल ने अपराधियों को गिरफ्तार करने के लिए गाँव घुसपैठी में नाका लगाया। करीब 7.00 बजे बिना नंबर के दो डम्फर गाँव घुसपैठी की ओर आते दिखाई दे रहे थे। पुलिस पार्टी ने नाकाबंदी स्थान पर वाहनों को रुकने का संकेत किया, परंतु रुकने के स्थान पर पहले डम्फर के चालक ने अपने वाहन की रफ्तार बढ़ा दी और पुलिस पार्टी ने उन्हें रोकने का प्रयत्न किया। सिपाही सतबीर सिंह को इसमें हाथ व पैरों पर बुरी तरह चोट आई। दूसरे वाहन चालक ने सिपाही सतबीर सिंह पर अपना वाहन चढ़ा दिया। अन्य पुलिसकर्मियों ने वाहनों के ट्रैक से कूदकर अपनी जान बचाई। सिपाही सतबीर सिंह चोटों को सहन करते हुए इलाज के दौरान शहीद हो गए।

नाम : जगदीश चंद्र
रैंक और यूनिट : सहायक उपनिरीक्षक, रोहतक
पिता का नाम : श्री गजे सिंह
मूल स्थान : गाँव ढीढवारी, तहसील समालखा, जिला पानीपत, राज्य हरियाणा
पता : म.नं. 885/34, विजय नगर रोहतक, राज्य हरियाणा
शहादत का स्थान : नजदीक पूराना बस अड्डा, रोहतक
जन्म तिथि : 08 अक्तूबर, 1953
पुलिस विभाग में शामिल होने की तिथि : 09 अक्तूबर, 1975
शहादत की तिथि : 14 जून, 2006

जीवन परिचय

शहीद जगदीश चंद्र का जन्म गाँव ढीढवारी, तहसील समालखा, जिला पानीपत में 08 अक्तूबर, 1953 को हुआ था। शहीद जगदीश चंद्र के परिवार में इनके अलावा पाँच भाई व एक बहन हैं। शहीद जगदीश चंद्र ने अपनी दसवीं की पढ़ाई राजकीय उच्च विद्यालय ढीढवारी, तहसील समालखा से पूरी की। शहीद जगदीश चंद्र, 09 अक्तूबर, 1975 को पुलिस विभाग में बतौर सिपाही के पद पर भर्ती हुए। पुलिस प्रशिक्षण के बाद उन्होंने ड्रिल कोर्स किया व इसके बाद समय-समय पर पुलिस प्रशिक्षण केंद्रों में बतौर प्रशिक्षक सेवा की। शहीद जगदीश चंद्र को पुलिस विभाग में सेवा के दौरान 46 प्रशंसा पत्र सर्वश्रेष्ठ सेवाओं के लिए प्रदान किए गए और बाद में बतौर चौकी इंचार्ज पुलिस चौकी बस स्टैंड रोहतक तैनात किए गए।

परिवार

शहीद सहायक उ.नि. जगदीश चंद्र का विवाह सन् 1971 में श्री रामस्वरूप की पुत्री श्रीमती सतवंती से हुआ। शहीद जगदीश चंद्र के परिवार में दो पुत्र जसबीर, जगबीर व तीन पुत्रियाँ सरोज, सुमन, सुमेष हैं। शहीद जगदीश चंद्र के दोनों पुत्र खेतीबाड़ी का काम करते हैं व तीनों पुत्रियाँ शादीशुदा हैं।

घटना का संक्षिप्त विवरण

सहायक उ.नि. जगदीश चंद्र नं. 904/रोहतक इंचार्ज पुलिस चौकी, पुराना बस अड्डा, रोहतक तैनात थे। 14 जून, 2006 को लगभग साढ़े नौ बजे सहायक उ.नि. जगदीश चंद्र व साथी मुलाजमान कच्चा बेरी रोड पर गश्त कर रहे थे, तभी शराब के ठेके के पास करीब 10/12 लड़के लाठी, डंडे, चाकुओं व टूटी हुई बोतलों के साथ एक-दूसरे के साथ लड़ रहे थे। पुलिस प्रभारी स्टाफ सहित गश्त पर थे, उन्होंने देखा कि वे युवा बेहद हिंसक कृत्यों में लगे हुए हैं। सहायक उ.नि. जगदीश चंद्र ने लड़ाई को रोकने की कोशिश की, लेकिन उन लड़कों ने सहायक उ.नि. जगदीश चंद्र पर हमला कर दिया, जिससे उन्हें गंभीर चोटें लगी और कर्तव्य को निष्ठापूर्ण निभाते हुए मौके पर ही देश के प्रति अपने प्राणों को न्योछावर कर दिया।

नाम : नरेंद्र सिंह
रैंक और यूनिट : सहायक उपनिरीक्षक, जींद
पिता का नाम : श्री बलदेव सिंह
माता का नाम : श्रीमती कवर देवी
मूल स्थान : गाँव मदीना, जिला रोहतक, राज्य हरियाणा
पता : गाँव मदीना, जिला रोहतक, राज्य हरियाणा
शहादत का स्थान : बाल्मीकि बस्ती, जींद
जन्म तिथि : 15 जून, 1954
पुलिस विभाग में शामिल होने की तिथि : 16 सितंबर, 1977
शहादत की तिथि : 05 जनवरी, 2008

जीवन परिचय

शहीद नरेंद्र सिंह का जन्म 15 जून, 1954 को गाँव मदीना, जिला रोहतक में हुआ था। शहीद नरेंद्र सिंह के पिता स्कूल में हैडमास्टर के पद पर तैनात थे। उस समय में भी इनके पिता एम.ए., बी.एड. पास थे। शहीद नरेंद्र सिंह का पढ़ाई में कोई खास लगाव नहीं था, लेकिन खेल में बड़ी रुचि रखते थे। इसलिए शहीद नरेंद्र सिंह के पिता ने पढ़ाई के साथ-साथ उनका खेल में भी सहयोग दिया। शहीद नरेंद्र सिंह कुश्ती के एक अच्छे खिलाड़ी हुए व सन् 1977 में खेल कोटे से हरियाणा पुलिस में भर्ती हुए। शहीद नरेंद्र सिंह नेशनल तक खेले हुए थे और उन्होंने कई इनाम जीते। शहीद नरेंद्र सिंह शुरू से आखिर तक कोई भी कुश्ती नहीं हारे थे। यह शहीद नरेंद्र सिंह का महम चौबीसी में एक रिकॉर्ड था। शहीद नरेंद्र सिंह नरेंद्र पहलवान के नाम से जाने जाते थे। पुलिस विभाग में लगने के बाद शहीद नरेंद्र सिंह ने कुश्ती का

खेल जारी रखा और कई कुश्तियाँ जीतीं। शहीद नरेंद्र सिंह ने अपनी ड्यूटी मेहनत व ईमानदारी से निभाई, जिस कारण सिपाही पद से पदोन्नत होकर ए.एस.आई. पद तक पहुँचे।

परिवार

शहीद नरेंद्र सिंह का विवाह सन् 1981 में श्रीमती अनिल देवी से हुआ था। शहीद नरेंद्र सिंह का एक बड़ा भाई जयवीर सिंह व एक बहन सावित्री देवी थीं। शहीद नरेंद्र सिंह के एक पुत्र अजय व एक पुत्री अनु हैं। पुत्री अनु, जो अब शादीशुदा हैं व उनका पुत्र अजय अपनी माँ के साथ रहता है तथा खेतीबाड़ी का काम करता है। सन् 2008 में शहीद होने के बाद शहीद नरेंद्र सिंह को मरणोपरांत 5 फरवरी, 2010 को राज्यपाल द्वारा ड्यूटी के लिए राष्ट्रपति अवार्ड से सम्मानित किया गया। नरेंद्र सिंह की शहादत पर पूरे गाँव ने मिलकर गाँव में इनका शहीद स्मारक बनवाया।

घटना का संक्षिप्त विवरण

05 जनवरी, 2008 को सहायक उ.नि. नरेंद्र सिंह पुलिस चौकी पटियाला में नियुक्त थे। उस दिन पुलिस कंट्रोल रूम जींद पर एक सूचना प्राप्त हुई कि बाल्मीकि बस्ती जींद में दो पार्टियों के बीच झगड़ा हो रहा है। सूचना प्राप्त होने पर स.उ.नि. नरेंद्र सिंह नं. 230/एच. सहयोगी कर्मचारियों के साथ घटनास्थल पर पहुँचे और उन्होंने पाया कि दोनों पार्टियाँ एक-दूसरे पर ईंटें फेंक रही थीं। स्थिति को सामान्य करने के लिए सहायक उ.नि. नरेंद्र सिंह ने दोनों पार्टियों को एक-दूसरे पर ईंटें फेंकने से रोकने के लिए कहा। उसी दौरान भीड़ ने ईंटें पुलिस पार्टी के ऊपर फेंकनी शुरू कर दीं और एक ईंट स.उ.नि. नरेंद्र सिंह के माथे में आकर लगी, जिससे वह बेहोश होकर जमीन पर गिर गए। बाद में इनको इलाज के लिए सामान्य अस्पताल जींद में लाया गया, जहाँ सहायक उ.नि. नरेंद्र सिंह वीरगति को प्राप्त हुए।

नाम : उमर मोहम्मद
रैंक और यूनिट : सिपाही, गुड़गाँव
पिता का नाम : श्री इद्रीस
माता का नाम : श्रीमती सलुखी
मूल स्थान : गाँव उटावड, थाना हथीन जिला पलवल, राज्य हरियाणा
पता : गाँव उटावड, थाना हथीन, जिला पलवल, हरियाणा
शहादत का स्थान : एरिया थाना पहाड़ी, जिला भरतपुर, राजस्थान
जन्म तिथि : 04 मार्च, 1975
पुलिस विभाग में शामिल होने की तिथि : 29 सितंबर, 2000
शहादत की तिथि : 09 फरवरी, 2008

जीवन परिचय

शहीद उमर मोहम्मद का जन्म 04 मार्च, 1975 को गाँव उटावड, थाना हथीन जिला पलवल में हुआ था। शहीद उमर मोहम्मद ने आठवीं कक्षा तक की शिक्षा गाँव के सरकारी स्कूल से की। इसके पश्चात् उच्च शिक्षा की पढ़ाई जिला नूँह से की। शहीद उमर मोहम्मद बचपन से ही एक मेधावी छात्र थे। शहीद उमर मोहम्मद की खेलों में काफी रुचि थी, वो एक अच्छे एथलीट थे। विद्यालय प्रतियोगिता में दौड़ में

इन्होंने काफी इनाम प्राप्त किए। इसी वजह से शहीद उमर मोहम्मद हरियाणा पुलिस में 29 सितंबर, 2000 को सिपाही के पद पर चयनित हुए। पुलिस विभाग में शहीद उमर मोहम्मद ने बहुत ही ईमानदारी व मेहनत से कार्य किया।

परिवार

शहीद उमर मोहम्मद का विवाह श्रीमती खैरुनी से हुआ था। शहीद उमर मोहम्मद के पाँच भाई-बहन हैं। शहीद उमर मोहम्मद के परिवार में दो पुत्र आकिल, शाहरुख व एक पुत्री नजराना हैं। सरकार की तरफ से शहीद उमर मोहम्मद के स्थान पर इनके छोटे भाई शेरअली को पुलिस विभाग में नौकरी दी गई, जो आज भी जिला पुलिस नूँह में तैनात हैं। शहीद उमर मोहम्मद की पत्नी को उनकी पेंशन दी जा रही है।

घटना का संक्षिप्त विवरण

09 फरवरी, 2008 को सिपाही उमर मोहम्मद नं. 1449/गुड़गाँव थाना पहाड़ी, जिला भरतपुर राजस्थान एरिया में असामाजिक तत्त्वों के साथ मुठभेड़ में शहीद हो गए थे। इस प्रकार, सिपाही उमर मोहम्मद ने अपने स्वयं के जीवन की परवाह किए बिना अपने आधिकारिक कर्तव्य का निर्वहन किया।

नाम :	**सारजंट सिंह**
रैंक और यूनिट :	प्रधान सिपाही, फतेहाबाद
मूल स्थान :	गाँव व डाक. पीपली, थाना कालावाली, जिला सिरसा, हरियाणा
पिता का नाम :	श्री राम गोपाल
माता का नाम :	श्रीमती सुरजीत कौर
पता :	म.नं. 379, वार्ड नं. 15, नजदीक तहसील, कॉम्पलैक्स, रतिया, जिला फतेहाबाद, राज्य हरियाणा
शहादत का स्थान :	पुलिस चौकी थाना शहर फतेहाबाद
जन्म तिथि :	15 मार्च, 1967
पुलिस विभाग में शामिल होने की तिथि :	02 दिसंबर, 1987
शहादत की तिथि :	22 अप्रैल, 2008

जीवन परिचय

शहीद सारजंट सिंह का जन्म 15 मार्च, 1967 को गाँव पीपली जिला सिरसा में एक किसान परिवार में हुआ। शहीद सारजंट सिंह के परिवार में चार भाई व चार बहनें थीं। शहीद सारजंट सिंह परिवार में सबसे बड़े थे। शहीद सारजंट सिंह ने प्रारंभिक शिक्षा गाँव के राजकीय उच्च विद्यालय पीपली से ही ग्रहण की। परिवार में सबसे बड़े होने के कारण शहीद सारजंट सिंह अपने पिता के साथ खेती में हाथ बँटाते थे। शहीद सारजंट सिंह का खेलों बहुत लगाव था और हॉकी खेलने के शौकीन थे। बचपन से ही शहीद सारजंट सिंह का पुलिस में भर्ती होने का सपना था।

02 दिसंबर, 1987 को शहीद सारजंट सिंह पुलिस में भर्ती हो गए। शहीद सारजंट सिंह की नौकरी के साथ-साथ सामाजिक कार्यों में गहरी रुचि थी।

परिवार

शहीद सारजंट सिंह का विवाह 15 जनवरी, 1995 को श्रीमती सरबजीत कौर गाँव ललुवासा जिला मानसा, पंजाब से हुआ था। सन् 2005 में शहीद सारजंट सिंह परिवार के साथ रतिया फतेहाबाद रहने लगे। तब से सारा परिवार गाँव में ही रहता है। शहीद सारजंट सिंह के परिवार में एक पुत्री जसप्रीत सिंह, एम.कॉम. में पढ़ रही है व दो पुत्र, जिसमें खुशप्रीत सिंह मानसिक रूप से बीमार है व दूसरा पुत्र लवप्रीत सिंह बारहवीं कक्षा में पढ़ रहा है।

घटना का संक्षिप्त विवरण

प्रधान सिपाही सारजंट सिंह नं. 162/फतेहाबाद पुलिस चौकी थाना शहर फतेहाबाद में तैनात थे। प्रधान सिपाही सारजंट सिंह व साथी मुलाजमान बराए गस्त पुलिस चौकी बस अड्डा फतेहाबाद पर पहुँचे थे, जहाँ मुखबिर से खबर मिली कि एक महिंद्रा गाड़ी में 6-7 लड़के बैठे हुए हैं, जो अपराध करने की फिराक में हैं। जब पुलिस पार्टी वहाँ पहुँची तो गाड़ी में बैठे व्यक्ति पुलिस को देखकर भागने लगे जिनमें से पाँच को पुलिस ने काबू में कर लिया व उनमें से दो भाग निकले, जिनके पीछे प्रधान सिपाही सारजंट सिंह व साथी मुलाजमान ने पकड़ने की कोशिश की। उन दोनों में से एक ने हथियार से प्रधान सिपाही सारजंट सिंह पर गोली चलाई, जो उनके गले पर लगी। गोली लगने से प्रधान सिपाही सारजंट सिंह वहीं जमीन पर गिर गए। प्रधान सिपाही सारजंट सिंह को सामान्य अस्पताल में भर्ती किया गया, जहाँ इलाज के दौरान उनका देहांत हो गया। इस प्रकार प्रधान सिपाही सारजंट सिंह अपना कर्तव्य निभाते हुए शहीद हो गए।

नाम : बाबू राम
रैंक और यूनिट : प्रधान सिपाही, गुड़गाँव
पिता का नाम : श्री हरिसिंह
मूल स्थान : गाँव व डाक. गुधराना, जिला पलवल, राज्य हरियाणा
पता : गाँव व डाक. गुधराना, जिला पलवल, राज्य हरियाणा
शहादत का स्थान : खाँडसा रोड, गुड़गाँव
जन्म तिथि : 05 मार्च, 1967
पुलिस विभाग में शामिल होने की तिथि : 02 दिसंबर, 1988
शहादत की तिथि : 09 दिसंबर, 2009

जीवन परिचय

शहीद बाबूराम का जन्म 05 मार्च, 1967 में गाँव व डाक. गुधराना, जिला पलवल में हुआ। घर में सबसे बड़े होने के कारण शहीद बाबूराम को परिवार से बहुत ही स्नेह मिलता था। शहीद बाबूराम ने पाँचवीं तक की पढ़ाई गाँव के ही सरकारी स्कूल से की, उसके बाद दसवीं तक की पढ़ाई कुछ किमी. दूर गाँव औरंगाबाद में की।

शहीद बाबूराम पढ़ाई के साथ-साथ वे बहुत ही प्रसिद्ध भारतीय खेल कबड्डी में कुशल प्रदर्शन करते थे, जिसके चलते उन्होंने बहुत सी प्रतियोगिताएँ जीतीं और उन्हें दर्जनों प्रमाण-पत्र मिले। 02 दिसंबर, 1988 को कई प्रयासों के बाद शहीद बाबूराम का चयन हरियाणा पुलिस में हो गया। पुलिस में अपनी सेवाएँ देने के

साथ-साथ वे हरियाणा पुलिस गेम्स में भी नियमित तौर पर हिस्सा लेते रहते थे। शहीद बाबूराम को पुलिस में सेवा के दौरान विभाग द्वारा 08 तृतीय श्रेणी के प्रशंसा पत्र दिए गए।

परिवार

शहीद प्रधान सिपाही बाबूराम का विवाह सन् 1990 में श्रीमती मीना से हुआ था। शहीद बाबूराम के चार छोटे भाई व दो छोटी बहनें थीं। रमेशचंद्र (भाई) प्रथम बटालियन आई.आर.बी. भौंडसी में अपनी सेवाएँ दे रहे हैं। नरेश कुमार (भाई), जो कि गाँव में रहते हैं और प्राइवेट जॉब करते हैं। महेश चंद (भाई), जो कि हरियाणा पुलिस में वायरलैस ऑपरेटर हैं, जिनकी ड्यूटी मेवात एरिया में है। संजय (भाई), जो कि मानसिक रूप से बीमार रहते हैं और गाँव में रहते हैं। सरला (बहन) व सुमन (बहन) हैं।

शहीद बाबूराम के परिवार में तीन पुत्र है। जिसमें सबसे बड़ा पुत्र नरेंद्र कुमार, जो कि हरियाणा पुलिस में एफ.एस.एल. भौंडसी में कार्यरत है, मँझला पुत्र रविंद्र कुमार, जो कि बी.टेक. पास है व सबसे छोटा पुत्र धर्मेंद्र कुमार, जो कि बी-टेक करके पोस्ट ग्रेजुएशन कर रहा है।

घटना का संक्षिप्त विवरण

09 दिसंबर, 2009 को पुलिस को सूचना मिली कि कुछ बदमाश बलेरो जीप में सवार होकर किसी वारदात को अंजाम देने के लिए जयपुर-दिल्ली हाइवे से गुजर रहे हैं। बदमाशों की जीप जैसे ही सिविल लाइंस से निकली तो बदमाशों ने वहाँ खड़ी पी.सी.आर. वैन में टक्कर मार दी और जीप को खाँडसा चौक की तरफ मोड़ दिया। वहाँ तैनात प्रधान सिपाही बाबूराम ने जीप रोकने का इशारा किया तो पहले तो बदमाशों ने वहाँ खड़ी पी.सी.आर. वैन में टक्कर मार दी और बाद में बदमाशों की जीप प्रधान सिपाही बाबूराम को रौंदते हुए निकल गई ओर वे मौके पर ही शहीद हो गए। इस प्रकार प्रधान सिपाही बाबू राम ने कर्तव्य पालन में अपने जीवन का बलिदान किया।

नाम : **महेंद्र सिंह**

रैंक और यूनिट : सहायक उपनिरीक्षक, अंबाला

पिता का नाम : श्री करतार

माता का नाम : श्रीमती बंती देवी

मूल स्थान : गाँव व डाक. अजराना कलाँ, जिला कुरुक्षेत्र, राज्य हरियाणा

पता : गाँव व डाक. अजराना कलाँ, जिला कुरुक्षेत्र, हरियाणा

शहादत का स्थान : टी-पॉइंट सैंटा, थाना नग्गल, जिला अंबाला

जन्म तिथि : 05 मई, 1966

पुलिस विभाग में शामिल होने की तिथि : 02 सितंबर, 1985

शहादत की तिथि : 08 अक्तूबर, 2009

जीवन परिचय

शहीद महेंद्र सिंह का जन्म 5 मई, 1966 को गाँव अजराना कलाँ, जिला कुरुक्षेत्र में हुआ। शहीद महेंद्र सिंह के पिता गाँव में खेतीबाड़ी का काम करते थे व इनके पिता के बड़े भाई श्री हरि सिंह को-ऑपरेटिव बैंक में सर्विस करते थे, जो अब रिटायर हो चुके हैं। छोटे भाई कुलदीप सिंह खेती का काम करते हैं व सबसे छोटे भाई अशोक कुमार शुगर मील में नौकरी करते हैं व एक बहन कमलेश है। सहायक उ.नि. महेंद्र सिंह ने 02 सितंबर, 1985 को हरियाणा पुलिस में जॉइन किया था।

परिवार

शहीद महेंद्र सिंह की शादी श्रीमती सुनीता देवी से हुई थी। शहीद महेंद्र सिंह के परिवार में एक पुत्र कमल तँवर व एक पुत्री शारदा हैं। शहीद महेंद्र सिंह के पुत्र हरियाणा पुलिस अंबाला में कार्यरत है व पुत्री बी.एड. की पढ़ाई कर चुकी हैं, जो शादीशुदा हैं। शहीद महेंद्र सिंह की पुत्री के पति करनाल कोर्ट में वकील हैं।

घटना का संक्षिप्त विवरण

08 अक्तूबर, 2009 को सहायक उ.नि. महेंद्र सिंह को एक सूचना मिली कि दो असामाजिक तत्त्वों ने एक सड़क पर राहगीर को लूट लिया है। सहायक उ.नि. महेंद्र सिंह ने एक पल्सर मोटरसाइकिल पर दो लड़कों को सैंटा टी-पॉइंट को पार करते देख लिया और उन्होंने पुलिस चौकी नानुआला को सूचित करने की कोशिश की, लेकिन जब वह इंचार्ज को बुला रहे थे तो उन लड़कों ने उस पर गोली चला दी और उन्हें गंभीर चोटें आईं। सहायक उ.नि. महेंद्र सिंह ने मौके पर ही अपने जीवन का बलिदान कर दिया।

नाम : **जगतार सिंह**
रैंक और यूनिट : ई.एच.सी., करनाल
पिता का नाम : श्री पूर्णचंद
माता का नाम : श्रीमती गुरवचन कौर
मूल स्थान : म.नं. 97, न्यू प्रेम नगर, करनाल, जिला करनाल, राज्य हरियाणा
पता : म.नं. 97, न्यू प्रेम नगर, करनाल, जिला करनाल
शहादत का स्थान : गीदडबाह, रेलवे स्टेशन
जन्म तिथि : 14 अगस्त, 1965
पुलिस विभाग में शामिल होने की तिथि : 01 अक्तूबर, 1989
शहादत की तिथि : 29 जनवरी, 2010

जीवन परिचय

शहीद जगतार सिंह का जन्म 14 अगस्त, 1965 को हुआ था। शहीद जगतार सिंह ने अपनी पढ़ाई सरकारी स्कूल दराणा जिला जींद से उत्तीर्ण की। शहीद जगतार सिंह 01 अक्तूबर, 1989 को हरियाणा पुलिस विभाग में भर्ती हुए।

परिवार

शहीद जगतार सिंह का विवाह श्रीमती प्रविंद्र कौर से हुआ था। शहीद जगतार सिंह के परिवार में पुत्र देवेंद्र सिंह व पुत्री जसनुर कौर हैं। शहीद जगतार सिंह के पुत्र देवेंद्र सिंह को हरियाणा सरकार ने हरियाणा पुलिस में सिपाही के पद पर भर्ती किया

व पुत्री अपनी पढ़ाई कर रही है। शहीद जगतार सिंह की पत्नी हाल में किराए के घर में म.नं. 97, न्यू प्रेम नगर, करनाल जिला करनाल में रह रही हैं।

घटना का संक्षिप्त विवरण

29 जनवरी, 2010 को ई.एच.सी. जगतार सिंह नं. 167/करनाल व ई.ए.एस. आई. कृष्ण चंद अपराधी गुरप्रीत सिंह पुत्र साधू सिंह जाति जाट निवासी सुखनंद, थाना बग्गा, जिला फरीदकोट, पंजाब को पेश करने के लिए रेल द्वारा ले जा रहे थे, जबरेल गीदड़बाह नजदीक प्लेटफॉर्म नं. 2 के पास पहुँचकर रुकी तो गीदड़बाह रेलवे स्टेशन पर कुछ अनजान व्यक्तियों ने अपराधी गुरप्रीत सिंह को छुड़वाने के लिए अंधाधुंध फायरिंग शुरू कर दी। जिसमें ई.एच.सी. जगतार सिंह को गोली लगी व ई.ए.एस.आई. कृष्ण चंद की टाँग में गोली लगी, जिसको साथी मुलाजमान द्वारा सिविल अस्पताल गिदड़वाही दाखिल करवाया गया व ई.एच.सी. जगतार सिंह ने मौके पर ही अपने जीवन का बलिदान कर दिया।

नाम	: **सुरेश कुमार**
रैंक और यूनिट	: सिपाही, प्रथम वाहिनी एच.ए.पी.
पिता का नाम	: श्री कर्मचंद
माता का नाम	: श्रीमती प्रकाशो देवी
मूल स्थान	: गाँव व डाक. मुस्तफाबाद, थाना छपार, जिला यमुनानगर, हरियाणा
पता	: गाँव व डाक. मुस्तफाबाद, थाना छपार, जिला यमुनानगर, हरियाणा
शहादत का स्थान	: पंचकुला, जिला पंचकुला
जन्म तिथि	: 10 मई, 1985
पुलिस विभाग में शामिल होने की तिथि	: 31 जनवरी, 2009
शहादत की तिथि	: 24 अगस्त, 2010

जीवन परिचय

शहीद सुरेश कुमार का जन्म 10 मई, 1985 को एक साधारण परिवार में गाँव सरस्वती जिला यमुनानगर में हुआ। शहीद सुरेश कुमार ने प्रारंभिक शिक्षा गाँव के ही राजकीय वरिष्ठ माध्यमिक स्कूल से प्राप्त की थी। शहीद सुरेश कुमार की विद्यालय में शिक्षा के दौरान खेल-कूद और देशभक्ति के कार्यों में रुचि काफी सराहनीय रही। इसी भावना के चलते शहीद सुरेश कुमार ने पुलिस सेवा को अपने जीवन का लक्ष्य बनाया और परिवार के लोगों की भी यही इच्छा थी कि उनका बेटा पुलिस में भर्ती हो। शहीद सिपाही सुरेश कुमार, 31 जनवरी, 2009 को हरियाणा पुलिस विभाग में सिपाही के पद पर भर्ती हुए। ट्रेनिंग के बाद इनकी ड्यूटी कालका थाने में लगाई गई।

परिवार

शहीद सुरेश कुमार के परिवार में इनके अलावा दो और भाई नरेश व अशोक हैं। शहीद सुरेश कुमार शहादत के समय अविवाहित थे। शहीद सुरेश कुमार के बाद इनके भाई नरेश कुमार को पुलिस विभाग में भर्ती किया गया व छोटे भाई अशोक प्राइवेट नौकरी करते हैं।

घटना का संक्षिप्त विवरण

सिपाही सुरेश कुमार को 30 जुलाई, 2010 को पंचकुला में तैनात किया गया था। 24 अगस्त, 2010 को जब वह यवनिका पार्क, सैक्टर-5 पंचकुला में मुखबिर द्वारा दी सूचना पर अन्य साथी मुलाजमान के साथ सरकारी गाड़ी में मोटरसाइकिल चोरी गिरोह की तलाश कर रहे थे, तभी मुखबिर ने दो लड़के, जो मोटरसाइकिल पर आगे से आ रहे थे, की तरफ इशारा करते हुए कहा कि यही चोर हैं तो पुलिस पार्टी ने उन दोनों को दबोच लिया, जिनमें से एक ने दूसरे को बोला, जो सिपाही सुरेश कुमार ने पकड़ रखा था कि तेज चाकू मार, ये तो पुलिसवाले हैं। दूसरे लड़के ने अपने आपको बचाने के लिए चाकू सिपाही सुरेश कुमार की छाती में मार दिया और भाग गया। सिपाही सुरेश कुमार को घायल अवस्था में सै.-6 पंचकुला सिविल अस्पताल में लाया गया, जहाँ सिपाही सुरेश कुमार गंभीर चोट लगने के कारण शहीद हो गए।

नाम : **ओमप्रकाश**
रैंक और यूनिट : स.उ. निरीक्षक, पलवल
पिता का नाम : श्री सूरत सिंह
माता का नाम : श्रीमती श्रवण देवी
मूल स्थान : गाँव लोकरी, तहसील पटौदी, जिला गुड़गाँव, राज्य हरियाणा
पता : गाँव लोकरी, तहसील पटौदी, ज़िला गुड़गाँव
शहादत का स्थान : डबचीक पर्यटक स्थल, होडल के सामने
जन्म तिथि : 14 दिसंबर, 1964
पुलिस विभाग में शामिल होने की तिथि : 20 नवंबर, 1986
शहादत की तिथि : 21 फरवरी, 2011

जीवन परिचय

शहीद ओमप्रकाश का जन्म गाँव लोकरी, तहसील पटौदी जिला गुड़गाँव में 14 दिसंबर, 1964 को एक किसान के परिवार में हुआ। शहीद ओमप्रकाश बचपन से ही खेल-कूद में रुचि रखने के कारण शरीर से हृष्ट-पुष्ट थे। शहीद ओमप्रकाश 20 नवंबर, 1986 को हरियाणा पुलिस में बतौर सिपाही के पद पर भर्ती हुए।

परिवार

शहीद ओमप्रकाश का विवाह श्रीमती सुनीता देवी से हुआ, जो कि गृहिणी हैं। शहीद ओमप्रकाश की बहन तारा देवी (गृहिणी), जिनकी शादी मुन्नीलाल से हुई, जो कि ड्राइवर हैं। शहीद ओमप्रकाश के परिवार में तीन पुत्र अमित कुमार, जो कि

हरियाणा पुलिस फरीदाबाद में कार्यरत हैं, अशोक कुमार, जो बी.टेक. करके अपने स्वयं के जिम में कोच का कार्य करते हैं व सतीश कुमार, जो 12वीं पास करके खेतीबाड़ी का कार्य करने के साथ आगे की पढ़ाई कर रहा है।

घटना का संक्षिप्त विवरण

सहायक उ.नि. ओमप्रकाश एस्कोर्ट गार्द पलवल में तैनात थे। 21 फरवरी, 2011 को सहायक उ.नि. ओमप्रकाश नं. 17/पलवल व सि. रामप्रसाद नं. 536/पलवल न्यायालय मथुरा में अपराधी बच्चू सिंह को भौंडसी जेल से पलवल कोर्ट में पेशी के लिए लाए और फिर हरियाणा राज्य परिवहन की बस नं. एच.आर.-69-9910 में विचाराधीन कैदी बच्चू सिंह को बैठाकर जिला मथुरा उत्तर प्रदेश के लिए रवाना हुए। जब बस डबचीक पर्यटक स्थल, होडल के सामने खाने-पीने के लिए रुकी तो अचानक 5/6 नौजवान लड़के अगली खिड़की से बस में चढ़ गए और उन्होंने अपराधी बच्चू सिंह को छुड़ाने के लिए पुलिस पार्टी पर हमला कर दिया। उनके पास अवैध हथियार भी थे, जिससे एक गोली सहायक उ.नि. ओमप्रकाश के पेट में लगी। गोली लगने के बाद भी सहायक उ.नि. ओमप्रकाश में काफी संघर्ष किया। घायल सहायक उ.नि. ओमप्रकाश को इलाज के लिए नजदीकी हस्पताल, फरीदाबाद दाखिल कराया गया और इलाज के दौरान सहायक उ.नि. ओमप्रकाश वीरगति को प्राप्त हो गए।

नाम : **राजकुमार**

रैंक और यूनिट : प्रधान सिपाही, जींद

पिता का नाम : श्री बलवंत सिंह

माता का नाम : श्रीमती धनकेसरी

मूल स्थान : गाँव भैणी अमीरपुर, थाना नारनौंद, जिला हिसार, राज्य हरियाणा

पता : गाँव भैणी अमीरपुर, थाना नारनौंद, जिला हिसार, राज्य हरियाणा

शहादत का स्थान : शहर जींद, जिला जींद

जन्म तिथि : 28 नवंबर, 1967

पुलिस विभाग में शामिल होने की तिथि : 04 सितंबर, 1992

शहादत की तिथि : 18 दिसंबर, 2011

जीवन परिचय

शहीद राजकुमार का जन्म 28 नवंबर, 1967 को गाँव भैणी अमीरपुर नारनौंद, जिला हिसार में एक किसान परिवार में हुआ। शहीद राजकुमार के पिता खेतीबाड़ी का काम करते थे। शहीद राजकुमार के अलावा परिवार में दो भाई व एक बहन थे। शहीद राजकुमार ने अपनी दसवीं तक की शिक्षा गाँव में रहकर सरकारी स्कूल से पूरी की थी। शहीद राजकुमार घर में बड़े थे, जिस कारण वे अपने पिता का हाथ खेतीबाड़ी में बँटाते थे। शहीद राजकुमार ने अपने परिवार को इकट्ठा रखा और सभी भाइयों का ध्यान रखा। वह कहते थे कि हमारा परिवार 'जय जवान जय किसान'

का परिवार है। दो भाई वर्दीवाले व एक किसान। शहीद राजकुमार सन् 1992 में पुलिस विभाग में नौकरी पर लगे।

परिवार

शहीद राजकुमार का विवाह श्रीमती सुदेश से हुआ था। शहीद राजकुमार के भाई दिनेश कुमार ने भी देश सेवा से प्रेरित होकर बी.एस.एफ. में नौकरी की व वहीं से सेवानिवृत्त हुए थे। शहीद राजकुमार के परिवार में दो पुत्र राजबीर, अंशु व एक पुत्री ऋतु है। शहीद राजकुमार की पुत्री शादीशुदा है। शहीद राजकुमार का बड़ा पुत्र हरियाणा पुलिस विभाग में कार्यरत है और छोटा पुत्र आर्मी की तैयारी कर रहा है।

घटना का संक्षिप्त विवरण

18 दिसंबर, 2011 को स.उ.नि. नरेश कुमार, अन्य पुलिसकर्मियों के साथ भिवानी रोड, जींद पर वाहनों की चैकिंग कर रहे थे। उस समय, ओमप्रकाश और उनका लड़का सुमित, जो बीबीपुर गाँव की तरफ से एक मोटरसाइकिल पर आ रहे थे, को चैकिंग करने के लिए रुकने का संकेत दिया। उन्होंने मोटरसाइकिल रोक दी, लेकिन पुलिस के साथ दुर्व्यवहार किया और ई.एच.सि. राजकुमार नं. 914/जींद को लोहे क़ी रॉड व छड़ी मारी और मौके से भागने लगे। सूचना कंट्रोल रूम जींद को दी गई, जिसके बाद जींद के पुलिस अधिकारी स्टाफ के साथ अभियुक्त के घर उन्हें गिरफ्तार करने पहुँचे। जब ई.एच.सि. राजकुमार नं. 914/जींद व ई.एच.सि. अशोक कुमार नं. 427/जींद ने ओमप्रकाश के घर में प्रवेश किया तो शांति पत्नी ओमप्रकाश ई.एच.सि. राजकुमार नं. 914/जींद को पकड़ लिया और ओमप्रकाश के पुत्रों ने ई.एच.सि. राजकुमार नं. 914/जींद पर गँडासी व डंडों से हमला कर दिया। ई.एच. सि. राजकुमार नं. 914/जींद को गंभीर चोटों की वजह से पी.जी.आई.एम.एस. रोहतक इलाज के लिए ले जाया गया, जहाँ उनकी मौत हो गई।

नाम	**:**	**संजय कुमार**
रैंक और यूनिट	**:**	सिपाही, तृतीय वाहिनी एच.ए.पी.
पिता का नाम	**:**	श्री भाता राम
मूल स्थान	**:**	गाँव कुन्जैया, थाना सदर झज्जर, जिला झज्जर, राज्य हरियाणा
पता	**:**	गाँव कुन्जैया, थाना सदर झज्जर, जिला झज्जर, हरियाणा
शहादत का स्थान	**:**	नाका अबूब शहर, सिरसा, जिला सिरसा।
जन्म तिथि	**:**	18 दिसंबर, 1981
पुलिस विभाग में शामिल होने की तिथि	**:**	09 मार्च, 2011
शहादत की तिथि	**:**	27 जनवरी, 2012

जीवन परिचय

शहीद संजय कुमार का जन्म गाँव कुन्जैया, जिला झज्जर, तहसील झज्जर में 18 दिसंबर, 1981 को साधारण परिवार में हुआ था। शहीद संजय कुमार बचपन से ही सरल स्वभाव के थे और घरेलू कार्य में अपने माता-पिता का हाथ बँटाते थे। शहीद संजय कुमार को ईमानदारी, कर्तव्यपालन व अपने देश व समाज के प्रति निष्ठा के गुण अपने परिवार से ही मिले। शहीद संजय कुमार को हरियाणा पुलिस में भर्ती होने का शौक था।

शहीद संजय कुमार ने दसवीं की शिक्षा राजकीय सीनियर सेकेंडरी स्कूल खेड़ी गुज्जर सोनीपत से प्राप्त की थी व पढ़ाई के साथ-साथ खेल कूद में भी भाग लेते थे। शहीद संजय कुमार 09 मार्च, 2011 को हरियाणा पुलिस तृतीय वाहिनी

एच.ए.पी. में सिपाही के पद पर भर्ती हुए। उसके बाद शहीद संजय कुमार लॉ एंड ऑर्डर ड्यूटी के लिए जिला सिरसा थाना चौटाला के क्षेत्र में अबूब शहर में नाका ड्यूटी पर तैनात किए गए।

परिवार

शहीद संजय कुमार का विवाह श्रीमती कविता से हुआ था। शहीद संजय कुमार के परिवार में 2 भाई और एक बहन हैं। जिसमें बड़ा भाई सतवीर, जो गाँव में रहते हैं और ड्राइवरी का कार्य करते हैं व दूसरे भाई अशोक कुमार भी गाँव में ही रहते थे व खेतीबाड़ी करते थे। जिनका देहांत 17 जुलाई, 2018 को बीमारी के कारण हो गया। बहन कमलेश (गृहिणी), जिनकी शादी आजाद सिंह गाँव खेड़ी गुज्जर जिला पानीपत से हुई, जो कि हरियाणा पुलिस में अपने सेवाएँ दे रहे हैं। शहीद संजय कुमार के परिवार में दो पुत्र हैं। जिसमें बड़ा पुत्र साहिल कुमार ग्यारहवीं कक्षा में पढ़ रहा है व छोटा पुत्र अमित कुमार नौवीं कक्षा में पढ़ रहा है।

घटना का संक्षिप्त विवरण

27 जनवरी, 2012 को शहीद संजय कुमार लॉ एंड ऑर्डर ड्यूटी के लिए जिला सिरसा, थाना चौटाला के क्षेत्र में अबूबशहर में नहर पुल नाका पर तैनात थे। एक संदिग्ध गाड़ी काला तीतर से भाखड़ा नहर पटरी पर आ रही थी। शहीद संजय कुमार ने गाड़ी को रोकने की कोशिश की। ड्राइवर ने गाड़ी की सीधी टक्कर सिपाही संजय कुमार को मारी, जिससे वह भाखड़ नहर में जा गिरे। चोट लगने व पानी में डूबने के कारण सिपाही संजय कुमार शहीद हो गए। सिपाही संजय कुमार ने प्रशिक्षणाधीन होते हुए भी बहुत बहादुरी से ड्यूटी निभाई।

नाम : राम निवास
रैंक और यूनिट : सिपाही, पानीपत
पिता का नाम : स्व. श्री माई राम
माता का नाम : श्रीमती शांति देवी
मूल स्थान : गाँव खरल तहसील नरवाना, जिला जींद, राज्य हरियाणा
पता : गाँव व डाक. खरल, जिला जींद, राज्य हरियाणा
शहादत का स्थान : नजदीक गुरु गोविंद सिंह स्कूल, असंध रोड, पानीपत
जन्म तिथि : 08 मार्च, 1978
पुलिस विभाग में शामिल होने की तिथि : 14 अगस्त, 2004
शहादत की तिथि : 27 अप्रैल, 2012

जीवन परिचय

शहीद राम निवास का जन्म 08 मार्च, 1978 को गाँव खरल, तहसील नरवाना, जिला जींद में हुआ। शहीद राम निवास की बारहवीं तक की शिक्षा गाँव के ही सरकारी स्कूल से हुई। शहीद राम निवास अपने सादगी भरे जीवन से पूरे गाँव में जाने जाते थे। गाँव में किसी भी प्रकार के सांस्कृतिक कार्यक्रम में बढ़-चढ़कर भाग लेते थे। शहीद राम निवास के पिताजी खेतीबाड़ी का काम करते थे। शहीद सिपाही राम निवास का 14 अगस्त, 2004 को 26 साल की उम्र में पुलिस विभाग में चयन हुआ। 01 जून, 2007 तक उन्होंने अपनी सेवाएँ तृतीय एच.ए.पी. हिसार में दीं व

बाद में जिला पानीपत में तबादला करवा लिया। जिला पानीपत में इन्होंने अपनी ड्यूटी बहुत ही ईमानदारी से की।

परिवार

शहीद राम निवास का विवाह श्रीमती संतोष देवी, गाँव खरड़, जिला हिसार से हुआ था। शहीद राम निवास की आठ बहनें धर्मो, ज्ञानो, छन्ना, कमला, जगमती, बीरमती, छोटो व मिंद्रो हैं। शहीद राम निवास के परिवार में चार पुत्रियों में से पूजा ने एम.एससी. पास की है, प्रीति जो कि 12वीं पास है, अन्नू भी 12वीं पास है, रेखा 9वीं कक्षा में पढ़ रही है व एक पुत्र मनजीत, जो कि 7वीं कक्षा में पढ़ रहा है।

घटना का संक्षिप्त विवरण

सिपाही राम निवास बतौर अंगरक्षक पूर्व सरपंच कुलदीप सिंह निवासी नारा थाना मतलौड़ा के साथ तैनात थे। पूर्व सरपंच कुलदीप सिंह के पुत्र की हत्या हो चुकी थी, जिसके केस में वह एकमात्र साक्षी थे। जिसकी सुनवाई 27 अप्रैल, 2012 को कोर्ट में होनी थी। जब वे माननीय न्यायालय, पानीपत में सबूत पेश करने के लिए रास्ते में थे, तभी एक गाड़ी ने उन्हें टक्कर मार दी, जब तक वे सँभल पाते, पीछे से एक कार में बैठे कुछ असामाजिक तत्त्वों ने गाड़ी पर अंधाधुंध फायर कर दी। जिसमें पूर्व सरपंच कुलदीप और सिपाही रामनिवास को प्रतिद्वंद्वी पार्टी ने मार दिया।

नाम : महाबीर सिंह

रैंक और यूनिट : सिपाही, फरीदाबाद

पिता का नाम : श्री पूर्ण सिंह

माता का नाम : श्रीमति शांति देवी

मूल स्थान : गाँव व डाक. माजरा दुबलधन, जिला झज्जर, राज्य हरियाणा

पता : गाँव व डाक. माजरा दुबलधन, जिला झज्जर, हरियाणा

शहादत का स्थान : पल्ला चौक, थाना सराय ख्वाजा, फरीदाबाद।

जन्म तिथि : 01 मई, 1966

पुलिस विभाग में शामिल होने की तिथि: 24 नवंबर, 2003

शहादत की तिथि : 11 जून, 2012

जीवन परिचय

शहीद महाबीर सिंह का जन्म 01 मई, 1966 को हुआ था। शहीद महाबीर सिंह ने अपनी दसवीं तक की पढ़ाई गाँव के सरकारी स्कूल से पास की। शहीद महाबीर सिंह खेल–कूद में रुचि रखने के कारण व शरीर से हृष्ट–पुष्ट होने के कारण 08 नवंबर, 1986 को भारतीय सेना में भर्ती हुए। अपनी मेहनत, लगन व ईमानदारी से ड्यूटी करने के उपरांत 31 मार्च, 2003 में सेना से सेवानिवृत्त हो गए। शहीद महाबीर सिंह 24 नवंबर, 2003 को पुलिस विभाग में भर्ती हुए।

सिपाही महाबीर सिंह को 11 जून, 2012 को ड्यूटी पर शहीद होने के बाद शहीद का दर्जा दिया गया व उनकी पत्नी को मासिक पेंशन की सुविधा दी गई।

परिवार

शहीद सिपाही महाबीर सिंह का विवाह श्रीमती नारायणी देवी से हुआ था। शहीद महाबीर सिंह के परिवार में पुत्र श्री गौरव कुमार व पुत्री निशा हैं। शहीद महावीर सिंह के बाद उनके पुत्र गौरव कुमार को हरियाणा पुलिस में भर्ती किया गया व अभी अपनी माता व बहन के साथ रोहतक में रह रहे हैं।

घटना का संक्षिप्त विवरण

सिपाही महाबीर सिंह थाना सराय ख्वाजा में पी.सी.आर. चालक नियुक्त थे। 11 जून, 2012 को एक सूचना मिली, जिसमें एक डम्फर रेती चोरी करके ले जाते हुए बदरपुर बॉर्डर और खेड़ी पुल के बीच देखा गया। दोषियों को गिरफ्तार करने के लिए फरीदाबाद से दिल्ली रोड पर एक नाका लगाया गया। बाद में एक गाड़ी व डम्फर नाके की ओर आते दिखे तो डम्फर को पुलिस जवानों ने रोकने की कोशिश की तो डम्फर चालक ने चैक पोस्ट को तोड़ दिया और सिपाही महाबीर सिंह को टक्कर मारकर दिल्ली की तरफ भाग गया। बहादुर सिपाही महाबीर सिंह को दुर्घटना में गंभीर चोट लगी और शहीद हो गए।

नाम : राकेश कुमार
रैंक और यूनिट : सिपाही, झज्जर
पिता का नाम : श्री जगदेव सिंह
माता का नाम : श्रीमती रोशनी देवी
मूल स्थान : गाँव व डाक. सुर्खपुर, जिला झज्जर, राज्य हरियाणा
पता : गाँव व डाक. सुर्खपुर जिला, झज्जर राज्य, हरियाणा
शहादत का स्थान : धौड चौक, बेरी रोड, झज्जर।
जन्म तिथि : 10 मई, 1980
पुलिस विभाग में शामिल होने की तिथि: 01 सितंबर, 2004
शहादत की तिथि : 19 मई, 2013

जीवन परिचय

शहीद राकेश कुमार का जन्म गाँव सुर्खपुर जिला झज्जर में 10 मई, 1980 को हुआ था। शहीद सिपाही राकेश कुमार के परिवार में एक बड़ा भाई व चार बहनें थीं तथा वे परिवार में सबसे छोटे थे। इनके पिता खेतीबाड़ी का काम करते थे। शहीद राकेश कुमार ने अपनी बारहवीं तक की शिक्षा शांति मंदिर स्कूल गाँव भदानी, जिला झज्जर से की व बी.ए. की पढ़ाई नेहरू कॉलेज, झज्जर से की। शहीद राकेश कुमार भर्ती होने से पहले अपने पिता का खेतीबाड़ी में हाथ बँटवाया करते थे। 01 सितंबर, 2004 को शहीद राकेश कुमार हरियाणा पुलिस में सिपाही के पद पर भर्ती हुए। शहीद राकेश कुमार ने पुलिस विभाग में 8 बार प्रशंसा पत्र हासिल

किए। शहीद राकेश कुमार हर सामाजिक कार्य में बढ़-चढ़कर भाग लेते थे। शहीद सिपाही राकेश कुमार की नियुक्ति पुलिस लाइन झज्जर में हो गई व बाद में उनका तबादला स्पेशल सैल झज्जर में हो गया।

परिवार

13 फरवरी, 2005 को शहीद राकेश कुमार का विवाह श्रीमती सुरैना देवी, गाँव बिनौला, जिला भिवानी से हुआ। शहीद राकेश कुमार के परिवार में पुत्र आर्यन व पुत्री कशिश हैं।

घटना का संक्षिप्त विवरण

18 मई, 2013 को सिपाही राकेश कुमार धौड चौक, बेरी रोड, झज्जर पर पुलिस टीम के साथ गश्त पर थे। टीम को एक गुप्त सूचना प्राप्त हुई कि एक पिकअप वैन, जिसमें 5/6 लोग थे, बेरी रोड झज्जर पर बंदूक की नोक पर वाहनों को लूटने की कोशिश कर रहे थे। इस सूचना पर झज्जर पुलिस थाने से एक और पुलिस पार्टी मौके पर बुलाई गई और सभी को अच्छी तरह अवगत कराकर जगह की तरफ रवाना किया गया। जब पुलिस पार्टी की गाड़ी, जिसमें सिपाही राकेश बैठे थे, मौके पर पहुँची तो 5/6 लोगों में से एक ने पुलिस पार्टी की गाड़ी को रोकने का इशारा किया। जैसे ही पुलिस पार्टी गाड़ी से उतरी और बदमाशों को पकड़ने की कोशिश की, बदमाशों ने पुलिस टीम पर गोलीबारी शुरू कर दी। अचानक गोलीबारी के परिणामस्वरूप सिपाही राकेश कुमार को गोली लगी और बदमाश फायर करते हुए गाड़ी में बैठकर भागने लगे। इसके बाद सिपाही राकेश कुमार को सरकारी अस्पताल झज्जर पहुँचाया गया, जहाँ से उन्हें पी.जी.आई.एम.एस. रोहतक रैफर कर दिया गया। उपचार के दौरान बहादुर सिपाही राकेश कुमार 19 मई, 2013 को शहीद हो गए।

नाम : **बलवान सिंह**

रैंक और यूनिट : उपनिरीक्षक, पानीपत

पिता का नाम : श्री रामधारी

माता का नाम : श्रीमती रामप्यारी

मूल स्थान : देशराज कॉलोनी, नजदीक भावना क्लीनिक, पानीपत

पता : देशराज कॉलोनी, नजदीक भावना क्लीनिक, पानीपत

शहादत का स्थान : नजदीक आई.एम.टी., गाँव खेड़ी साध, रोहतक।

जन्म तिथि : 20 मार्च, 1961

पुलिस विभाग में शामिल होने की तिथि: 25 अगस्त, 1982

शहादत की तिथि : 05 जुलाई, 2013

जीवन परिचय

शहीद बलवान सिंह का जन्म 20 मार्च, 1961 को एक ब्राह्मण परिवार में हुआ। शहीद बलवान सिंह ने दसवीं तक की शिक्षा अपने गाँव के स्कूल से ही ग्रहण की। शहीद बलवान सिंह को कुश्ती व कबड्डी खेलने का शौक बचपन से ही था। शहीद बलवान सिंह 25 अगस्त, 1982 को पुलिस विभाग में शामिल हुए। शहीद बलवान सिंह ने अपनी नौकरी करने के दौरान कई पदोन्नतियाँ हासिल कीं व उनको 18 प्रशंसा पत्र से भी नवाजा गया। शहीद बलवान सिंह एक प्रतिभावान, साहसिक व निडर व्यक्तित्व के धनी थे।

परिवार

शहीद बलवान सिंह का विवाह श्रीमती निर्मला देवी से हुआ। शहीद बलवान सिंह के अलावा इनके दो भाई धर्मवीर, अजीत सिंह गाँव आवली जिला सोनीपत में रहते हैं और खेतीबाड़ी करते हैं तथा छह बहनें कलावती, कृष्णा, कमला देवी, दर्शना, चंद्रमणी व संतोष हैं। शहीद बलवान सिंह के परिवार में तीन पुत्रियाँ पूनम, सुमन, पूजा व दो पुत्र पवन कुमार, तेजवीर हैं। शहीद बलवान सिंह की सभी पुत्रियाँ शादीशुदा हैं। शहीद बलवान सिंह का बड़ा पुत्र बी.सी.ए. व एम.ए. करके जिओ कंपनी में स्टेट मैनेजर के पद पर कार्यरत है। (जिनका देहांत हो चुका है) शहीद बलवान सिंह के छोटे पुत्र तेजवीर हरियाणा पुलिस में कार्यरत हैं।

घटना का संक्षिप्त विवरण

उपनिरीक्षक बलवान सिंह नं. 72/पानीपत इंचार्ज पुलिस चौकी खरावड़ थाना सांपला जिला रोहतक में तैनात थे। 05 जुलाई, 2013 की शाम को, उपनिरीक्षक बलवान सिंह, सिपाही हरविंद्र नं. 1010/रोहतक के साथ सरकारी वाहन में नियमित गश्त पर रोहतक क्षेत्र में थे। गश्त से लौटते समय उन्होंने सड़क किनारे तीन-चार लोगों को देखा और एक मोटरसाइकिल पर एक युवा को बैठे देखा। उपनिरीक्षक बलवान सिंह ने पूछा कि वे यहाँ क्यों खड़े हैं? इस पर उन्होंने उपनिरीक्षक बलवान सिंह को बताया कि मोटरसाइकिल पर सवार लड़के ने उनके पैसे और मोबाइल फोन छिन लिया है। उपनिरीक्षक बलवान सिंह ने युवक को पकड़ने की कोशिश की और उसे सरकारी वाहन में बैठने के लिए कहा, लेकिन अचानक लड़के ने खुद को छुड़वाते हुए अपनी रिवॉल्वर निकाली व सिपाही हरविंदर पर गोली चला दी, जो उनके पैर पर लगी। उसने फिर गोली चलाई, जो सिपाही हरविंदर सिंह को पीठ पर लगी। स्थिति को नियंत्रण करने के लिए उपनिरीक्षक बलवान सिंह ने उस युवक को पकड़ने की कोशिश की तो उसने सीधे गोली उपनिरीक्षक बलवान सिंह के सीने में मार दी, जिससे उपनिरीक्षक बलवान सिंह गिर गए और युवक अपनी मोटरसाइकिल पर भाग गया। बाद में वहाँ से एक ऑटो गुजरा, जिसने सारी घटना चौकी में बता दी। दोनों घायल पुलिसकर्मियों को एक अस्पताल ले जाया गया। उनकी हालत नाजुक थी, जिसके कारण उन्हें बचाया नहीं जा सका। उपचार के दौरान उपनिरीक्षक बलवान सिंह शहीद हो गए।

नाम : कुलदीप सिंह
रैंक और यूनिट : ओ.आर.पी./स.उप.नि., कुरुक्षेत्र
पिता का नाम : श्री कर्ण सिंह
माता का नाम : श्रीमती शांति देवी
मूल स्थान : गाँव रामगढ़ गामड़ी अमुपुर, थाना निसिंग, जिला करनाल, हरियाणा
पता : म.नं. LD-280 सी.एच.डी. सिटी, जिला करनाल
शहादत का स्थान : नजदीक थाना थानेसर, कुरुक्षेत्र
जन्म तिथि : 10 जून, 1970
पुलिस विभाग में शामिल होने की तिथि: 01 अक्तूबर, 1989
शहादत की तिथि : 21 नवंबर, 2014

जीवन परिचय

शहीद कुलदीप सिंह का जन्म गाँव रामगढ़ गामड़ी अमुपुर, थाना निसिंग, जिला करनाल में 10 जून, 1970 को हुआ। शहीद कुलदीप सिंह के पिता सेना में सूबेदार के पद से सेवानिवृत्त थे। शहीद कुलदीप सिंह ने दसवीं तक की पढ़ाई गीता निकेतन स्कूल कुरुक्षेत्र से पास की। शहीद कुलदीप सिंह के परिवार में इनके अलावा एक भाई व दो बहनें हैं।

01 अक्तूबर, 1989 को शहीद कुलदीप सिंह, हरियाणा पुलिस में भर्ती हुए। शहीद कुलदीप सिंह ने कबड्डी व फुटबॉल के खेल में कई पदक मधुबन व करनाल में जीते।

परिवार

शहीद कुलदीप सिंह का विवाह 18 फरवरी, 1989 को श्रीमती सुनीता देवी, गाँव रामगढ़ जिला करनाल से हुआ। शहीद कुलदीप सिंह के परिवार में एक पुत्र उधम सिंह है, जो अविवाहित है और अपनी एम. टेक की पढ़ाई जर्मनी से कर रहा है।

घटना का संक्षिप्त विवरण

ओ.आर.पी./स.उ.नि. कुलदीप सिंह 20 नवंबर, 2014 को सी.आई.ए.-2 कुरुक्षेत्र में तैनात थे, जब एक वी.टी. नियंत्रण कक्ष से प्राप्त हुई कि दो युवा लड़कों ने बंदूक की नोक पर हवेली होटल, जिला अंबाला के पास एक कार छीन ली। थाना सदर थानेसर के पास पीपली चौक पर एक नाका लगाया गया। कुछ समय बाद एक और वी.टी. प्राप्त हुई कि स्नैचर्स ने मिनी चिड़ियाघर पीपली के पास कार को छोड़ दिया और पुलिस पार्टी पर गोलीबारी करके भाग गए। क्षेत्र की तलाश शुरू की गई। तलाशी के दौरान, एक संदिग्ध व्यक्ति पैदल आ रहा था और पुलिस पार्टी को देखने के बाद वापस चल दिया। इस पर ओ.आर.पी./स.उ.नि. ने उसे पकड़ने की कोशिश की तो संदिग्ध ने उसकी छाती में गोली मार दी। ओ.आर.पी./स.उ.नि. कुलदीप सिंह को एल.एन.जे.पी. अस्पताल कुरुक्षेत्र में भर्ती कराया गया। इलाज के दौरान ओ.आर.पी./स.उ.नि. गंभीर चोट के कारण 21 नवंबर, 2014 को शहीद हो गया।

नाम : प्रदीप कुमार
रैंक और यूनिट : सहायक उपनिरीक्षक, सोनीपत
पिता का नाम : श्री मुख्यतार सिंह
माता का नाम : श्रीमती कीर्ति देवी
मूल स्थान : गाँव समचाना, जिला रोहतक, राज्य हरियाणा
पता : 3016/31, गली नं. 9, मयूर विहार, गोहाना रोड, सोनीपत, हरियाणा
शहादत का स्थान : नजदीक गोहाना, जिला सोनीपत
जन्म तिथि : 03 मार्च, 1978
पुलिस विभाग में शामिल होने की तिथि: 21 नवंबर, 1998
शहादत की तिथि : 21 अगस्त, 2015

जीवन परिचय

शहीद प्रदीप कुमार का जन्म एक साधारण परिवार में गाँव समचाना, जिला रोहतक में हुआ था। शहीद प्रदीप कुमार के परिवार में इनके अलावा दो छोटे भाई विक्रम व प्रवीण कुमार हैं। शहीद प्रदीप कुमार ने प्राथमिक शिक्षा गाँव के सरकारी स्कूल से व बारहवीं तक की शिक्षा हिंदू सीनियर सेकेंडरी स्कूल से उत्तीर्ण की। शहीद प्रदीप को बचपन से ही कुश्ती खेलने का शौक था। शहीद प्रदीप कुमार ने हरियाणा चैंपियनशिप कुश्ती में प्रथम स्थान प्राप्त किया था। जब भी उन्हें समय मिलता, ये सोनीपत के स्टेडियम में जाकर छोटे बच्चों को कुश्ती के दाँव-पेच सिखाते।

21 नवंबर, 1998 को हरियाणा पुलिस विभाग में शहीद प्रदीप कुमार का चयन

हुआ। शहीद प्रदीप कुमार का व्यवहार बहुत ही मधुर व मिलनसार था। शहीद प्रदीप कुमार के नाम से एक सामाजिक संस्था भी है, जिसका नाम शहीद प्रदीप कुमार ग्रेवाल चैरिटी ट्रस्ट सोसाइटी सोनीपत है, जो शिक्षा, पर्यावरण व अन्य सामाजिक कार्यों को बढ़ावा देती है। संस्था द्वारा समय-समय पर फ्री मेडिकल कैंप व रक्त दान शिविर लगवाए जाते हैं।

परिवार

शहीद प्रदीप कुमार का विवाह सन् 2001 में श्रीमती मीनू रानी के साथ हुआ। शहीद प्रदीप कुमार के परिवार में दो पुत्री व एक पुत्र हैं। पुत्री निकिता ग्यारहवीं कक्षा में पढ़ती है व कोमल सातवीं कक्षा में पढ़ती है तथा पुत्र परमदीप चौथी कक्षा में पढ़ता है।

घटना का संक्षिप्त विवरण

स.उ.नि. प्रदीप नं. 20/सोनीपत एस.आई.टी./सोनीपत में तैनात थे। 21 अगस्त, 2015 को स.उ.नि. प्रदीप नं. 20/सोनीपत पुलिस दल के साथ ड्यूटी पर थे। गश्त के दौरान, एक डस्टर कार नं. एच.आर.-42सी.-7641, जिसमें एक लड़के के पास हथियार था। जिस पर पुलिस ने संदेह किया व ओवरटेक करके कार को रुकने का संकेत दिया। चालक ने वाहन को नहीं रोका व दूसरे लड़के ने हथियार को तैयार पोजीशन में कर लिया। उन्होंने कार को पीछे छोड़ दिया और गाड़ी आगे लगाकर रोक ली। स.उ.नि. प्रदीप बाहर आए और हथियार लिये अपराधी को पकड़ने की कोशिश की। उस लड़के ने फायर कर दिया व स.उ.नि. प्रदीप घायल हो गए। इस दौरान अन्य जवानों ने भी उस पर फायर कर दिया। जिससे लड़का भी घायल हो गया। स.उ.नि. प्रदीप पी.जी.आई. खानपुर में भर्ती कराए गए। इलाज के दौरान स.उ.नि. प्रदीप गंभीर चोट के कारण उसी दिन शहीद हो गए। पुलिस थाने में एफ.आई.आर. नं. 339 धारा 302,307,353,186,34 भा.द.सं. व शस्त्र अधिनियम थाना शहर गोहाना जिला सोनीपत में अंकित किया गया था।

नाम : राज सिंह
रैंक और यूनिट : सिपाही, रेवाड़ी
पिता का नाम : श्री मुंशीराम
माता का नाम : श्रीमती भतरी देवी
मूल स्थान : गाँव व डाक. चिड़ी, जिला रोहतक, राज्य हरियाणा
पता : गाँव व डाक. चिड़ी, थाना लाखन माजरा, जिला रोहतक, हरियाणा
शहादत का स्थान : राजेश पायलट चौक, रेवाड़ी
जन्म तिथि : 15 नवंबर, 1963
पुलिस विभाग में शामिल होने की तिथि: 20 नवंबर, 2008
शहादत की तिथि : 11 अप्रैल, 2016

जीवन परिचय

शहीद राज सिंह का जन्म गाँव व डाक. चिड़ी, जिला रोहतक में 15 नवंबर, 1963 को हुआ। शहीद राज सिंह ने अपनी दसवीं तक की पढ़ाई गाँव के सरकारी स्कूल से ही पूरी की। शहीद राज सिंह खेल-कूद में रुचि रखने व शरीर से हृष्ट-पुष्ट होने के कारण 02 नवंबर, 1982 को भारतीय सेना में भर्ती हुए व 30 नवंबर, 2006 को सेना से सेवानिवृत्त हो गए। 20 नवंबर, 2008 को शहीद राज सिंह हरियाणा पुलिस विभाग में भर्ती हो गए व ट्रेनिंग के बाद जिला पुलिस रेवाड़ी में शामिल हुए। शहीद राज सिंह ने अपनी ड्यूटी मेहनत, लगन व ईमानदारी से की।

परिवार

शहीद राज सिंह का विवाह श्रीमती सुनीता रानी से हुआ। शहीद राज सिंह के परिवार में दो पुत्र दलबीर सिंह, जिनका 2018 में हृदयाघात के कारण देहांत हो गया व दूसरा पुत्र अमित सिंह, जो कि एक्स ग्रेशिया के तहत जिला रोहतक में क्लर्क की ड्यूटी कर रहा है। शहीद राज सिंह के वरी भाई स्व. बलदेव सिंह, स्व. बलवान सिंह, स्व. बलजीत सिंह, माँगेराम व एक बहन हैं।

घटना का संक्षिप्त विवरण

सिपाही राज सिंह नं. 233/रेवाड़ी 11 अप्रैल, 2016 की मध्यरात्रि को राजेश पायलट चौक, रेवाड़ी पर साथी मुलाजमान के साथ नाकाबंदी ड्यूटी पर तैनात थे। ड्यूटी के दौरान करीब रात 2 बजे एक वी.टी. प्राप्त हुई, जिसमें एक सफेद पिकअप, जिस पर कोई नं. प्लेट नहीं थी, जिसमें गाय भरी हुई थीं, जो राजेश पायलट चौक, रेवाड़ी की तरफ आ रही है। संदिग्ध गाड़ी दिखने पर बैटरी की रोशनी से गाड़ी को रोकने का इशारा किया गया तो पिकअप के चालक ने गाड़ी का न रोकते हुए सीधी गाड़ी की टक्कर पुलिस जवानों को मारी व सिपाही राज सिंह के शरीर के ऊपर से गाड़ी निकालते हुए वहाँ से गाड़ी भगा ले गया। सिपाही राज सिंह को घायल अवस्था में पुष्पांजलि अस्पताल ले गए, जहाँ डॉक्टरों ने उन्हें मृत घोषित कर दिया।

नाम : विनोद कुमार
रैंक और यूनिट : प्रधान सिपाही, द्वितीय आई.आर.बी. भौंडसी
पिता का नाम : श्री ओम प्रकाश
माता का नाम : श्रीमती सुखदेवी
मूल स्थान : गाँव व डाक. सिवानी बालान, जिला हिसार, राज्य हरियाणा
पता : गाँव व डाक. सिवानी बालान, थाना अगरोहा, जिला हिसार, हरियाणा
शहादत का स्थान : तावडू, नूँह, हरियाणा
जन्म तिथि : 10 अप्रैल, 1983
पुलिस विभाग में शामिल होने की तिथि: 27 अक्तूबर, 2004
शहादत की तिथि : 30 नवंबर, 2016

जीवन परिचय

शहीद विनोद कुमार का जन्म 10 अप्रैल, 1983 को गाँव व डाक. सिवानी बालान, जिला हिसार में हुआ। शहीद विनोद कुमार ने प्राथमिक शिक्षा अपने पैतृक गाँव से ही प्राप्त की व उच्च माध्यमिक शिक्षा राजकीय उच्च विद्यालय कुलेरी, जिला हिसार से सन् 2002 में पास की। 27 अक्तूबर, 2004 को शहीद विनोद कुमार द्वितीय भारतीय रिजर्व वाहिनी, गुड़गाँव में सिपाही के पद पर भर्ती हुए।

परिवार

शहीद प्रधान सिपाही विनोद कुमार का विवाह श्रीमती रेखा देवी से हुआ था।

शहीद विनोद कुमार के चार भाई व दो बहनें थीं। शहीद विनोद कुमार के परिवार में दो पुत्र आदित्य व निखिल हैं।

घटना का संक्षिप्त विवरण

30 नवंबर, 2016 को प्रधान सिपाही विनोद कुमार नं. 2/452 आई.आर. बी. की ड्यूटी मेवात में लगी हुई थी व खनन नाका ड्यूटी पर थाना तावडू, जिला नूँह में तैनात किया गया था। वहाँ अवैध खनन में लगे असगर चालाक डम्फर नं. HR55 R8199 को चैकिंग के लिए रोका गया, लेकिन ड्राइवर डम्फर चलाता हुआ आया और प्रधान सिपाही विनोद कुमार नं. 2/452 आई.आर.बी. को उक्त डम्फर से कुचल दिया, जिसमें प्रधान सिपाही विनोद कुमार नं. 2/452 आई.आर. बी. मौके पर ही शहीद हो गए।

नाम : भागीरथ
रैंक और यूनिट : प्रधान सिपाही, भिवानी
पिता का नाम : श्री निहाल सिंह
माता का नाम : श्रीमती संतोष देवी
मूल स्थान : गाँव व डाक. गोरछी, जिला हिसार, राज्य हरियाणा
पता : गाँव व डाक. गोरछी, जिला हिसार, हरियाणा
शहादत का स्थान : कोर्ट कॉम्पलैक्स, सिवानी, हरियाणा
जन्म तिथि : 15 अगस्त, 1973
पुलिस विभाग में शामिल होने की तिथिः 13 जुलाई, 1992
शहादत की तिथि : 07 मई, 2018

जीवन परिचय

शहीद भागीरथ का जन्म 15 अगस्त, 1973 को गाँव गोरछी, जिला हिसार के एक किसान परिवार में हुआ। शहीद भागीरथ ने अपनी प्रारंभिक शिक्षा राजकीय उच्च विद्यालय गोरछी से पास की व बारहवीं की पढ़ाई बालसमंद सीनियर सेकेंडरी स्कूल से पास की। शहीद भागीरथ को बचपन से ही कबड्डी खेलने का शौक था। शहीद भागीरथ के भाई रामफल मानसिक रूप से बीमार होने के कारण खेतीबाड़ी में अपने पिता का हाथ बँटाते थे।

13 जुलाई, 1992 को शहीद भागीरथ हरियाणा पुलिस में सिपाही पद पर भर्ती हो गए। शहीद भागीरथ बचपन से ही निडर, साहसी थे।

परिवार

शहीद भागीरथ का विवाह श्रीमती कुसुम से हुआ था। शहीद भागीरथ के परिवार में पुत्र ललित, आई.जी. कार्यालय हिसार में क्लर्क पद पर कार्यरत हैं व दो पुत्रियाँ सुमन व योगिता पढ़ रही हैं।

घटना का संक्षिप्त विवरण

प्रधान सिपाही भागीरथ नं. 1204/भिवानी 07 मई, 2018 को ट्रैल आरोपी जय कुमार की सुरक्षा के लिए पुलिस टीम के साथ शिवानी अदालत परिसर में तैनात किए गए थे। अचानक करीब प्रातः 10:30 पर आरोपी जय कुमार, सुनिल को पेश करने के बाद सरकारी वाहन की तरफ ले जा रहे थे तो सामने मैन गेट से 4–5 नौजवान लड़के भागकर आए व आरोपी जय कुमार व पुलिस टीम पर अंधाधुंध गोलीबारी शुरू कर दी। प्रधान सिपाही भागीरथ नं. 1204/भिवानी के द्वारा आरोपी जय कुमार को बचाते हुए एक गोली उक्त प्रधान सिपाही के सिर में लगी, जिससे प्रधान सिपाही भागीरथ नं. 1204/भिवानी मौके पर ही शहीद हो गए। इस प्रकार प्रधान सिपाही भागीरथ ने अपने कर्तव्यों का पालन करते हुए अपने प्राणों को न्योछावर कर दिया।

नाम : नरेंद्र सिंह
रैंक और यूनिट : उपनिरीक्षक, करनाल
पिता का नाम : श्री पूर्णचंद
मूल स्थान : म.नं. 960, गली नं. 11, हाँसी चौक, जिला करनाल, हरियाणा।
पता : वार्ड नं. 8, पेहवा जिला कुरुक्षेत्र, राज्य हरियाणा।
शहादत का स्थान : रोहतक, हरियाणा
जन्म तिथि : 05 जून, 1964
पुलिस विभाग में शामिल होने की तिथि: 24 अक्तूबर, 1985
शहादत की तिथि : 08 अगस्त, 2018

जीवन परिचय

शहीद नरेंद्र सिंह का जन्म जिला करनाल में हुआ था। शहीद नरेंद्र सिंह ने अपनी पढ़ाई करनाल के खालसा पब्लिक स्कूल से की। शहीद नरेंद्र सिंह फुटबॉल के स्कूल के समय से ही अच्छे खिलाड़ी थे।

परिवार

शहीद नरेंद्र सिंह का विवाह श्रीमती बीना देवी से हुआ था। शहीद नरेंद्र सिंह के परिवार में पुत्र निशांत, जो कि हरियाणा सरकार द्वारा सिपाही के पद पर भर्ती किए गए, फिलहाल मधुबन प्रशिक्षण केंद्र में प्रशिक्षण ले रहे हैं व एक पुत्री खुशबू है, जो फिलहाल पढ़ाई कर रही है।

घटना का संक्षिप्त विवरण

उपनिरीक्षक नरेंद्र सिंह नं. 1230/करनाल व महिला सिपाही सुशीला नं. 1522/करनाल को बाल किशोरी ममता को नारी निकेतन करनाल से सी.जे.एम. रोहतक के सम्मुख पेश करने के लिए तैनात किया गया। पेश करने के उपरांत बाहर निकलते समय किशोरी ममता के पिता के इशारा करने पर दोपहियाँ वाहन से दो अनजान लड़कों ने सुश्री ममता पर गोली चलाई, जिसमें वह गंभीर रूप से घायल हो गई। उसी समय उप.नि. नरेंद्र सिंह को सुश्री ममता को बचाते हुए गोली लगी और उक्त उप.नि. भी गंभीर रूप से घायल हो गए। बिना देरी किए उपनिरीक्षक नरेंद्र सिंह नं. 1230/करनाल व सुश्री ममता को पी.जी.आई. रोहतक में उपचार के लिए दाखिल किया गया, परंतु चिकित्सकों ने उन दोनों को ही मृत घोषित कर दिया। इस घटना में उपनिरीक्षक नरेंद्र सिंह नं. 1230/करनाल असामाजिक तत्त्वों से लड़ते हुए शहीद हो गए।

नाम :	**रणबीर सिंह**
रैंक और यूनिट :	उपनिरीक्षक, रेवाड़ी
पिता का नाम :	श्री बलबीर सिंह
माता का नाम :	श्रीमती सुप्रिय देवी
मूल स्थान :	गाँव जटौला, हेली मंडी गुड़गाँव, हरियाणा
पता :	गाँव जटौला, हेली मंडी गुड़गाँव, हरियाणा
शहादत का स्थान :	अलवर बाईपास रोड, धारुहेड़ा
जन्म तिथि :	26 नवंबर, 1969
पुलिस विभाग में शामिल होने की तिथि:	03 अगस्त, 1992
शहादत की तिथि :	15 नवंबर, 2018

जीवन परिचय

शहीद रणबीर सिंह का जन्म 26 नवंबर, 1969 को गाँव जटौला, हेली मंडी में एक किसान परिवार में हुआ। शहीद रणबीर सिंह ने अपनी दसवीं तक की पढ़ाई गाँव खंडेवला के सरकारी स्कूल से पास की व बी.ए. की पढ़ाई नेहरू सरकारी कॉलेज, जटौली, गुड़गाँव से की। शहीद रणबीर सिंह खेल-कूद में रुचि रखने व शरीर से हृष्ट-पुष्ट होने के कारण 03 अगस्त, 1992 को हरियाणा पुलिस में सिपाही के पद पर भर्ती हुए व ट्रेनिंग पूरी करने के बाद रेवाड़ी जिला पुलिस में शामिल हो गए।

परिवार

शहीद रणबीर सिह का विवाह श्रीमती माधवी से हुआ था। शहीद रणबीर सिंह के परिवार में दो पुत्रियाँ व एक पुत्र हैं, जिसमें बड़ी पुत्री दीपिका, जो शहीद रणबीर

सिंह की जगह एक्स ग्रेशिया के तहत हरियाणा पुलिस में कार्यरत हैं व आई.जी.पी. कार्यलय रेवाड़ी में तैनात हैं, छोटी पुत्री शमा बी.कॉम कर रही हैं व पुत्र सूर्य प्रताप 11वीं कक्षा में पढ़ रहा है। शहीद रणबीर सिंह का भाई मनवीर खुद का कारोबार करता है और गुरुग्राम में रहता है।

घटना का संक्षिप्त विवरण

15 नवंबर, 2018 को मोस्ट वांटेड नरेश कुमार के साथ मुठभेड़ होने के कारण एस.एच.ओ. धारुहेड़ा द्वारा उपनिरीक्षक रणबीर सिंह को सूचना दी गई कि मोस्ट वांटेड नरेश कुमार जाति अहीर वासी खरखड़ा, फैक्टरी एरिया के पास घूमता हुआ दिखाई दिया है। नरेश कुमार को काबू करने के लिए उपनिरीक्षक रणबीर सिंह इंचार्ज सी.आई.ए. स्टाफ ने दो रेडिंग पार्टी बनाई व मोस्ट वांटेड नरेश कुमार की तलाश के लिए अलग-अलग रवाना हुए। उपनिरीक्षक रणबीर सिंह अपनी टीम के साथ मिली हुई सूचना के अनुसार मौके पर पहुँचे, जो कि आरोपी नरेश कुमार उपनिरीक्षक रणबीर सिंह को पहले से ही जानता था। इसी दौरान आरोपी नरेश कुमार को दूर से आता दिखाई देने पर उपनिरीक्षक रणबीर सिंह ने अपनी टीम को इशारा करके उसे काबू करने को कहा। आरोपी नरेश कुमार ने अपनी जेब से देशी पिस्टल निकालकर उपनिरीक्षक रणबीर सिंह को सामने की तरफ से पेट पर फायर कर दिया। गोली लगने के कारण उपनिरीक्षक रणबीर सिंह घायल अवस्था में रोड पर गिर गए। आरोपी नरेश कुमार ने भागने की कोशिश की, पर इकट्ठे हुए राहगीरों की मदद से उसपर काबू पा लिया गया। घायल उपनिरीक्षक रणबीर सिंह को औमहार्ट इंस्टिट्यूट भिवाड़ी में ले जाया गया, जहाँ डॉक्टरों ने उन्हें मृत घोषित कर दिया।

नाम : यशपाल
रैंक व यूनिट : मुख्य सिपाही (द्वितीय आई.आर.बी. भौंडसी)
पिता का नाम : श्री उम्मेद सिंह दहिया
माता का नाम : श्रीमती राम कौर
मूल स्थान : गाँव खांडा, पी.एस. खरखौदा, जिला सोनीपत
पता : गाँव खांडा, पी.एस. खरखौदा, जिला सोनीपत
शहादत का स्थान : सोनीपत
जन्म तिथि : 14 दिसंबर, 1980
पुलिस विभाग में शामिल होने की तिथि: 29 अक्तूबर, 2004
शहादत की तिथि : 17 मार्च, 2019

जीवन परिचय

शहीद यशपाल का जन्म 14 दिसंबर, 1980 को गाँव खांडा, जिला सोनीपत में हुआ। इनके पिता बचपन से ही नेत्रहीन थे। इनकी माता ने ही उनकी परवरिश की। शहीद यशपाल ने अपनी प्रारंभिक शिक्षा अपने पैतृक गाँव खांडा जिला सोनीपत से ही की, दसवीं की पढ़ाई शंभूदयाल शिक्षा सदन सी.से. स्कूल खांडा से व बारहवीं राजकीय सी.सै. स्कूल सिसाना से पास की। 29 अक्तूबर, 2004 को बतौर सिपाही पद पर द्वितीय आई.आर.बी. भौंडसी में तैनात हुए। शहीद यशपाल पूरे भारतवर्ष में लगभग सभी राज्यों, जैसे—पंजाब, राजस्थान, छत्तीसगढ़, बिहार, झारखंड, उतर प्रदेश, मध्य प्रदेश, गुजारात व जम्मू-कश्मीर में कानून व्यवस्था व चुनाव ड्यूटी पर तैनात रहे।

परिवार

शहीद यशपाल का विवाह सन् 2004 में श्रीमती रेखा रानी से हुआ था। शहीद यशपाल के एक भाई कुलदीप सिंह, जो कि सी.आर.पी.एफ. में तैनात हैं, जिनकी ड्यूटी फिलहाल सोनीपत में ही है व दो बहनें उर्मिला (बड़ी बहन) व सीमा (छोटी बहन) हैं। शहीद यशपाल सिंह के परिवार में दो पुत्रियाँ व एक पुत्र हैं, बड़ी पुत्री रीना 12वीं कक्षा में पढ़ रही है व छोटी पुत्री 10वीं कक्षा में पढ़ रही है व पुत्र वंश दहिया छठी कक्षा में पढ़ रहा है।

घटना का संक्षिप्त विवरण

17 मार्च, 2019 को स्व. प्रधान सिपाही विशेष कार्यबल, हरियाणा में सोनीपत इकाई में तैनात था। जो गैंगस्टर अक्षय पलड़ा व राजू बसौदी को काबू करने के दौरान असामाजिक तत्त्वों से लड़ते हुए अपने प्राण न्योछावर कर वीरगति को प्राप्त हुए। उक्त कार्य के लिए इस बहादुर पुलिसकर्मी को हरियाणा सरकार द्वारा शहीद प्रमाण-पत्र भी दिया गया है। स्व. प्रधान सिपाही ने 15 सितंबर, 2018 को इसमाइलाबाद कुरुक्षेत्र में एक शराब की फैक्टरी का भाँडा फोड़ने में अहम भूमिका निभाई थी। 09 जुलाई, 2018 को बेरी जिला झज्जर में दिलबाग उर्फ बाबा द्वारा अवैध असलाह बनाने की फैक्टरी को पकड़ने में अहम भूमिका निभाई थी। 11 मार्च, 2018 को 10,000 रुपए के इनामी बदमाश राधेश्याम को काबू करने में अहम योगदान दिया। 14 अप्रैल, 2018 को 50,000 रुपए के इनामी बदमाश अमित पुत्र सोमदेव को काबू करने में अहम योगदान रहा। 12 जून, 2018 को नशीले पदार्थों की बहुत बड़ी खेप पकड़ने में अहम योगदान रहा। 22 जनवरी, 2019 को 75,000 रुपए के इनामी बदमाश अमित कुमार उर्फ छोटू उर्फ सुल्तान को काबू करने में अहम योगदान रहा। 24 जनवरी, 2019 को इनामी बदमाश रूप उर्फ कालू को काबू करने में अहम योगदान रहा। इसके अलावा बहुत से अन्य अति वांछित अपराधियों को पकड़ने में बहुत सराहनीय कार्य रहा है। यशपाल बहुत ही साहसी, निडर, ईमानदार, होनहार व सच्चे देशभक्त सिपाही थे।

नाम : **सुरेश कुमार**
रैंक व यूनिट : ई.ए.एस.आई., अंबाला
पिता का नाम : स्व. श्री रतिराम
माता का नाम : श्रीमती रात्तो देवी
मूल स्थान : गाँव नाहरपुर, जिला यमुनानगर
पता : गाँव नाहरपुर, जिला यमुनानगर
शहादत का स्थान : जिला बारा गाँव, नरिगारघ अंबाला
जन्म तिथि : 09 सितंबर, 1968
पुलिस विभाग में शामिल होने की तिथि : 24 अगस्त, 1992
शहादत की तिथि : 02 जून, 2019

जीवन परिचय

शहीद सुरेश कुमार का जन्म 09 सितंबर, 1968 को गाँव नाहरपुर जिला यमुनानगर में एक किसान परिवार में हुआ था। शहीद सुरेश कुमार ने अपनी प्रारंभिक शिक्षा अपने पैतृक गाँव नाहरपुर, जिला यमुनानगर से ही सरकारी स्कूल से प्राप्त की। शहीद सुरेश कुमार के परिवार में इनके अलावा तीन भाई व दो बहनें हैं। शहीद सुरेश कुमार सन् 1992 में बतौर सिपाही पद पर हरियाणा पुलिस में भर्ती हुए व पुलिस विभाग में रहते हुए अंबाला कैंट, अंबाला शहर, महेश नगर व शहजादपुर में तैनाती रही।

परिवार

शहीद सुरेश कुमार का विवाह सन् 2001 में श्रीमती सुनीता रानी के साथ हुआ

था। शहीद सुरेश कुमार के परिवार में पुत्री गीतांजली व पुत्र ललित कुमार हैं। शहीद सुरेश कुमार की पुत्री एक्स ग्रेशिया स्कीम के तहत पुलिस विभाग में सिपाही पद पर भर्ती हैं व पुत्र अभी ग्यारहवीं कक्षा में पढ़ रहा है।

घटना का संक्षिप्त विवरण

ई.ए.एस.आई. सुरेश कुमार, नंबर 506/अंबाला को रामबीर S/O रणंजर सिंह R/O बारा गाँव तहसील—नरसिंहगढ़, जो मामले में गवाह है, के गनमैन के रूप में तैनात किया गया था। मामले में एफ.आई.आर. संख्या-257, 09 जुलाई, 2018 U/S148/149/302/506/120-बी आई.पी.सी. और 25/54/59 आर्म्स एक्ट, PS नारायनगढ़ में पंजीकृत हैं। 02 जून, 2019 को शाम 5:30 बजे तीन अज्ञात व्यक्ति सर्विस स्टेशन पर बाइक से आए, जहाँ श्री रामबीर सिंह कार्यरत थे। उन्होंने रामबीर सिंह को गोली मारने के लिए गोलियाँ चलाईं, लेकिन ई.ए.एस.आई. सुरेश कुमार नंबर 506/अंबाला ने उन्हें कवर किया और उनकी जान बचाई। इस घटना में गोली लगने से ई.ए.एस.आई. की मौके पर ही मौत हो गई और अज्ञात व्यक्ति मौके से भाग गए। PS नारायणगढ़ में उन अज्ञात व्यक्तियों के खिलाफ एफ.आई.आर. नंबर 185, 02 जून, 2019 U/S 302/34 आई.पी.सी. और 25/54/59 आर्म्स एक्ट दर्ज किया गया था।

नाम : माई चंद
रैंक व यूनिट : सिपाही (द्वितीय बटालियन एच.ए.पी.)
पिता का नाम : श्री हीरालाल
माता का नाम : श्रीमती सुखदेई
मूल स्थान : गाँव गुड़ा, तहसील व जिला झज्जर
पता : गाँव गुडियानी, नजदीक बस स्टैंड तहसील व जिला झज्जर
शहादत का स्थान : जिला बर्दमान दुर्गापुर (पश्चिम बंगाल)
जन्म तिथि : 12 अगस्त, 1939
पुलिस विभाग में शामिल होने की तिथि: 26 नवंबर, 1962
शहादत की तिथि : 01 नवंबर, 1970

जीवन परिचय

शहीद माईचंद का जन्म 12 अगस्त, 1939 को गाँव गुड़ा, तहसील व जिला झज्जर में हुआ। शहीद माईचंद के अलावा एक भाई व दो बहनें थीं। शहीद माईचंद ने अपनी प्रारंभिक शिक्षा अपने पैतृक गाँव गुड़ा, तहसील व जिला झज्जर के सरकारी स्कूल से प्राप्त की। शहीद माईचंद शिक्षा के पश्चात् 26 नवंबर, 1962 को बतौर सिपाही पद पर हरियाणा पुलिस में एच.ए.पी. द्वितिया बटालियन में भर्ती हुए।

परिवार

शहीद माईचंद का विवाह श्रीमती चंद्रकांता के साथ हुआ था। शहीद माईचंद के परिवार में तीन पुत्र अशोक कुमार, विजय, शिव कुमार हैं। शहीद माईचंद के बड़े

पुत्र इनकी जगह हरियाणा पुलिस में भर्ती हुए और रिटायर होकर पेंशन प्राप्त कर रहे हैं व मँझले पुत्र, बी.एस.एफ. से रिटायर होकर पेंशन प्राप्त कर रहे हैं व सबसे छोटे पुत्र गाड़ी के मैकेनिक का कार्य करते हैं।

घटना का संक्षिप्त विवरण

सिपाही माईचंद नं. 2/368 द्वितीय बटालियन एच.ए.पी. में तैनात थे, जो कि अक्तूबर/नवंबर 1+970 को कानून व्यवस्था ड्यूटी के लिए जिला बर्धमान दुर्गापुर (पश्चिम बंगाल) में तैनात किए गए थे, 01 नवंबर, 1970 को जब वह गार्ड ड्यूटी निभा रहे थे, तब असामाजिक तत्त्वों (नक्सलवादियों) ने उन पर हमला कर दिया, उनके साथ सामना करते हुए और कर्तव्य के दौरान, लोहा लेते हुए अपने प्राण न्योछावर कर वीरगति को प्राप्त हुए थे, उक्त कार्य के लिए इस बहादुर पुलिसकर्मी को हरियाणा सरकार द्वारा शहीद प्रमाण–पत्र भी दिया गया है। इसके अलावा बहुत से अन्य अति वांछित अपराधियों को पकड़ने में बहुत सराहनीय कार्य करते रहे हैं। वे बहुत ही साहसी, निडर, ईमानदार, होनहार व सच्चे देशभक्त सिपाही थे।

नाम : **अशोक कुमार**
रैंक व यूनिट : सिपाही, सोनीपत
पिता का नाम : श्री राम उजागर
माता का नाम : श्रीमती सिनारी देवी
मूल स्थान : क्वार्टर नंबर 7 सी, सोनीपत।
पता : गाँव रूपापुर, अखंड नगर, जिला सुल्तानपुर (यू.पी)
शहादत का स्थान : कच्चा क्वार्टर मार्केट क्षेत्र
जन्म तिथि : 25 दिसंबर, 1966
पुलिस विभाग में शामिल होने की तिथि : 03 अगस्त, 1985
शहादत की तिथि : 06 नवंबर, 1999

जीवन परिचय

शहीद अशोक कुमार का जन्म 25 दिसंबर, 1966 को गाँव रूपापुर, अखंड नगर, जिला सुल्तानपुर (यू.पी.) में हुआ। शहीद अशोक कुमार ने अपनी बारहवीं तक की पढ़ाई अपने नजदीकी गाँव फलोजर से प्राप्त की। शहीद अशोक कुमार 5 फीट 10 इंच लंबे-तगड़े जवान थे। शहीद अशोक कुमार के परिवार में इनके अलावा तीन भाई व एक बहन हैं। शहीद अशोक कुमार सन् 1985 में बतौर सिपाही पद पर हरियाणा पुलिस विभाग में भर्ती हुए।

परिवार

शहीद अशोक कुमार का विवाह सन् 1985 में श्रीमती माधुरी देवी से हुआ

था। शहीद सिपाही अशोक कुमार के परिवार में दो पुत्र हैं। शहीद अशोक कुमार के बड़े पुत्र रोहित ने अपनी पढ़ाई स्नातक तक की हुई है व ए.टी.एम. लोडिंग वैन पर गनमैन का काम करते हैं व छोटे पुत्र जय भारत एक प्राइवेट कंपनी में मैकेनिक हैं।

घटना का संक्षिप्त विवरण

सिपाही अशोक कुमार, नंबर 34/SPT की मौत के दौरान बच गए लोगों ने कच्च क्वार्टर मार्केट इलाके, सोनीपत में गोलीबारी की। इस संबंध में अपराधियों के खिलाफ पुलिस स्टेशन शहर सोनीपत में एफ.आई.आर. नंबर 488 06 नवंबर, 1999 में U/S 3/4 एक्साइज अधिनियम 304ए आई.पी.सी. दर्ज किया गया था।

नाम : **शेर सिंह**
रैंक व यूनिट : सिपाही, जिला पुलिस, सोनीपत
पिता का नाम : श्री चंदगी राम
माता का नाम : श्रीमती भगानी देवी
मूल स्थान : गाँव सराय औरंगाबाद, बहादुरगढ़, जिला झज्जर।
पता : गाँव सराय औरंगाबाद, बहादुरगढ़, जिला झज्जर।
शहादत का स्थान : गढ़ी बरहमन पुलिया मेहलाना रोड सोनीपत
जन्म तिथि : 10 अक्तूबर, 1962
पुलिस विभाग में शामिल होने की तिथि : 20 जून, 1988
शहादत की तिथि : 30 मार्च, 2003

जीवन परिचय

शहीद शेर सिंह का जन्म 10 अक्तूबर, 1962 को गाँव सराय औरंगाबाद में हुआ। शहीद शेर सिंह ने अपनी प्रारंभिक शिक्षा गाँव के स्कूल व सैनिक स्कूल टिकरी बॉर्डर से ग्रहण की थी। शहीद अशोक कुमार के परिवार में इनके अलावा 8 भाई व 2 बहनें हैं व परिवार के अधिकतर लोग भारतीय सेना व पुलिस विभाग में नियुक्त हैं। शहीद शेर सिंह कद-काठी से 6 फीट 3 इंच के लंबे-तगड़े जवान थे। शहीद शेर सिंह सन् 1988 में बतौर सिपाही पद पर पुलिस विभाग में तैनात हुए व पुलिस विभाग में पुलिस लाइन सोनीपत, पुलिस थाना मुरथल व ड्राइवर पुलिस अधीक्षक आदि विभिन्न जगह पर तैनाती रही।

परिवार

शहीद शेर सिंह की शादी पुलिस विभाग में नियुक्ति से पहले श्रीमती शीला देवी से हुई थी। शहीद शेर सिंह के परिवार में दो पुत्र रोबिन, विरेंद्र और एक पुत्री अनुराधा हैं। शहीद शेर सिंह के बड़े पुत्र ने अपनी व्यायामशाला खोली हुई है व दूसरा पुत्र बी.टेक. करके प्राइवेट कंपनी में इंजीनियर है और पुत्री अनुराधा जे.बी.टी. करके अध्यापक लगी हुई है।

घटना का संक्षिप्त विवरण

30 मार्च, 2003 को, कांस्टेबल शेर सिंह, नंबर 94/SPT छोटी नहर पुलिया, महम रोड, सोनीपत में नाकाबंदी कर रहे थे। कुछ असामाजिक तत्त्व कांस्टेबल शेर सिंह, नंबर 94/SPT द्वारा नाका से बचने की कोशिश कर रहे थे। उन्होंने फायर किया और कांस्टेबल शेर सिंह, नंबर 94/SPT गोली लगने से शहीद हो गए। इस संबंध में, अपराधियों के खिलाफ पुलिस स्टेशन सिटी सोनीपत में एफ.आई.आर. नंबर 75, 29 मार्च, 2003 में U/S 307/334/156/353/141 आई.पी.सी. और 25-54-59 शस्त्र अधिनियम दर्ज किया गया था।

नाम : **रणधीर सिंह**

रैंक व यूनिट : यू.जी.सी., जिला पुलिस, सोनीपत

पिता का नाम : स्व. श्री चंदर सिंह

माता का नाम : श्रीमती लक्ष्मी देवी

मूल स्थान : गाँव मंडी, इसराना, जिला पानीपत।

पता : गाँव मंडी, इसराना, जिला पानीपत।

शहादत का स्थान : महम रोड, गोहाना, जिला सोनीपत, हरियाणा

जन्म तिथि : 07 जनवरी, 1955

पुलिस विभाग में शामिल होने की तिथि : 19 जुलाई, 1974

शहादत की तिथि : 20 अप्रैल, 2005

जीवन परिचय

शहीद रणधीर सिंह का जन्म 07 जनवरी, 1955 को गाँव मंडी, इसराना, जिला पानीपत में हुआ था। शहीद रणधीर सिंह ने बारहवीं कक्षा गाँव के स्कूल से पास की थी। शहीद रणधीर सिंह सन् 1974 में बतौर सिपाही पद पर पुलिस विभाग में तैनात हुए। इनके परिवार में इनके अलावा 6 भाई और 2 बहनें थीं।

परिवार

शहीद रणधीर सिंह का विवाह सन् 1969 में श्रीमती प्रेमलता से हुआ। शहीद रणधीर सिंह के परिवार में तीन पुत्र पवन, सुशील व प्रवीन और तीन पुत्रियाँ पूनम, सुमन व रेनू हैं। शहीद रणधीर सिंह की शहादत के समय सभी बच्चे विवाहित थे।

इनके बड़े बेटे की चाय की दुकान है, बाकी दोनों बेटे सोनीपत में दूध डेयरी का काम कर रहे हैं।

घटना का सक्षिप्त विवरण

20 अप्रैल, 2005 को, यू.जी.सी. रणधीर सिंह नंबर 918/SPT, महम रोड, गोहाना में पेट्रोलिंग ड्यूटी कर रहे थे। कुछ असामाजिक तत्त्व वहाँ मौजूद थे। पुलिस गश्त दल को अपनी ओर आते देख उन्होंने गोलियाँ चला दीं और यू.जी.सी. रणधीर सिंह, नंबर 918/SPT को धक्का लगा और उनकी जान चली गई। इस संबंध में अपराधियों के खिलाफ पुलिस थाना बड़ौदा, जिला सोनीपत में एफ.आई.आर. नंबर 43, 21 अप्रैल, 2005 में U/S 353/333/392/397/302 आई.पी.सी. और 25-54-59 शस्त्र अधिनियम दर्ज की गई थी।

नाम	:	**राम किशन**
रैंक व यूनिट	:	ई.एच.सी., सोनीपत
पिता का नाम	:	श्री प्रेम सिंह
माता का नाम	:	श्रीमती राममूर्ति
मूल स्थान	:	गाँव चिरी, पी.एस. सदर रोहतक, जिला रोहतक।
पता	:	गाँव चिरी, पी.एस. सदर रोहतक, जिला रोहतक।
शहादत का स्थान	:	महम रोड, गोहाना, जिला सोनीपत, हरियाणा
जन्म तिथि	:	01 मई, 1969
पुलिस विभाग में शामिल होने की तिथि	:	01 दिसंबर, 1988
शहादत की तिथि	:	20 अप्रैल, 2005

जीवन परिचय

शहीद राम किशन का जन्म 01 मई, 1969 को गाँव चिरी, रोहतक में हुआ। शहीद राम किशन ने बारहवीं कक्षा गाँव के स्कूल से पास की थी। शहीद राम किशन सन् 1988 में बतौर सिपाही पद पर पुलिस विभाग में तैनात हुए, जो कि 6 फीट 2 इंच की लंबी कद-काठी के जवान थे। शहीद राम किशन की माताजी का देहांत इनके बचपन में 9 साल की उम्र में ही हो गया था, उसके बाद शहीद राम किशन की परवरिश इनके पिताजी ने की थी।

परिवार

शहीद राम किशन का विवाह सन् 1989 में श्रीमती सविता देवी से हुआ था। शहीद राम किशन के परिवार में एक पुत्र साहिल और एक पुत्री पायल हैं। शहीद

राम किशन के पुत्र, जो कि बी.ए.-3 में पढ़ रहे हैं व पुत्री, जो कि अविवाहित है व बी.एससी. नर्सिंग कर रही है।

घटना का विवरण

शहीद राम किशन 20 अप्रैल, 2005 को, ई.एच.सी. राम किशन, नंबर 835/SPT महम रोड, गोहाना में पेट्रोलिंग ड्यूटी कर रहे थे। कुछ असामाजिक तत्त्व वहाँ मौजूद थे। पुलिस गश्त दल को अपनी ओर आते देख उन्होंने गोली चला दी और ई.एच.सी. राम किशन, नंबर 835/SPT को धक्का लगा और उनकी जान चली गई। इस संबंध में अपराधियों के खिलाफ पुलिस थाना बड़ौदा जिला सोनीपत में एफ.आई.आर. नंबर 43, 21 अप्रैल, 2005 में U/S 353/333/392/397/302 आई.पी.सी. और 25-54-59 शस्त्र अधिनियम दर्ज की गई थी।

नाम : रविंदर सिंह
रैंक व यूनिट : सिपाही (सोनीपत)
पिता का नाम : श्री भीम सिंह
माता का नाम : श्रीमती सरोज देवी
मूल स्थान : गाँव बुड़ाखेड़ा, तहसील सफीदों, जिला जींद
पता : गाँव बुड़ाखेड़ा, तहसील सफीदों, जिला जींद
शहादत का स्थान : गोहाना, जिला सोनीपत (हरियाणा)
जन्म तिथि : 10 मार्च, 1992
पुलिस विभाग में शामिल होने की तिथि : 27 जून, 2017
शहादत की तिथि : 30 जून, 2020

जीवन परिचय

शहीद रविंदर सिंह का जन्म 10 मार्च, 1992 को गाँव बुड़ाखेड़ा, तहसील सफीदों जिला जींद में हुआ। शहीद रविंदर सिंह ने अपनी प्रारंभिक शिक्षा अपने पैतृक गाँव बुड़ाखेड़ा, तहसील सफीदों, जिला जींद के सरकारी स्कूल से प्राप्त की व बारहवीं कक्षा पास करने के बाद 27 जून, 2017 को बतौर सिपाही पद पर पुलिस विभाग में तैनात हुए। शहीद रविंदर सिंह 5 फीट 10 इंच के लंबे कद-काठी के जवान थे। जिनकी माताजी का देहांत इनके बचपन में 9 साल की उम्र में ही हो गया था, जिनकी परवरिश इनके पिताजी ने की थी।

परिवार

शहीद रविंदर सिंह अविवाहित थे। शहीद रविंदर सिंह के परिवार में एक भाई

अकुंश, जो कि हरियाणा पुलिस में शहीद रविंदर सिंह की जगह भर्ती हुए और एक बहन पूजा, जो कि अविवाहित हैं व बी.ए. पास हैं।

घटना का संक्षिप्त विवरण

30 जून, 2020 को सिपाही रविंदर सिंह गशत पर थे। जब वे अपना कर्तव्य निभा रहे थे, उन्होंने हरियाली बाजार, जींद रोड, ब्यूटेन खेतलान, गोहाना (सोनीपत) में असामाजिक तत्त्वों के साथ सामना किया और कर्तव्य के दौरान लोहा लेते हुए अपने प्राण न्योछावर कर वीरगति को प्राप्त हुए। उक्त कार्य के लिए इस बहादुर पुलिसकर्मी को हरियाणा सरकार द्वारा शहीद प्रमाण-पत्र भी दिया गया है। इसके अलावा बहुत से अन्य अति वांछित अपराधियों को पकड़ने में बहुत सराहनीय कार्य करते रहे हैं। वे बहुत ही साहसी, निडर, ईमानदार, होनहार व सच्चे देशभक्त सिपाही थे।

नाम : कप्तान सिंह
रैंक व यूनिट : एस.पी.ओ. (सोनीपत)
पिता का नाम : श्री जिले सिंह
माता का नाम : श्रीमती प्रेमो देवी
मूल स्थान : गाँव कलावती, तहसील सफीदों, जिला जींद
पता : गाँव कलावती, तहसील सफीदों, जिला जींद
शहादत का स्थान : गोहाना, जिला सोनीपत (हरियाणा)
जन्म तिथि : 15 अप्रैल, 1977
पुलिस विभाग में शामिल होने की तिथि: 25 जुलाई, 2017
शहादत की तिथि : 30 जून, 2020

जीवन परिचय

शहीद कप्तान सिंह का जन्म 15 अप्रैल, 1977 को गाँव कलावती, तहसील सफीदों, जिला जींद में हुआ। शहीद कप्तान सिंह ने अपनी प्रारंभिक शिक्षा अपने पैतृक गाँव कलावती, तहसील सफीदों, जिला जींद से ही सरकारी स्कूल से प्राप्त की व बारहवीं गाँव कालवाँ से पास की व उच्च शिक्षा, जिला जींद से प्राप्त की। शहीद कप्तान सिंह का सन् 2004 में बतौर सिपाही पद पर औद्योगिक सुरक्षा बल में चयन हो गया था, जो किसी कारणवश बाद में ट्रेनिंग से निकाल दिए गए थे। 25 जुलाई, 2017 को शहीद कप्तान सिंह बतौर एस.पी.ओ. पद पर जिला सोनीपत में तैनात हुए थे।

परिवार

शहीद कप्तान सिंह का विवाह श्रीमती पूनम के साथ हुआ था। शहीद कप्तान सिंह की चार बहन संतरो, सुनीता, कविता व पूनम थीं। शहीद कप्तान सिंह अपनी बहनों के इकलौते भाई थे। शहीद कप्तान सिंह के परिवार में एक पुत्र अंकित कुमार है, जो स्नातक की पढ़ाई कर रहा है।

घटना का संक्षिप्त विवरण

30 जून, 2020 को एस.पी.ओ. कप्तान सिंह ड्यूटी पर गश्त पर थे। जब वह अपना कर्तव्य निभा रहे थे, तो उन्होंने हरियाली बाजार, जींद रोड, ब्यूटेन खेतलान, गोहाना (सोनीपत) में असामाजिक तत्त्वों के साथ सामना किया और कर्तव्य के दौरान, लोहा लेते हुए अपने प्राण न्योछावर कर वीरगति को प्राप्त हुए थे। उक्त कार्य के लिए इस बहादुर पुलिसकर्मी को हरियाणा सरकार द्वारा शहीद प्रमाण-पत्र भी दिया गया है। इसके अलावा बहुत से अन्य अति वांछित अपराधियों को पकड़ने में बहुत सराहानीय कार्य करते रहे हैं। वे बहुत ही साहसी, निडर, ईमानदार, होनहार व सच्चे देशभक्त सिपाही थे।

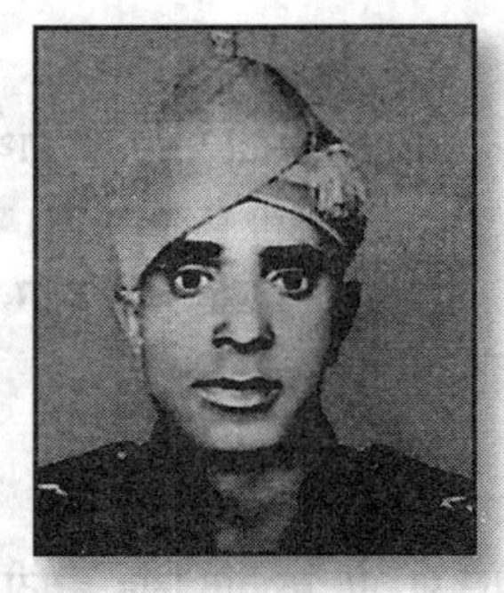

नाम :	**ब्रह्म सिंह**
रैंक व यूनिट :	उपनिरिक्षक (तृतीय एच.ए.पी. हिसार)
पिता का नाम :	श्री फीना राम
माता का नाम :	श्रीमती नाजो देवी
मूल स्थान :	गाँव बैडोरकेर, पी.ओ. थिल, तहसील खुंडियन, जिला काँगड़ा
पता :	गाँव बैडोरकेर, पी.ओ. थिल, तहसील खुंडियन, जिला काँगड़ा
शहादत का स्थान :	फरीदाबाद (हरियाणा)
जन्म तिथि :	16 जनवरी, 1932
पुलिस विभाग में शामिल होने की तिथि :	24 जनवरी, 1950
शहादत की तिथि :	17 अक्तूबर, 1979

जीवन परिचय

शहीद ब्रह्म सिंह का जन्म 16 जनवरी, 1932 को गाँव बैडोरकेर, पी.ओ. थिल, तहसील खुंडियन, जिला काँगड़ा में हुआ। शहीद ब्रह्म सिंह ने अपनी प्रारंभिक शिक्षा अपने पैतृक गाँव बैडोरकेर, पी.ओ. थिल, तहसील खुंडियन, जिला काँगड़ा से ही की व आठवीं कक्षा पास करने के बाद 24 जनवरी, 1950 को बतौर सिपाही पद पर तृतीय एच.ए.पी. हिसार में भर्ती हुए। शहीद ब्रह्म सिंह पूरे भारतवर्ष में लगभग सभी राज्यों में कानून व्यवस्था व चुनाव ड्यूटी पर तैनात रहे।

परिवार

शहीद ब्रह्म सिंह का विवाह श्रीमती धमा देवी से हुआ था। शहीद ब्रह्म सिंह के दो भाई थे बिशन सिंह, जो कि भारतीय रेलवे से रिटायर होकर पेंशन पा रहे हैं व पृथ्वी चंद, जो कि भारतीय रेलवे से रिटायर होकर पेंशन पा रहे हैं। शहीद ब्रह्म सिंह के परिवार में 2 पुत्र व एक पुत्री हैं। शहीद ब्रह्म सिंह के बड़े पुत्र अशोक कुमार, जो शहीद ब्रह्म सिंह के स्थान पर एक्स ग्रेशिया के तहत हरियाणा पुलिस में भर्ती हुए थे व सन् 1998 में जिनका देहांत हो गया था। छोटा पुत्र प्रदीप कुमार फोटोग्राफी का कार्य करता है व लड़की संतोष कुमारी की शादी अनिल कुमार निवासी थूरल हिमाचल प्रदेश से हुई है।

घटना का संक्षिप्त विवरण

उपनिरिक्षक ब्रह्म सिंह नं. 4/20 एच.ए.पी. तृतीय बटालियन, हिसार में तैनात थे, जो कि कानून व्यवस्था ड्यूटी के लिए फरीदाबाद में प्रतिनियुक्त थे, जब वह कानून व्यवस्था ड्यूटी के लिए फरीदाबाद में तैनात थे तो 17 अक्तूबर, 1979 को मिल मजदूरों की हड़ताल के दौरान कुछ असामाजिक तत्त्वों से लोहा लेते हुए अपने प्राण न्योछावर कर वीरगति को प्राप्त हुए थे। उक्त कार्य के लिए इस बहादुर पुलिसकर्मी को हरियाणा सरकार द्वारा शहीद प्रमाण–पत्र भी दिया गया है। इसके अलावा बहुत से अन्य अति वांछित अपराधियों को पकड़ने में बहुत सराहनीय कार्य करते रहे हैं। वे बहुत ही साहसी, निडर, ईमानदार, होनहार व सच्चे देशभक्त सिपाही थे।

□□□